数字决胜未来丛书

数字治理

主　编　张　鸿

副主编　张　媛

参　编　胡一波　王铁山

李月华　王思琦

U0430907

清華大學出版社

北　京

内容简介

数字治理是顺应数字时代发展的新兴领域，是数字经济建设的重要内容，也将成为数字经济相关专业的核心课程。本书的主要内容有：数字治理的产生背景、数字治理的概念辨析与内涵解读、数字治理的研究现状、推进数字治理的思路与方向等。本书以数字经济知识普及为原则，坚持数字治理的实践研究、理论研究、比较研究三者并举，力求全面、深入地介绍数字治理内容，以推动我国数字治理系统化、整体化、规模化和动态化发展。

本书内容丰富，理论性与实践性相结合，适合对数字治理感兴趣的学生、教师以及从事治理相关职业的人士等使用。本书读者目标定位明确，潜在消费群体队伍庞大，市场发行前景广阔。

本书封面贴有清华大学出版社防伪标签，无标签者不得销售。
版权所有，侵权必究。举报：010-62782989，beiqinquan@tup.tsinghua.edu.cn。

图书在版编目（CIP）数据

数字治理 / 张鸿主编. — 北京： 清华大学出版社，2023.1（2024.9重印）
（数字决胜未来丛书）
ISBN 978-7-302-61116-5

Ⅰ. ①数… Ⅱ. ①张… Ⅲ. ①公共管理－数字化－研究
Ⅳ. ①D035-0

中国版本图书馆CIP数据核字（2022）第111968号

责任编辑： 徐永杰
封面设计： 徐　超
责任校对： 王荣静
责任印制： 曹婉颖

出版发行： 清华大学出版社
网　　址： https://www.tup.com.cn，https://www.wqxuetang.com
地　　址： 北京清华大学学研大厦A座　　**邮　　编：** 100084
社 总 机： 010-83470000　　**邮　　购：** 010-62786544
投稿与读者服务： 010-62776969，c-service@tup.tsinghua.edu.cn
质量反馈： 010-62772015，zhiliang@tup.tsinghua.edu.cn
印 装 者： 大厂回族自治县彩虹印刷有限公司
经　　销： 全国新华书店
开　　本： 170mm × 240mm　　**印　　张：** 13.75　　**字　　数：** 236千字
版　　次： 2023年1月第1版　　**印　　次：** 2024年9月第3次印刷
定　　价： 56.00元

产品编号：094619-01

前 言

随着经济社会的快速发展，信息化、数字化、智能化技术开始普及，人类社会也逐步进入一个大数据发展的数字化时代，数字治理正在深刻地影响着国家治理的方方面面，也引发了人们对政府治理模式转变的深层思考。十九届五中全会提出，要加强数字社会、数字政府建设，提升公共服务、社会治理等数字化智能化水平，要加强宏观经济治理数据库等建设，提升大数据等现代技术手段辅助治理能力。在推进国家治理体系和治理能力现代化的背景下，数字治理为数字时代政府治理实践提供了新的理念和方法，数字治理已经成为新时代的主题。

本书立足于数字经济学科发展与实践最前沿，密切跟踪数字技术发展动态，通过对数字治理的梳理研究，力求反映数字治理的最新趋势，回答数字治理实践中面临的问题，并系统介绍和探讨数字治理的相关知识。本书的特点在于吸收了数字治理的最新理论与实践成果，归纳了数字治理的理论体系新框架；同时，强化实用性研究，加入有关案例，生动展示数字治理在各种领域的积极作用及优势，帮助教师、学生更加具象化地理解数字治理。

本书是在参考各类数字治理的相关著作、报告和文献的基础上编写而成的，在此谨对上述作品的作者深表感谢！每章以教学目标为开篇，以数字治理的产生、现状、未来发展为主要脉络，梳理了与数字治理相关的重要理论，探讨了我国目前数字治理的现状，涵盖了国内外的典型案例，预测了未来数字治理的发展方向。

本书由西安邮电大学西部数字经济研究院院长张鸿教授担任主编，陕西师范大学张媛讲师、西安交通大学郝渊晓教授任副主编，提出总体写作方案并组织撰稿，并进行全书的统稿审阅与组织校对。西安外事学院陕西自贸区研究院副院长胡一波教授、西安工程大学王铁山教授参加书稿框架及内容的讨论修改。本书由陈孟娟撰写第 1 章、王思琦撰写第 2 章、王璐撰写第 3 章、董聚元撰写第 4 章、张慧璇撰写第 5 章、魏璇与刘珂嘉共同撰写第 6 章。本书编写过程中，我们参考了国内外学界多位专家、教授的相关论著及研究成果，清华大学出版社的领导和编辑更是与我们通力合作，在此一并表示由衷的感谢。

数字治理是一个新领域、新课题，虽然我们尽了最大努力，但是限于编写时间和作者水平有限，书中的不足与疏漏在所难免，殷切期望有关专家和广大读者批评指正，以促使我们不断改进，共同写好数字治理大文章。

编　者

2022 年 8 月于西安

目 录

第1章 数字治理的产生与发展脉络

学习目标

1. 了解治理的起源和内涵、中西方治理的差异。
2. 了解数字治理的起源以及数字治理与电子政务、数字政府的联系。
3. 熟悉电子政务、数字政府的主要内容。
4. 了解数字治理的产生背景。
5. 掌握数字治理的发展脉络。

思政目标

1. 通过中西方治理的差异来客观认识当代中国、看待外部世界。
2. 体会中华文化的处世之道和治理理念。
3. 从治理问题中发掘中国特色社会主义的价值目标。
4. 对习近平新时代中国特色社会主义思想有更深的体会。

思维导图

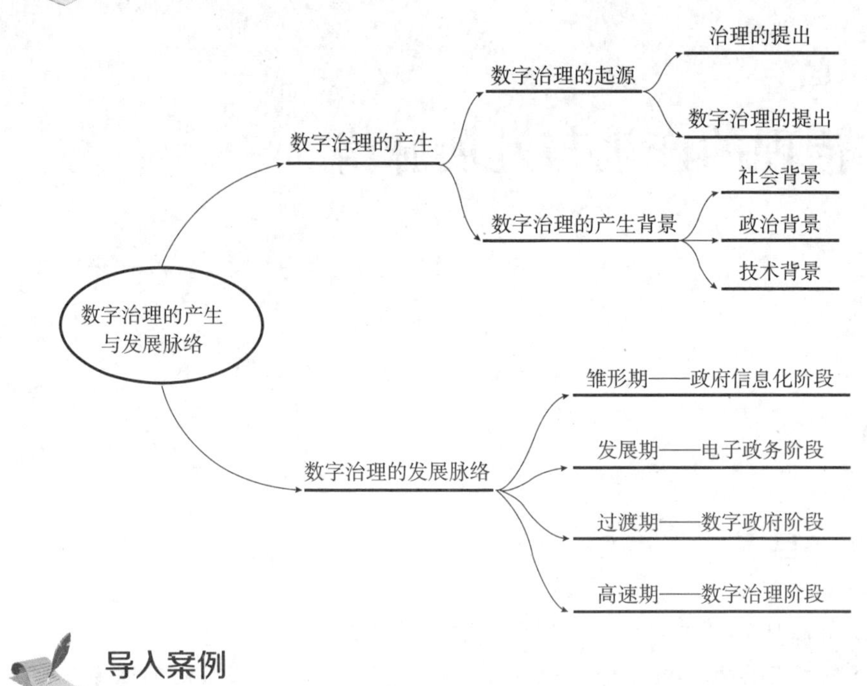

导入案例

在西班牙首都马德里，整合警察、消防、医疗系统，使救援时间大幅度缩短，巡逻队、消防车、救护车能在8分钟内到达81%的突发事件现场；在新加坡，智能交通综合信息管理平台在预测交通流速和流量方面有高达85%的准确率，能通过有效的引导和干预，显著提升高峰时段的车辆通行效率；在苏州市，覆盖城乡的信息化防控网络，在警力和人口配比不足万分之一的情况下，使打击处理案件数、刑拘转捕率、技术支撑率均为全省最高。

在公共管理领域，国内外一些先行者通过多渠道的数据采集和快速综合的数据处理，以增强治理社会的能力。数字治理的应用不仅使得传统难题迎刃而解，更成为新时期应对新挑战、解决新问题的必然选择。

思考题

1. 数字治理相较于传统的治理模式，其优势体现在哪里？

2. 从案例中可以看出，数字治理的产生与应用离不开数字技术和数据，请思考数字治理产生的其他原因。

1.1　数字治理的产生

1.1.1　数字治理的起源

1. 治理的提出

“治理”一词在英语国家作为日常用语出现已有数百年，英语中的治理（governance）一词源于拉丁文和古希腊语，原意是控制、引导和操纵，长期以来与“统治”（government）一词交叉使用，并且主要用于与国家的公共事务相关的管理活动和政治活动中。我国的治理自古代起便与制度密不可分，是制度和文化的高度统一。战国晚期，“治理”一词正式出现，《荀子》《韩非子》中均有记载，其意指国家管理应按照某种规律、规则行事。“治理”的出现是战国时期国家转型的理论需要。思想家将“统治”与“治理”做了一定的区分，强调只有顺应时代发展，使国家井然有序的政治方能称为“治理”。汉魏时期“治理”沿袭原义，在传世文献中广泛出现，文献中的“治理”一词，既有理论分析、规律总结，也有对官员本身治理才能与政绩的肯定之义，探讨的范围更加广泛深入。在西方，自 20 世纪 90 年代以来，西方政治学家和经济学家赋予 governance 以新的含义，詹姆斯 N. 罗西瑙（James N. Rosenau）在其代表作《没有政府统治的治理》和《21 世纪的治理》等文章中将治理定义为一系列活动领域里的管理机制。与统治不同，治理指的是一种由共同的目标支持的活动，这些管理活动的主体未必是政府，也无须依靠国家的强制力量来实现。

罗茨（R.Rhodes）认为治理意味着“统治的含义有了变化，意味着一种新的统治过程，意味着有序统治的条件已经不同于以前，或者是以新的方法来统治社会”。库伊曼（J.Kooiman）和范・弗利埃特（M.VanVliet）指出治理的概念是，它所要创造的结构或秩序不能由外部强加，它能够发挥作用是要依靠多种进行统治的以及互相发生影响的行为者的互动。罗伯特・达尔（Robert Alan Dahl）注意到，“将体制的特征与其民众的特点联系起来进行研究，这在古希腊开始便成为政治家们的普遍做法”；亚里士多德（Aristotle）认为，有效的民主组织制度与民主在社会和经济层面的发展紧密相连；柏拉图（Platus）在其名著《理想国》中提道，相同的治理制度会因市民的文化特征而变化。到 19 世纪中期，民主国家的立宪运动突飞猛进，这时大思想家穆勒（John Stuart Mill）开始设计代议制政府的制度构成和民主程序，以保障个人的利益和权利不受侵犯。尽管治理这一概念应用的背景各异，但其中仍然隐含一个政治进程，“治理”是在众多不同利益共同发挥作用的领域建议一致或取得认同以便实施某项计划（Jane E. Fountain，2010）。

梳理各国学者对治理的定义，格里·斯托克（Gerry Stoker）得出到目前为止关于治理的五种主要观点。

（1）治理意味着一系列来自政府但又不限于政府的社会公共机构和行为者。它向传统的国家和政府权威提出挑战，政府并不是国家唯一的权力中心。各种公共和私人的机构只要其行使的权力得到公众的认可，就都可能成为在各个不同层面上的权力中心。

（2）治理意味着在为社会和经济问题寻求解决方案的过程中存在着界限和责任方面的模糊性。它表明，现代社会国家正在把原先由它独自承担的责任转移给公民社会，即各种私人部门和公民自愿性团体，后者正在承担越来越多的原先由国家承担的责任。这样，国家和社会之间、公共部门与私人部门之间的界限和责任便日益变得模糊不清。

（3）治理明确肯定了在涉及集体行为的各个社会公共机构之间存在着权力依赖。进一步说，致力于集体行动的组织必须依靠其他组织；为达到目的，各个组织必须交换资源、谈判共同的目标；交换的结果不仅取决于各个参与者的资源，而且也取决于游戏规则以及进行交换的环境。

（4）治理意味着参与者最终将形成一个自主网络。这一自主网络在某个特定的领域中拥有发号施令的权威，它与政府在特定的领域中进行合作，分担政府的行政管理责任。

（5）治理意味着办好事情的能力并不仅限于政府的权力，不限于政府的发号施令或运用权威。在公共事务的管理中，还存在着其他的管理方法和技术，政府有责任使用这些新的方法和技术来更好地对公共事务进行控制与引导。

在关于治理的各种定义中，全球治理委员会的定义更具有代表性和权威性。该委员会于 1995 年发表了《我们的全球伙伴关系》的研究报告，对治理作出了如下界定：治理是各种公共的或私人的个人和机构管理其共同事务的诸多方式的总和。它是使相互冲突的或不同的利益得以调和并且采取联合行动的持续的过程。这既包括有权迫使人们服从的正式制度和规则，也包括各种人们同意或认为符合其利益的非正式的制度安排。它具有四个特征：①治理不是一整套规则，也不是一种活动，而是一个过程。②治理过程的基础不是控制，而是协调。③治理既涉及公共部门，也包括私人部门。④治理不是一种正式的制度，而是持续的互动。从上述各种关于治理的定义中可以看出，治理的基本含义是指在一个既定的范围内运用权威维持秩序，满足公众的需要。治理的目的是在各种不同的制度关系中运用权力去引导、控制和规范公民的各种活动，以最大限度地增进公共利益。从政治学的角度看，治理是指政治管理的过程，它包括政治权威的规范基础、处理政治事务的方式和对公共资源的管理。它特别地关注在一个限定的领域内维持社会秩序所需要的政治权威的作用和对行政权力的运用（俞可平，2000）。

西方的治理有着特定的西方土壤，而中国治理面对的是具有自身特色的中国问题，致力于实现的是中国特色社会主义的价值目标。2014 年 2 月 17 日，习近平总书记在省部级主要领导干部学习贯彻十八届三中全会精神全面深化改革专题研讨班开班式上指出："一个国家选择什么样的治理体系，是由这个国家的历史传承、文化传统、经济社会发展水平决定的，是由这个国家的人民决定的。""得民心者得天下""民惟邦本，本固邦宁"，以人民为中心，不仅是中国古代治理的重心，更是中华民族发展进程中一以贯之的坚持。中西方治理的差异体现在以下几个方面。

（1）理论基础不同。在政治领域，卢梭（Jean-Jacques Rousseau）、霍布斯（Thomas Hobbes）、洛克（John Locke）的契约论将国家解释为一种社会政治契约；在经济领域，亚当·斯密（Adam Smith）的交易理论将市场交易行为解释为一种经济契约。缔约者是利益相关人员，由于契约的执行存在不确定性，缔约者需要制定制度或规则，设计激励与制约机制，谓之"治理"。中国的治理实践则以马克思主义的阶级理论与国家理论为基础，国家被理解为阶级统治的工具，从生产资料所有制出发分析不同社会阶级的地位和权力。因此，在以公有制为主体、多种所有制经济共同发展，按劳分配为主体、多种分配方式并存的社会主义市场经济体制的经济制度基础上，我国通过人民民主专政、人民代表大会制度等政治制度，保证了人民当家做主的权力。

（2）制度不同。西方治理强调的是多中心治理，主张权威在多个政治或经济主体间进行分配，从而形成一种彼此制约的机制，以实现公共利益。这种民主理念与大众式民主相对，避免了所谓多数人的暴政。美国治理的兴起得益于麦迪逊式民主土壤，麦迪逊式民主鼓励利益集团之间相互竞争，并且与政党、民众一起组成治理的重要力量。美国的民主形式是一人一票的直接民主，但是政治实际上却被利益集团操控，与民主的初衷相违背。中国的民主是代议制民主，是结果导向的民主，以实现人民群众的根本利益为目标。

（3）政府职能不同。西方治理以自由主义哲学特别是消极自由学作为基础，主张自由。因此，政府干预私人领域自由的行为是会被自由主义者反对的，为了限制政府的干预能力，减少政府干预对个人自由的限制，提出了"有限政府""小政府"等政府观，政府的职能被限定为"守夜人"。而在中国，中央集权的"强政府""大政府"持续了两千多年，现有的中国政治体制既有对中国传统政治体制的借鉴，又有在国情基础上的革新发展。相比于西方治理的"有限政府"，中国政府的职能边界要宽广得多，表现在对市场和社会的强大控制力。在治理主体中，政府占绝对的主导地位；在治理规则的形成中，政府具有最终决策权。中国政府的职能与西方最大的不同在于中国政府不受利益集团控制，保持着与人民的依存关系，政府的职责是为人民服务，人民的认同与信任构成了政府的合法性来源。

（4）治理方式不同。西方治理受到自由主义哲学在经济领域的影响，肯定了市场的地位与作用，便将竞争机制引入公共领域，形成政党之争、利益集团之争、政客之争。通过竞争机制的引入，多元治理主体之间能够实现一种均衡，并在竞争中不断调整均衡状态，其意义在于纠正错误的决策、提高运行效率。但缺点在于政策具有明显的短期性，选举轮换使责任追究难以落实。与西方治理倡导的竞争机制不同，我国治理模式更加注重合作机制。就政党治理模式来看，我国实行的是中国共产党领导下的多党合作制度，既非一党专政，也非多党轮流执政，而是中国共产党执政，民主党派发挥政治协商、民主监督和参政议政的职能。这种政治制度既听取了不同意见，发扬了民主，又能保证政策的稳定性、持续性和高效性（廖小平等人，2018）。

20世纪90年代以来，随着西方治理理论在国内的传播，中国的治理理论也吸收了西方治理理论的积极因素。不同的是，西方治理重点讨论效率与民主的问题，中国的国家治理更着重于效率与公平。

2. 数字治理的提出

帕特里克·邓利维（Patrick Dunleavy）认为数字时代的治理指的是各种变化的复杂性，其中信息技术和信息处理就是这些变化的核心。数字时代的变革引发了一系列有意义的变化：在内部沟通中大规模地运用电子通信方式，组织信息网络中的网域的兴起，对不同客户团体提供的电子服务，电子采购系统的发展，纸质档案系统向电子档案系统的发展等。他强调在管理系统以及在公民和服务使用者互动中以信息技术为基础的变革的重要性，这一变革的影响不是直接由技术决定的，而是通过与信息系统相连的认知行为、组织、政治和文化的变革展开的。正是在这一意义上，邓利维把这一思想和新的变革集结称为数字时代的治理，以强调信息技术和信息系统在像企业过程那样组织公共服务和像公民以及顾客提供服务的重要性（竺乾威，2008）。

现代化促使政府向有限政府和服务型政府转变，推动政府由管理走向治理，并推动治理走向现代化。政府如何实现对公共事务和自身管理的现代化改革和升级，更好地服务于经济和社会，成为现代化政府治理模式打造的必经之路。随着数字经济时代的到来，数字信息技术快速发展，催生了“数字社会”概念，公共管理改革中对技术的重视赋予了政府治理数字化的特征，一种新型治理手段——数字治理已经成为各个国家实现现代化治理体系、提升政府治理能力的重要路径。2020 年后新冠肺炎疫情的全球暴发，激发了数字治理的广度和深度。新冠肺炎疫情的暴发以及由此所产生的大面积隔离和检疫，导致了社会和经济生活的难以前行，并对数字治理的应用效率提出了新的考验。十九届五中全会指出，要加快数字政府建设，提升政府效能。数字治理体系已经成为当前世界各国在实施政府治理过程中所依据的重要手段和管理模式。

数字治理是一个全新的治理理念与治理方式，各国政府及国际社会都面临着全球数字化所带来的“内忧外患”的巨大挑战。在 2015 年 10 月 12 日中共中央政治局举行的第二十七次集体学习上，习近平总书记就提出，随着全球性挑战增多，加强全球治理、推进全球治理体制变革已是大势所趋。”他指出，要推动全球治理理念创新发展，积极发掘中华文化中积极的处世之道和治理理念同当今时代的共鸣点，继续丰富打造人类命运共同体等主张，弘扬共商共建共享的全球治理理念。这是中国首次在公开场合明确提出“共商共建共享”的全球治理理念。“共商共建共享”构成了加强全球治理、推进全球治理体系与治理能力现代化的系统链条：共商，就是集思广益，由全球所有参与治理方共同商议；共建，就是各施所长、各尽所能，发挥各自优势和潜能并持续加以推进建设；共享，就是让全球治理体制和格局的成果更多更公平地惠及全球各个参与方。换言之，以互联网为代表的新技术拓展了国家治理和全球治理的领域和内容，并为其提供了可利用的手段。“数字地球”已将人类社会连成一体，当今的政府治理必须站在全球一体化的高度上，突破民族国家疆域的限制，着力打造与全球治理理念和治理体制相适应的数字政府治理体系（戴长征等，2017）。

数字治理的前身可以追溯到电子政务、数字政府，数字治理可以说是从政府信息化阶段，到电子政务，再到数字政府，最后发展起来的。因此，要了解数字治理是如何提出的，不可避免地要提及电子政务与数字政府。

1）电子政务与数字治理

电子政务是 20 世纪 90 年代在中国发展起来的，2001 年国家发展和改革委员会的一份关于国家电子政务工程的专项报告中指出，“中国电子政务指的是连接中央、各部门和各省（自治区、直辖市）的政府统一网络系统和外部网络支持系统”。最早发展电子政务的国家是美国。1992 年克林顿就任总统时就宣布，他的政府将会是电子政府。当时他的目的是将美国联邦政府改造为一个无纸化办公的政府，一个利用信息技术提高政府政务有效性的政府。电子政务的关键发展阶段始于 1993 年，这一年，美国副总统艾伯特·戈尔（Albert Arnold Gore Jr）启动了一项重大的政府改革工程——“国家绩效评估”（national performance review）。这个计划为电子政务的开展创造了有利条件。

电子政务是由现代信息技术驱动，通过运用现代管理理念、理论和方法对政府业务重新设计，以社会信息资源充分共享、政府内部及政府与社会有效沟通和互联互动为技术途径，向社会全方位地提供管理和服务的政务活动。简而言之，电子政务是使用计算机在网络上办公的政府。电子政务建设为公民社会带来了实惠，在君主专制社会中，人民眼里的政府是衙门，为政者是掌权的统治者；中华人民共和国成立后，为人民当家做主奠定了初步的制度基础。但在“以阶级斗争为纲”的年代，不乏以暴力行政的现象存在；改革开放以后，以经济建设为中心，特别是明确建设市场经济体制之后，政府职能开始发生根本性的转变。政企分开的理念使政府职能从计划体制下企业的主宰，转变为企业扶持者。为了更好地服务经济建设，需要转变政府的神秘形象，我国开始建设透明政府，即政府部门的职能要公开，政府管理或服务的程序、标准、结果要公开。但是由于政府内部分工和业务流程的设计，都是为了方便政府自上而下地管理和控制，虽然明确了政府服务于社会的角色，公民与企业到政府机构办事还是有诸多不便，如需要按照繁杂的程序造访一个又一个部门、机关和岗位；政府部门进行审批、公民求助政府机关的关系未变。而电子政务的出现提供了“一站式服务”，将分属政府不同部门的业务受理网点集成到一个统一的政务平台上，向企业和个人提供包括咨询、申报、交费、注册、审批、报关、投诉在内的一整套服务项目（李习彬，2004）。

电子政务的职能包括政府的“内”“外”两个部分，“管理”与“服务”两大职能。“内”是指政府内部的信息化，目的是解决政府某个部门内部管理的问题，提高内部管理效率；“外”是指政府对外的职能部门。大部分政府部门总是有若干对外的管理或服务职能，目的是使政府对企业、对社会的管理效率大幅度提高，极大地方便社会公众和企业，这已经成为世界各国政府共同探讨和积极实践的问题，也是当前电子政务建设的主要内容。“管理”是政府职能的重要部分，电子政务一方面要配合政府的机构改革，提高效率；另一方面要协助政府从“管理主导型”向“服务主导型”转移（杨志芳，2008）。

拓展阅读 1.1

电子政务有政府、公民、企业三类行为主体。政府与公民、政府与企业、政府内部，这三种关联关系构成了电子政务的

主要业务内容。

（1）政府对公民的电子政务（G2C）。政府通过电子网络系统为公民提供各种服务，并通过网络提高政府工作的透明度，便于公民监督政府和方便公民参与各种政务活动。如公共信息服务、教育培训服务、电子医疗服务、社会保障服务、就业服务、民政服务。实质上，G2C 是基于政府与公民之间信息共享的高效率公民服务，让公民能方便地通过网络获取自己所需要的政府信息，为公民提供优质便捷的信息服务（樊博，2013）。

（2）政府对企业的电子政务（G2B）。政府通过电子网络系统为公民提供各种服务，如信息咨询服务、电子税务服务、证照办理服务、政府网上采购与招标、中小企业服务等。G2B 覆盖了企业生产、执照办理、工商管理、纳税、企业停业破产等整个生命周期的信息服务和信息配套。实质上，G2B 是基于政府和企业之间信息共享的高效率企业服务，主要内容是政务公开和网上办事，让企业能方便地通过网络获取自己所需的信息，为企业提供优质、便捷的网上办事服务（樊博，2013）。

（3）政府对政府的电子政务（G2G）。G2G 主要是上下级政府、不同政府部门、不同地方政府之间的电子政务，也包括政府对其工作人员的服务。具体而言，G2G 包括两个部分：①跨职能部门之间政府信息资源的共享，各部门建立统一的信息管理制度，避免重复采集、重复存放和重复加工，实现各职能部门数据的共享。②不同层级政府之间的电子政务，通过统一的业务信息系统增加业务办理的效率，加强上下级职能部门的信息交换，提供高效率的决策支持。G2G 的主要目的是打破机关组织部门的垄断与封锁，加速政府内部信息的流转与处理，杜绝政府各部门相互推诿的现象，提高政府内部的行政效率。实质上，G2G 电子政务是基于跨政府机构信息共享的政务协同。

数字治理离不开电子政务的工具论视角。前面提到，电子政务是使用计算机这种工具在网络上办公的政府，数字治理承袭电子政务的工具论脉络，在新的时代背景下，数字治理将数字技术作为治国理政的工具。电子政务的建设目标主要是提高政府的运行效率和节约成本，相比之下，随着技术的进步，数字治理的目标更为丰富。在技术的加持之下，数字治理除了关注效率和成本，还关注服务供给、治理绩效、治理透明度、政民沟通、公众参与等多维目标。简而言之，数字治理是“技术 + 政府综合治理”。

2）数字政府与数字治理

数字政府是人类技术进步在公共管理领域的作用结果，表现为政府结构、理念、战略、工具接受数字化改造，并且政府基于新技术向外输出新资源、新服务。数字化思维、数字化理念、数字化战略、数字化资源、数字化工具和数字化规则使政府形态和社会治理模式发生转变。数字政府是政府借助新一代信息通信技术（ICT），通过连接网络社会与现实社会，重组政府组织架构，再造行政流程，优化服务供给，促进经济社会运行全面数据化而建立的新型政府形态。在技术层面是政府基于数字技术以更有效率的方式分配信息，在组织层面是政府基于数字基础设施的赋能、协同与重构。数字政府并非仅仅是指政府办公流程的“数字化”和政务处理的“电子化”。其真实含义更多是政府通过数字化思维、数字化理念、数字化战略、数字化资源、数字化工具和数字化规则等治理信息社会空间、提供优质政府服务、提升公共服务满意度的过程（郑磊，2021）。

《2016联合国电子政务调查报告》强调，数字政府的一个重要趋势是推行以公众为中心的发展理念，注重为公众提供定制化、个性化、便捷化的服务，并且这种服务模式的创新正在改变公共部门的运行方式。数字政府是从政府组织优化、资源配置方式、政府治理能力等视角进行规划建设的新系统工程，是数字政府发展的新趋势。

对于数字政府而言，最终的发展目标在于实现技术与政务的有效结合，从而为社会公众提供更为立体、无所不在的公共服务。数字治理的目标则强调政府与公民、政府与企业、政府与政府之间的互动以及政府内部运作，涉及政府、市民社会和以企业为代表的经济社会三个主体。与电子政务相对应地，根据服务主体不同，数字政府也有政府间的数字政府、政府对企业的数字政府、政府对公众的数字政府。

（1）政府间的数字政府。G2G主要是上下级政府、不同地方政府、不同政府部门之间的数字政府服务模式。

（2）政府对企业的数字政府。G2B主要是政府通过网络为企业提供公共信息资源，实施基于网络系统的业务监管以及电子采购与招标。企业通过获取政府公开的各种信息资源，可以避免发展的盲目性，更容易找到商机。政府对企业服务的监管和服务的网络化有助于营造公平的竞争环境。政府对企业的数字政府要求政府以虚拟政府的形态为商业服务。

（3）政府对公众的数字政府。G2C主要是政府通过网络系统为公民提供

各种服务。它以公共利益为目标，通过互联网平台为公民提供各种满意的公共产品和公共服务，进而提高政府政务活动透明性，强化公民的民主参与和多元监督。

数字治理是将现代数字化技术与治理理论融合的一种新型治理模式，意味着政府权力由机构中心向以企业或者市民为中心的转变，增强了政府、市民与企业之间的互动，体现了服务型政府建设以及政府善治的要求。数字治理通过技术赋能和技术赋权双重机制，以同时提升政府治理能力和社会协同能力，不仅促使数字技术嵌入政府科层制以推进治理结构再造、业务流程重塑和服务方式变革，还构建了新型政府－社会关系、政府－市场关系。数字政府和数字治理相关概念的内容范畴具有重合部分，近年来还呈现出界限渐趋模糊、趋同日益明显的态势。数字治理不是信息通信技术在公共事务领域的简单应用，而是一种政治权利和社会权利的组织与利用方式相关联的社会－政治组织及其活动的形式，包括对经济和社会资源的综合治理，涉及如何影响政府、立法机关以及公共管理过程的一系列活动（郑磊，2021）。

1.1.2　数字治理的产生背景

1. 社会背景

在社会整体数字化进程不断加快的背景下，传统治理已经难以适应数字时代的要求。传统观念的社会治理模式主要是以政府为主导、各方有限参与的官僚组织体制。随着信息时代的发展和科学技术的进步，传统的公共管理部门管理流程的弊端日益凸显，如管理绩效低下、部门设置冗余、管理成本增加、利益协调困难、目标与责任冲突等问题阻碍着公共部门进行机构与管理流程的改革。数字治理具有精准性、效率高、包容性、开放性、透明性的特点，能够快速适应社会的发展（马文娟，2016）。

数字时代的来临，使得社会的关系走向万物互联。尤其是随着数字化、网络化在人类文明发展过程中的应用不断深入，在不断融合的线上线下场景推动下，现实与虚拟在不断地融合和交织，从而使得政府面临的治理场景日趋多元化和复杂化。受到数字化的影响，传统的信息传播模式被彻底打破，多中心传播模式已经成为当前信息和数据传播过程中普遍存在的特征。而信息与数据传播的这一趋势，使得传统的治理场景变得复杂，不可预知性大大提高。为了进一步提升治理能力，需要运用数字技术建设数字政府，不断提高政府的信息化治理水平，积极导入信息化治理模式，通过数字治理撬动数字时代的大变局。

1）信息革命引发社会变革

信息技术与经济社会的交汇融合引发了数据迅猛增长，数据已成为国家基础战略资源，大数据正日益对全球生产、流通、分配、消费活动以及经济运行机制、社会生活方式和国家治理能力产生重要影响。信息革命不仅正在改变着人们习以为常的社会生活方式，同时也在改变着社会权力的运行状态和社会秩序的治理模式。与工业时代的社会生活状态相比，在当代信息技术的驱动下，社会生活的网络化正在使得社会向新的形态演变。数字时代的治理意味着复杂的整体性变革，而各种变革的中心是信息技术的发展与信息处理能力的提升，信息技术通过影响公共部门与私人部门的行政作业流程，改变公民参与的方式和提高公民解决社会问题的能力，从而影响政策结果。信息技术的变革将所有变革联系在一起，私人部门运用信息技术变革实现节约成本、提高效率，从而较好适应市场环境的改变；公共部门进行数字化变革以适应管理体制的创新和向公民社会提供优质的公共物品与服务；公民利用计算机能便捷地掌握公共部门的政策动向。私人部门、公民社会和公共部门三者之间共同作用，最终影响政策结果的变化（马文娟，2016）。

2）治理对象加快数字化转型

随着现代信息技术的快速发展及广泛应用，经济社会各领域数字化转型加速推进。个体层面，通过电子证照、通信大数据、健康码等信息，能够形成个人特征、行动轨迹、健康状态的数字画像；企业层面，数字产业化与产业数字化加速推进，数字经济成为国民经济的重要支柱；社会层面，网络虚拟社会与物理现实社会双向映射、动态交互，数字孪生等概念落地，使得社会运行的数字化得以实现。个体、企业、社会等主体的数字化转型，倒逼政府关注数字化发展进程，提升数字化治理能力。一方面，个体、企业和社会作为政府治理对象，存在形式及日常活动走向线上化、数字化，要求政府更新监管和治理工具，拓宽治理场域，积极应用大数据、云计算和物联网等新兴技术开展治理活动，提升治理效能；另一方面，多元共治的社会治理格局下，个体、企业、社会团体等是治理的重要参与主体和支撑力量，亟须政府提升数字治理能力，以实现各主体间的良性互动和平等对话。个体、企业、社会的数字化转型，尤其是数字化企业的快速崛起，为政府开展数字治理奠定了坚实基础。

3）治理场景日趋复杂多样

数字时代，人类社会从“人人互联”走向“万物互联”，数字化、网络化、智能化深入发展，线上线下深度融合，现实社会与虚拟社会相互交织，治理场景的复杂性不断增加。一方面，受数字化、网络化影响，原有信息传递规则被打破，信息和数据由单中心传播向多中心传播转变，极大提升了传统治理场景的动态性、复杂性和不可预知性。如新媒体社交平台使得网络舆情应对和研判的不确定性增加，网络诈骗、虚假宣传、低俗内容传播等违法成本降低。另一方面，数字技术的发展和应用，将治理边界从传统线下治理空间拓展至数字治理空间，产生了诸多新的数字治理议题，如数据治理、数字身份安全、数字鸿沟、算法治理等。面对治理场景的复杂变化，亟须通过“信息化驱动现代化”，提升政府的数字化治理能力，数字政府建设成为重要选择。

2. 政治背景

1）治理赤字

2017 年 5 月 14 日，习近平主席在“一带一路”国际合作高峰论坛上强调，“治理赤字”是摆在全人类面前的严峻挑战。随着全球化深入发展，世界政治经济形势出现剧烈变化，数字经济发展不平衡、规则不健全、秩序不合理等问题日益凸显，保护主义、单边主义思潮抬头，传统的全球治理体系受到严重冲击，无法适应数字全球化时代的发展要求，治理赤字显现加剧趋势。一方面，传统的全球治理机制受到冲击，治理乏力。当前，世界主要国家之间双边或者多边贸易保护主义等现象突出，全球治理机制未能解决增长乏力和合作协调的重要问题，低效率与缺乏代表性问题日益显现，难以充分反映发展中国家和新兴市场国家的诉求。在全球性合作受阻背景下，主要国家和地区纷纷开始转向区域治理合作，以摆脱原有多边机制治理乏力的困境。另一方面，新的数字治理规则尚未建立，制度供给严重缺失。数字全球化带来的一系列具有跨境性、外部性和外溢性的问题，需要全球性合作共同应对。

2）政治经济体系变革

数字时代全球政治经济体系变革引发了新的治理需求：①治理问题日益超越传统地理边界，难以依靠单一国家予以解决。②数字治理存在明显的外部性，一国的解决方案对他国会产生巨大的影响，政策协同需求更加紧迫。在各国数字治理诉求具有显著差异的情况下，如何更好地协调不同治理主体间的分歧，进一步深化开放合作，构筑全球数字治理规则体系，成为当前全球治理的重要主题。

3. 技术背景

新一代信息通信技术带来人类社会的大变革、大融合，治理复杂性空前提高。现实社会与虚拟社会相互交织，技术与经济、社会各领域深度融合，个人信息泄露、社会伦理问题等风险不断涌现。传统的治理手段难以满足社会发展需求。国家治理需要强化大数据、人工智能、区块链等科技支撑，降低治理成本，提高治理效率。

1）信息技术成为公共服务系统现代化变革的中心

在大部分公共管理领域，电子工作方式还落后于企业，这一公私之间差异的重要原因在于政府部门在这一时期拼命获取这一相对较新领域的专家。要处理信息技术，任何组织都必须完全掌握新的技术。随着信息技术在中央官僚机构的发展，政府对信息技术人才的需求急增。自20世纪60年代以来，信息技术在政府管理中的日益运用开始影响政府内部组织结构的其他方面，使机构变得扁平化。60年代和70年代第一波办公室自动化通过减少大量的办事员职位使运作层大量减少。80年代和90年代的第二波办公室自动化引入了高级的以信息技术为基础的程序，使得中层职位减少。信息技术对公共管理影响的最后一个层面是主要的政策变革时，政府信息技术系统变革的必要性、重点以及变革时间。当前大多数政策的变化意味着信息技术的系统变化，如政府职能的外包极大地推动了政府的信息化进程（竺乾威，2008）。

2）信息技术赋能治理现代化

将数字技术运用于国家治理之中，将治理优化变成一个做大增量的过程。数据作为数字治理的关键要素，“让数据多跑路”，打通各处，数字化重构就会推动治理体系更完善。党的十八大以来，我国政务数据库建设取得积极成效，电信、工业、金融、社保、质检、税收等关键领域数据库建成并投入运行。通过对数据的广泛采集、充分挖掘，能在准确把握客观实际的基础上，研判发展趋势，不断提升政府决策的科学性和前瞻性，推动国家治理从经验驱动型向数据驱动型转变。以5G（第五代移动通信技术）、物联网为代表的新一代技术，推动万物互联时代加速到来，正形成面向全社会的泛在感知能力，能更广泛地获取海量、动态、多样的各类数据资源，为国家治理提供强大的数据支撑。

3）大数据的应用

以大数据、云计算为代表的信息化技术手段不断发展，各个方面的数字化趋势已经成为当前社会发展的重要方向。信息技术通过影响公共部门与私人部门的行政流程，改变公民参与的方式和提高公民解决社会问题的能力，从而影响政策结果。私人部门运用信息技术的革新实现节约成本、提高企业经济效益与效率，从而较好适应市场环境的改变；公共部门进行数字化改革的目的在于适应管理体制的创新以及向公民社会提供优质的公共物品和服务；公民利用计算机能够方便地掌握公共部门的政策动向，进而实现自身诉求做出相应的努力（马文娟，2016）。

当前，大数据在经济发展、生态保护、社会生活等领域产生的影响越来越大，在政府治理领域中的应用也逐渐在增加。“十三五”规划纲要提出了掌握大数据资源对创新政府治理的重要性。政府部门能够从大数据的使用中受益，是因为其在数据占有方面具有天然优势。大数据的核心是数据，只有先占有巨量的数据，才能从中挖掘出巨大的价值。首先，政府有专门的统计部门和干部队伍，如国家统计局会定期开展人口普查和经济调查，大多数部委都设有发展规划司，而财政、交通和气象等部门其实也掌握了大量有关经济社会运行的数据；其次，政府工作关系着民生的方方面面，在日常行政过程中，也自然而然积累了各类与社会生活息息相关的数据；最后，政府还可以根据需求，要求企业、事业单位、行业协会提供各种数据。政府不仅是大数据的受益者、大数据的占有者，更在建设大数据基础设施、培育大数据产业、培养大数据人才、完善相关标准和立法方面负有至关重要的责任。尤其在我国，政府在资源配置方面发挥着重要的作用，善于集中力量办大事，其强大影响力是带动大数据加快发展的优势所在（储宵等人，2018）。

1.2　数字治理发展脉络

1.2.1　雏形期——政府信息化阶段

政府信息化是利用现代信息和通信技术，将管理和服务进行集成以及对政府需要和拥有的信息资源进行开发和管理，来提高政府的工作效率、决策质量、调控能力、廉洁程度，节约政府开支，改进政府的组织结构、业务流程和工作方式，全方位地向社会民众提供管理和服务。它包括：①政府部门内部的信息化和网络化办公。②政府部门之间通过计算机网络而进行的信息共享和实时通信。③政府部门通过网络与企业和大众之间进行的双向信息互动。

1. 我国政府信息化发展历程

20世纪80年代初期，我国开始政府信息化建设，主要是应用计算机进行有关数据的处理。

1979年，全国人口普查中数据资料汇总与处理取得了显著成效。

1984年，国务院先后批准建设经济、金融、电力、铁道等十多个关系到国家经济命脉的信息化系统，国家计划委员会成立信息管理办公室，负责推动国务院各部委的信息系统建设工作。

1986年2月，国务院决定在“七五”期间，重点建设由国家、省、中心城市和县级四级信息中心构成的国家经济信息主系统（李习彬，2004）。

20世纪80年代末期，中央和地方党政机关开展的办公自动化工程，建立了各种内部信息办公网络，为利用计算机和通信网络技术奠定了基础。

1992年，国务院办公厅下发《国务院办公厅关于建设全国行政首脑机关办公决策服务系统的通知》，全面推动行政机关办公自动化的建设。

1993年，国务院信息化工作领导小组拟定了《国家信息化“九五”规划和2010年远景目标（纲要）》，要求当时的电子部与有关部委大力协调，抓好几项重大的信息工程。1993年底，为适应全球建设信息高速公路的潮流，我国开展了国民经济信息化的起步工程——“三金工程”，即金关工程、金卡工程和金桥工程。“三金工程”是我国中央政府主导的以政府信息化为特征的系统工程，是我国政府信息化的雏形，该工程的建设推进了政府信息化工作（杨志芳，2008）。

1996年，国务院信息化工作领导小组成立，并于次年召开第一次全国信息化工作会议，会议要求信息化建设要遵循“统筹规划、国家主导；统一标准、联合建设；互联互通、资源共享”的原则。政府信息化阶段的行政理念是以政府为中心，目标是提高行政效率，政府信息化主要通过“条”的自上而下的工作推动，倡导办公自动化和电子业务系统建设。在此期间，信息技术只是被视作改进政府内部组织效率的工具，政府服务改进的动力来自职能和业务驱动。由此，政府信息化是在政府主导下进行的业务信息化，资源配置方式以科层制为主，信息技术对当时政府治理变革的作用是有限的（陈小华等人，2021）。

2. 国外政府信息化发展历程

20 世纪 60 年代，美国和少数发达国家开始把计算机应用于重复性强的规范数据处理业务。20 世纪 70 年代，西方发达国家普遍应用计算机于事务处理领域；中后期，计算机开始应用于综合性管理业务；部分发展中国家也开始在政府部门运用计算机。20 世纪 80 年代，局域网和管理信息系统成为政府信息技术应用的主流，对决策分析的支持也取得了一定进展；大多数发展中国家开始应用 IT（信息技术）技术。20 世纪 90 年代，政府广泛采用先进的信息网络技术，应用的领域渗透到政府职能的各个方面。政府信息化成为国家信息基础设施（NII）建设的重要内容之一。

日本政府 1987 年度的《情报化白皮书》将政府信息化、产业信息化和家庭信息化并列为信息化的三大领域。日本中央政府应用的信息技术大体上经历了 4~5 代的演进，基本上建成了支持其主要业务工作的管理信息系统（MIS）和决策支持系统（DSS），每年的 IT 支出需要 80 亿 ~100 亿美元。

美国政府信息化起步更早，投入也更大。据估计，美国联邦政府从 1981 年至 1998 年在 IT 应用方面共支出约 4 000 亿美元。美国制订了一个“走进美国”计划，要求从 1997 年至 2000 年在政府 IT 应用方面完成 120 项任务。到 21 世纪初，其政府信息化要达到这样一种水平：政府对每个公民的服务都实现电子化，政府的工作效率要显著提高。美国联邦政府在 1998 年甚至还通过了《文书工作消失法》，要求美国政府部门 5 年内实现无纸工作，即所有的工作和服务都以信息网络为基础。与此同时，美国建立了联邦政府信息化管理体制，美国联邦政府的信息化管理部门及其人员构成主要有三个部分：①总统管理委员会。②白宫管理与预算办公室负责信息技术的副主任及其他工作人员。③政府各机构的首席信息官、首席财务官、采购总监和人力资源委员会。

1999 年 1 月，法国政府也宣布实施一个名为“为法国进入信息社会做准备”的项目，其内容之一就是利用信息技术使公共服务现代化，特别要利用网络向公众提供服务（杨志芳，2008）。

1.2.2　发展期——电子政务阶段

这一阶段的发展以电子政务为主，通过依靠计算机网络技术，为政府治理提供数据支持，实现政府治理的高效、透明和公开化。我国电子政府发展从实现政府办公自动化着手，后期顺应全球信息化建设的潮流。这一阶段的电子政务是最低层次、最简单意义上的数字化建设，政府以信息平台获得的数据为支撑，提供文本、图片等信息给公民，仅仅是一种“单向静态”“以政府为中心”的服务，与真正意义上的数字治理还存在一定的差距。政府利用计算机网络技术获取信息，掌握信息的主导权，更多的是服务于自身建设，公民作为其服务的对象被动地接受政府所提供的服务，缺乏对政府管理或决策过程的主动参与。

1. 我国电子政务发展历程

20 世纪 90 年代末期，由于信息网络技术的快速发展和信息基础设施的不断完善，电子政务的发展进入快车道。1999 年，我国实施政府上网工程，标志进入电子政务阶段。2002 年被称为“电子政务年”，《国家信息化领导小组关于我国电子政务建设指导意见》正式发布，文件指出电子政务对“加快政府职能改变，提高行政质量和效率”具有重要意义。

拓展阅读 1.6

政府上网是随着“政府上网工程”启动形成的一个概念，它的含义是政府及相关部门利用互联网建立自己的门户网站，向公众发布信息，实现与企业、公众的信息沟通和交流，并提供“一站式”在线服务，实现公共服务事项的网上办理。电子政务与政府上网既有联系又有区别。两者的联系在于：无论是电子政务还是政府上网，都是政府信息化的重要内容，许多电子化的公共服务项目，必须通过政府网站才能进行。两者的区别在于：电子政务的含义较为宽泛，除了政府向社会提供的公共服务事务外，政府部门与部门之间的交流等也属于电子政务的范畴，而政府上网是在政府内部办公自动化的基础上，利用计算机及网络等信息技术，进一步对各种系统进行整合，建立网络化的政府信息系统（杨志芳，2008）。

2000 年 10 月，《中共中央关于制定国民经济和社会发展第十个五年计划的建议》中指出，“要把推进国民经济和社会信息化放在优先位置”，并将信息化确定为我国产业优化升级和实现工业化、现代化的关键环节，明确了“以信息化带动工业化”的战略方针，电子政务也进入了以网络应用为基础的快速发展阶段。

2001 年 8 月，组建了以朱镕基为组长的国家信息化领导小组，国务院信息化工作办公室随之成立。同年 12 月，国家信息化领导小组召开第一次会议，强调中央各部门和各级政府要高度重视电子政务建设工作，领导干部要加强信息化知识的学习，充分利用信息化手段加强政府管理，促进政府智能转变，提高政府办事效率和管理水平，促进政务公开和廉政建设。此次会议明确了以电子政务带动信息化的基本方针，并将电子政务建设列为国家信息化的首要工作（李习彬，2004）。

2002 年 1 月，国务院信息化工作办公室和国家标准化管理委员会联合在北京成立了电子政务标准化总体组，全面启动电子政务标准化工作。电子政务标准化总体组的成立，为有效支持我国电子政务工程的建设，加快电子政务标准的研究和制定工作提供了组织保障。7 月 3 日，国家信息化领导小组召开第二次会议，审议通过了《国民经济和社会发展第十个五年计划信息化重点专项规划》和《国家信息化领导小组关于我国电子政务建设指导意见》。会议明确了“十五”期间我国电子政务建设的主要目标、任务和需要采取的措施，成为今后一段时间内指导我国电子政务建设的纲领性文件。同年 11 月的中国共产党第十六次全国代表大会进一步明确“信息化带动工业化”“大力加强电子政务建设”的方针。至此，我国电子政务的发展在指导思想和政策上已经从单纯的技术应用和实物处理迈入了以加强政府有效管理和为民服务为目标的全面发展阶段（李习彬，2004）。

2002 年 12 月 10 日，由中国科学院、中国国际贸易促进委员会、中国科学技术协会联合主办的“2002 年中国电子政务技术与应用大会”在中国国际展览中心举行，该会为我国电子政务的发展提速助力。

2006 年发布《国家电子政务总体框架》，基本奠定了之后十多年电子政务建设的总体范畴。之后，随着我国网络社会的崛起，公民网络参与成为一种不可忽视的社会力量，其推动行政理念开始从以政府为中心向以人民为中心转变。政府逐渐把信息技术作为改进组织内部效率的工具，“块”状的各级政府开始建设政府门户网站，推出政务微博，及时回应公众网络参与需求，积极改进政府服务质量。由于政府服务改进的动力来自不断迸发的公民网络参与，因而电子政务是在政府主导下对公民网络参与的吸纳，其资源配置方式开始以网络作为新机制，形成对科层、市场配置方式的重要补充（陈小华，等，2021）。

2. 国外电子政务发展历程

美国电子政务起源于 20 世纪 80 年代末，由于美国政府预算迟滞较大，国会和选民要求政府削减财政预算，提高财政效率。1992 年，克林顿（Bill Clinton）提出电子政府（E-government）的概念，要把美国联邦政府改造成一个无纸化的政府，这便是电子政务和电子政府的起源。1995 年和 1996 年，克林顿政府先后出台《政府纸张消除法案》《重塑政府计划》，要求各部门呈交的表格必须使用电子的形式，美国应尽可能在2003年10月以前实现政府办公的无纸化作业，联邦机构最迟要在2003年全部实现上网，使美国民众能够充分获得联邦政府掌握的各种信息。2000年9月,美国政府开通“第一政府”网站（www.firstgov.gov）。这是一个超大型电子网站，旨在加快政府对公民需要的反馈，减少中间作业环节，让美国公众能够更快捷、更方便地了解政府。此外，2002年美国政府在信息技术方面的花费达到40多亿美元，其中很大一部分用于电子政务推广。联邦电子政务预算规定，到2002年年底以前，联邦政府各部门凡是25万美元以上的项目采购，必须使用联邦政府统一的电子采购门户平台，逐步使电子采购成为联邦政府的采购标准（杨志芳，2008）。

英国的电子政务建设走在欧洲的前列。英国开展电子政务较早，在20世纪90年代末，英国政府先后发布了《政府现代化白皮书》《21世纪政府电子服务》《电子政务协同框架》等政策规划，提出到2008年要全面实现“电子政府”。英国从1994年开始着手于电子政务的建设，目标是建立“以公众为中心”的政府。英国政府电子政务建设的特点是“平民化”色彩浓厚，既考虑了熟悉信息技术的人，又考虑那些不熟悉信息技术的多数人。为加快电子政务的应用，让尽可能多的家庭能够因网络和政府进行交互，首相布莱尔（Tony Blair）提出了“在5年内使每个英国家庭都能上网”的宏伟计划，并在内阁会议上提出政府机构服务上网率在2002年要达到25%，计划到2005年政府所有服务都能上网。加强电子政务建设、发展电子商务和促进全民上网是英国信息化建设的三大基本任务。2002年7月，英国首相对外公布了其对2002年预算案执行情况的评估，此次评估从战略的角度审视了有关电子政务投资的问题，并确定了几个需要优先发展的领域。英国政府认为电子服务能够更加方便快捷地满足用户需求，所以他们计划为电子服务项目注入30亿英镑资金，其中10亿英镑将用于提高刑事审判系统的效率，5亿英镑用于支持地方政府开展电子服务，2亿英镑用来开发海关和货物税务署的电子服务项目。

加拿大政府在1999年的国情咨文中提道，政府要做使用信息技术和因特网的模范，计划到2004年实现电子政府。根据2002年埃森哲咨询公司对各国电子政务进行的调查评价，加拿大名列第一。加拿大的电子政务之所以能够迅速发展，后来居上，与其良好的信息基础设施有着密切的联系。加拿大号称全球联网率最高的国家，全国主要城市均由高速数据联通，上网费用全球最低。由政府、企业共同参与建设的国家光纤网于2001年建成，该网的技术甚至比美国领先 6 个月，加拿大在信息基础设施方面的巨大优势为其发展电子政务打下了坚实的基础。在此基础上，加拿大政府大力推广电子政务在各行业的应用，不仅实现了教育、就业、医疗、电子采购和社会保险等领域的政府电子化服务，而且根据需求的不断增加集成新的政府门户网站，先后建立了加拿大政府门户网站、加拿大出口资源网站等诸多政府网站（胡宏力等人，2012）。

1.2.3　过渡期——数字政府阶段

1. 我国数字政府发展历程

进入 21 世纪，微博、微信、今日头条等社交媒体的迅速普及，为电子政务向数字政府的转变提供了契机，政府和民众的双向互动日益增强。这一阶段的数字治理随着互联网技术的迅速发展，其形式朝着多样化方向发展，信息政府、智慧政府、“互联网 + 政务服务”都是这一阶段发展的形式。

党的十八大以来，党中央、国务院积极推动“互联网 +”和数字政府建设，数字政府建设成为智慧中国的重要组成部分。2015 年，我国提出“互联网 + 政务服务”战略，国务院组织全国政府网站普查，建立并完善政府网站建设和运营标准，一方面使政府网站的数量速减；另一方面则使政府网站的规范性、标准化和运营效率得到了显著提升。与此同时，移动政务发展日益加快，政府客户端、政务微信、政务微博、微信和支付宝的城市服务等在线服务功能得到加强，使中国的数字治理得以“弯道超车”。随着简政放权、“放管服改革”和“互联网 + 政务服务”的推进，在线政务服务进一步增强，民众和企业在获得政务服务方面逐步实现了“最多跑一次”“不见面审批”。

拓展阅读 1.7

2. 国外数字政府建设发展历程

2014 年，新加坡在数字政府总体表现中排名第一。在世界经济论坛发布的 2014 年至 2015 年全球竞争力报告中，新加坡政府位列“全球最有效率政府排行榜”第二名。2006—2015 年的 10 年里，新加坡的基尼系数在逐渐下降，居民的生活质量很大程度取决于政府为居民、企业提供服务的质量和效率。在这个信息量巨大、环境多变的时代，新加坡之所以能高效运转并取得一系列瞩目的成绩，科学技术是关键要素之一。

新加坡政府的信息化和数字化始于1980年国家信息化委员会的成立，其目标是使用信息及通信技术来提高政府公共管理效率，专注于工作自动化及办公无纸化，到20世纪90年代，其重心逐渐向公共服务内网集成和共享数据转移。21世纪，政府对数字化更加重视，2000—2003年，新的电子政务计划出台，其愿景是在全球经济日益数字化的进程中，将新加坡发展为拥有领先电子商务的国家。自20世纪90年代末开始，全球互联网经济的发展呈指数级增长。旨在制造领先电子政务的新加坡政府在第一个计划启动的三年后又推出了新的计划，其愿景是在2003—2006年打造一个网格化的政府，通过为用户提供易访问、集成化、有价值的电子政务服务，将国民紧密地团结在一起。2006年，iGov2010愿景诞生，计划从一个集成化电子政务的政府，发展成为高度集成管理的政府，通过信息技术连接民众，提升服务满意度。该计划要求所有职能部门改进政务系统的后端流程，增强以用户为中心的服务能力。

英国政府通过强有力的数字政府战略，旨在提供世界一流、以民众为中心的公共服务，提高管理效率，推动经济发展。英国政府成立了“政府数字服务小组”，主要负责定制公众的数字服务，英国数字政府战略包含16项行动计划，并出台了详细的实施路线图和主要业绩指标，旨在实现“默认数字化”，为选择数字化的人提供条件，为无法数字化的人创造条件。政府提供公共服务的跨部门通用平台；云侧提供“政府云”，计划将几百个数据中心整合至10~12个；管侧建立公共部门安全网络，类似政务外网，政府网关通过数字认证方式实现外网互联网数据交换；端侧推行政务App，在线政务应用程序商店，财政部采购相关应用程序，同时推进公共桌面服务。英国政府部门在GOV、UK网站上建立具有高可靠性、高安全性以及高效能的在线服务，为2 500万用户提供更好的服务。通过探索为企业和中介组织提供基于身份特征的服务选项，从而更好地满足用户需求。在此基础上，进一步拓宽用户的概念，对需要通过使用政府应用程序编程接口的第三方用户给予支持，在政府内部和外部扩大应用API（应用程序接口）批量服务的范围。在2012年联合国电子政府调查排名中，英国政府的在线服务排名第四，可见英国政府十分注重扩大并提升在线政府服务的规模和质量。英国政府发布的《政府转型战略（2017—2020）》旨在加快推进政府数字服务，促进跨政府部门建设共享平台，提高政府数字服务效能，改善民众与政府之间的关系。

数字政府建设以数据审计、处理、分析等现代信息技术为依托，构建政府数字化服务平台，为公众提供一体化的在线服务同时为政府管理和决策提供数据支撑，推动政府各部门资源之间的交换共享，解决了传统电子政府服务单向性的问题，促进了政府与公民之间的双向互动，提高了政府解决社会问题的能力，有助于增强政府的公信力。与电子政务相比，数字政府的内涵更加丰富，并强调政府的“数字化”。数字政府包括电子政务，但是还涉及公共参与、业务协同和组织变革。总体上看，数字政府意味着政府管理和公共服务要从线下为主转到线上为主，在功能上要实现从过去的信息公开转向服务供给和互动交流，在实现载体上从个人计算机向移动端转变，在组织模式上从每个部门各自为政转向整体政府，在建设和运营方式上从政府为主转向政府和企业合作。

1.2.4　高速期——数字治理阶段

这一阶段的数字治理是电子政务、政务服务的高级形态，相比传统电子政务的单一无序，政府服务走向公民参与的互动式民主，服务的重心由“以政府为中心”向“以公众为中心”转变。近年来，移动互联网、物联网、云计算、区块链、人工智能等数字化技术飞速发展，我国数字治理的内容和形式得以丰富，并进入高速发展期。政府借助这些新兴的数字化技术来构建数字化服务平台，使各行政部门信息资源得以共享，民众办事流程得以精简，政府自身智能与智能化民生服务能力得以加强。采用互联网、物联网等先进技术，搭建一体化的网上政务平台，实现政府部门的办理事项一窗办理、一站反馈，群众办事“最多跑一次”或“一次不用跑”。这极大地便利人民的生活，大大提高行政效率，推动政府服务“以政府为中心”向“以人民为中心”转变。

1. 我国数字治理的发展历程

2015 年 12 月 16 日，在第二届世界互联网大会开幕式上，习近平主席正式提出推进“数字中国”建设。《国家信息化发展战略纲要》提出加快建设数字中国。《“十三五”国家信息化规划》将“数字中国建设取得显著成效”作为我国信息化发展的总目标。这些重要战略规划中，明确了新时代数字中国建设的总目标是坚持与实现“两个一百年”奋斗目标同步推进，全面支撑党和国家事业发展，促进经济社会均衡、包容和可持续发展，为国家治理体系和治理能力现代化提供坚实支撑。

2018 年，国务院办公室主办、国务院办公厅电子政务办公室负责运行维护的国家政务服务平台开始试运行，形成了全国一体化政务服务平台，为跨地区、跨部门和跨层级的信息共享和业务协同提供了基础支撑。2019 年 4 月 26 日，《国务院关于在线政务服务的若干规定》开始施行，为线上服务创新提供了制度保障。但是，跨组织的数据共享和业务协同仍然面临许多体制障碍，还需要加快打通“最后一公里”。

我国数字治理具有实践先于理论的特点，并由发达地区城市向其他城市逐步扩展，且尚处于数字治理提供智能化服务的阶段。

2. 国外数字治理建设发展历程

2015 年，新加坡提出了“智慧国 2025 计划（2015—2025）”。秉持“大数据治国”的全新理念，致力推动建成全国性数据连接、收集、分析的操作系统，并通过对大数据的处理和分析，准确预测公民需求，优化公共服务供给，使公民享受到更加及时和优质的公共服务。

2016 年，德国和丹麦分别制定了“数字化战略 2025”和“数字化战略（2016—2020）”。德国从国家战略层面明确了制造转型和构建未来数字社会的思路，而丹麦是将公共部门数据作为促进增长的推动力，旨在建设一个灵活、极具适应性的社会以及数字化程度更高的国家。

2017 年，美国发布了《政府技术现代化法案》，提出要在以往数字化转型的基础上提升联邦政府信息网络的安全保护水平，建立 IT 资本基金、实施系统及数据迁移至云端等 IT 现代化升级举措。同年，英国也发布了《政府转型战略（2017—2020）》，对 2020 之前英国政府转型需要达到的水平状态、目标和重点任务提出了要求，制定了具体的工作计划措施。此战略旨在加快推进政府数字服务，促进跨政府部门建设共享平台，提高政府数字服务效能，改善民众与政府之间的关系，体现出英国数字政府建设以公民为中心的原则，将更多的权力交给公民以满足其需要。

2018 年，澳大利亚发布《政府数字化转型战略（2018—2025）》，提出将量子、区块链和人工智能等技术推进澳大利亚全面数字化转型，到 2025 年之前进入“全球三大数字政府”行列，成为其他国家学习和借鉴的样板。

2019 年，韩国发布《数字政府革新推进计划》，提出将加大投入，开展数字政府革新计划，包括引进电子身份证、扩大各类电子证明的发放、推行国民个人定制行政服务指南等。

总体来看，国外数字治理走的是一条利用技术赋能、以用户为中心、数据驱动整体治理的道路。更加关注数字技术及数据驱动在数字治理中的重要作用，是从“信息化、线上化”向“开放型政府建设、用户驱动、业务流程再造”的转变。

现阶段的数字治理实践发展呈现趋同性特征，我国各地数字治理建设大都围绕城市发展的问题、公众服务的智能化提供等各方面展开，在城市建设、公共服务完善中发挥着越来越重要的作用。我国的数字治理发展依托的是现代信息技术、数字化网络平台等，逐步由数字管理走向数字治理。数字治理的核心是公民互动参与，包含数字城市、数字市民社会等各方面的内容。

案例讨论：互联网法院 & 智慧法院

本章小结

本章介绍了数字治理的产生和发展脉络。一方面，本章从数字治理的起源和产生背景的角度探讨了数字治理是如何产生的；另一方面，从雏形期、发展期、过渡期和高速期这四个阶段梳理数字治理的发展脉络。在治理的提出上，本章从理论基础、制度、政府职能和治理方式的维度分析了中西方治理的差异。数字治理的前身可以追溯到电子政务、数字政府，要了解数字治理是如何提出的，就不可避免地要提及电子政务与数字政府，故而介绍了电子政务、数字政府与数字治理的联系。接着从社会背景、政治背景和技术背景这三个方面介绍了数字治理的产生背景。最后介绍了数字治理的发展脉络，可以说数字治理是从政府信息化阶段，到电子政务，再到数字政府，最后发展起来的。

即测即练

复习思考题

1. 什么是治理？治理与统治有什么区别？
2. 简述中西方治理的差异。
3. 什么是数字治理？
4. 数字治理与电子政务、数字政府的区别是什么？
5. 简述数字治理的发展历程。

第 2 章
数字治理的理论内涵与体系构建

学习目标

1. 了解数字治理理论是如何产生的。
2. 了解与数字治理理论相关的一些理论概念。
3. 熟悉数字治理理论的内涵及特征。
4. 掌握数字治理理论与相近理论之间的辨析。
5. 了解数字治理理论在未来的发展方向。

思政目标

1. 了解数字治理为数字时代带来的改变。
2. 了解数字治理理论在我国推进国家治理体系和治理能力现代化过程中的重要作用。
3. 熟悉政策文件中对数字治理理论的体现。

思维导图

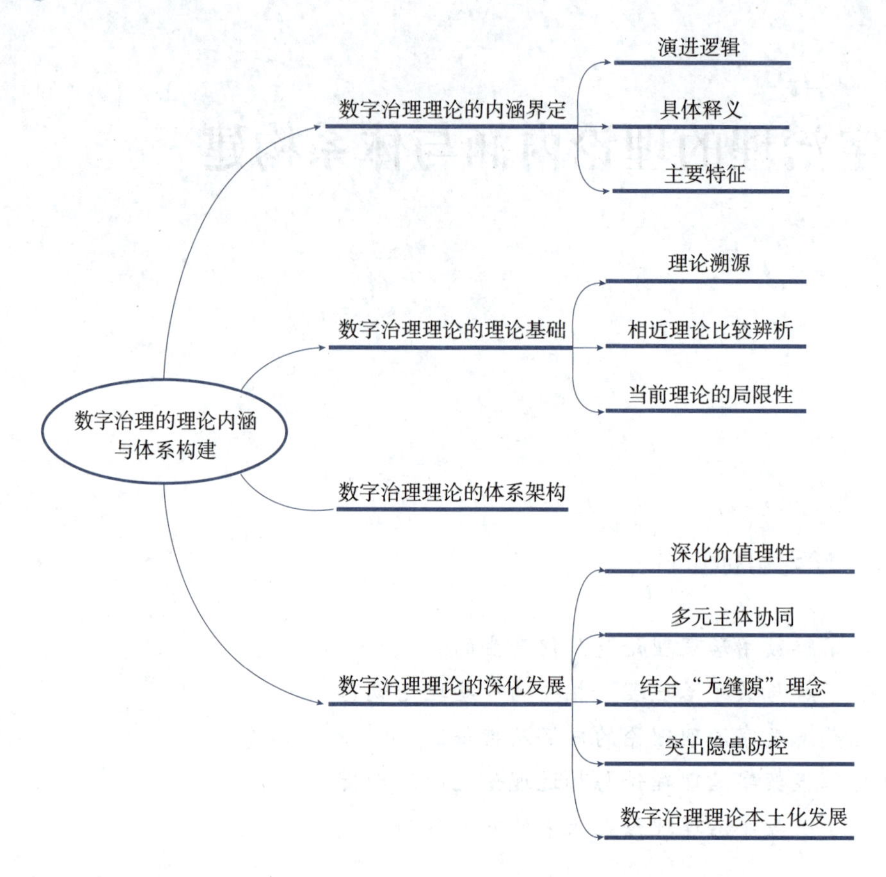

导入案例

9月30日一早，家住西安市新城区的郭女士收到一份快递，里面装的是自己此前申请的营业执照。“没想到这么好用！在手机App上面填写相关信息，提交对应材料，留下家庭住址，就只需等待快递上门派送，太便捷了。”郭女士提到的App叫“秦务员”，市民通过“秦务员”App及其小程序便能够查询办理涵盖社保医保、户籍户口、住房公积金、婚姻登记、资质认证等多个领域的民生事项。

经过一年多的实践推动，陕西省构建开发建设的“秦务员”App及其小程序成功上线，676项服务事项实现“掌上办好”，已有138项政务服务事项可在全省429个建设银行网点的1 580个智慧柜员机实现查询、打印等功能，

"秦务员·政务服务驿站"遍布全省各地。当前,陕西省已确定了突显流程协同、信息调度、综合监管三大能力的政务服务"中央厨房"总体建设方案，初步建成以"三层三台三中心"为核心平台的政务服务基本架构，为实现"联动服务、最多跑一次、跨地域通办"和"省级批发、市县零售"等新服务模式提供了能力基础。

资料来源:《陕西日报》。

思考题

1. 案例中提到的"秦务员"App 及其小程序有何优势?
2. "互联网 + 政务服务"蓬勃发展的背后体现出哪些数字治理特征?

21 世纪，信息技术的变革深刻地影响政府公共部门的发展变迁和管理变革，信息技术变革在管理制度和政府与公民的互动方式中发挥着重要作用。随着互联网、信息技术的迅速普及，技术变革深入政府管理和公民社会生活的每一部分。技术变革首先引起公民社会的信息变化，继而促使公民社会的行为变迁。因而，在信息技术的影响下，公民以及他们所构成的社会组织的技术变革和组织变革相继进行，最终引发政府公共部门、公民社会关系及其行为的重新建构。技术、组织、关系和行为的再造呼唤全新的管理模式的出现，这种新的管理模式的指导思想就是数字治理理论。

数字治理理论是对数字治理现象的理论指导，是建立在对实际情况进行分析的基础上提炼总结而形成的一种新型理论。数字治理理论发展至今虽然只有 20 余年，但是它的影响力涉及英国、美国、新西兰、澳大利亚等国。随着国内外学者对数字治理理论的研究由理论研究的成果颇丰到逐渐拓宽应用领域研究，数字治理理论越来越多地受到国内外学者的广泛关注与认同。

2.1　数字治理理论的内涵界定

数字治理理论由实践概括出来的相关社会知识系统性地整理而形成，并按照整体与局部的关系进行抽象描述，与一定范围内的相关理论及实践共同构成具有逻辑和内在联系的、脉络清晰的整体。任何事物的产生都要遵循背后固有的一套演进逻辑，数字治理理论也不例外，通过介绍数字治理理论的演进逻辑，帮助读者迅速了解数字治理理论的形成过程。

2.1.1 数字治理理论的演进逻辑

数字治理理论属于治理理论的一种，是由治理理论与互联网信息技术结合而成的，运用信息技术重塑公共部门管理流程的新型理论（韩兆柱 等，2016）。将数字治理理论的演进逻辑按照以治理理论为逻辑起点、以信息技术变革为动力引擎、以推进政府管理改革为现实应用进行划分，深入理解数字治理理论内在的发展逻辑。

1. 治理理论是数字治理理论的逻辑起点

治理理论诞生于20世纪80年代末期，它的提出主要是为了解决20世纪70年代西方国家新公共管理运动带来的负面后果。在1990年前后，世界银行首次使用“治理危机”（governance crisis）一词，之后治理理论强势回归并迅速扩散，被广泛应用于社会科学研究的各个领域当中。例如，詹姆斯 N. 罗西瑙在他的代表作之一《没有政府的治理》中，将治理灵活地运用到社会经济与政府改革领域。治理理论一经兴起就掀起了世界范围内的改革热潮，并逐渐演变为一种重要的理论与价值追求，对各国政府在经济、政治以及意识形态等方面的问题都给予了理论与实际层面的回应。又如格里·斯托克指出治理是政府管理方式的新发展，既包含政府机构，也包含非正式、非政府机构，其中的公私部门之间以及公私部门各自内部的界线都趋于模糊。他通过梳理得到治理作为一种理论的五种主要观点。

（1）治理的主体包括但不限于政府。

（2）治理在寻求解决办法时存在界线和责任方面的模糊性。

（3）权力依赖普遍存在于各个社会公共机构之间。

（4）治理的参与者最终将形成自主的网络。

（5）解决治理问题的能力不限于政府的权力。

治理理论为了适应当代社会环境和公共价值，衍生出了很多治理观念、工具手段各异的新型治理理论，逐渐形成治理理论丛林。对治理阶段的划分很多学者有不同的观点，这里借鉴翁士洪在2019年对治理理论的发展阶段总结，以时间为轴，将理论分支众多的治理理论按照其理论成熟的时期进行简单归纳。

早期的治理理论主要涉及公共治理（Rhodes，1997）、民主治理（March 和 Olsen，1995）和“没有政府的治理”（詹姆斯·罗西瑙，2001），虽然当时并没有将治理与技术联系起来，但部分治理理念与之后的数字治理理论有着一脉相承的关系。1997—2006 年，治理理论倾向于化解新公共管理理论带来的分散化现象，强调整体性和以公众为中心，政府在这一时期也开始创新体制机制，积极地向办公自动化转变，其中具有代表性的有整体性治理理论（Perri 6，2002）、协同治理理论（Ling，2002）、参与式治理（Baiocchi，2003）等。这时信息技术的应用已经开始受到重视，治理理论与信息技术的融合初见端倪。2006 年开始至今，被划分为新兴治理理论阶段，与前者最大的区别在于对技术方面的更新，一些最新的信息技术，如移动互联网技术、智能互联技术、大数据技术、云计算技术等开始受到重视，代表性理论有网络化治理理论、数字时代治理理论（邓利维，2006）等。治理理论丛林虽然不及“管理理论丛林”一般茂密，但是它正在一步步地发展、壮大（翁士洪，2019）。数字治理理论内涵与上述提到的很多治理理论都有关联，其中与网络化治理理论、整体性治理理论有较为明显的相似性，后文将对三者之间的异同点进行详细的对比分析。

2. 信息技术变革作为数字治理理论的动力引擎

数字治理理论在治理理论的逻辑基础上，利用信息技术的快速变革，驱动治理理论向数字时代迈进。运用信息技术重塑政府公共行政管理流程，成为治理理论发展的新动向，信息技术革命从 20 世纪 60 年代开始，在 40 多年时间里迅速在全球扩展，其影响力深入社会、政治、经济和文化等各个层面。从 20 世纪 60 年代微电子技术开始在生产制造业中得到广泛应用、80 年代初个人计算机出现并迅速普及、90 年代电信技术因为数字化而出现革命性变化，到互联网的出现和爆炸式增长普及，这些彻底改变了人类信息交流的手段和环境，把人类社会带入信息化时代。

信息技术革命的出现是人类发展史上的一个重大事件，基于信息技术的治理范式与传统治理范式相比具有一些新的特性：①信息本身可以作为一种社会发展的资源和动力。②信息技术的效果可以在各个地方有所体现。③网络化及其逻辑问题。④特定信息技术凝聚为高度整合的管理系统（杨雁斌，2001）。基于信息技术的治理不是只关注知识与信息的收集，而是以如何对当前拥有的知识与信息进行运用为核心的治理形式，进而构建用于知识生产与信息识别处理的设施。信息技术革命的优势在于信息技术与网络化相关，以灵活、弹性为基础，重新排列组合形成，可以做到对治理过程进行逆转，组织与制度进行修正甚至改变。这种重新构造的能力便成为其独特之处，在以不断变化与组织流动为特征的社会里是一种决定性的特性（卡斯特，2006）。

信息技术与人类社会息息相关，受社会的影响，形成了一种社会制约的技术决定论，也被称为弱技术决定论。该理论认为技术产生于社会，又反作用于社会，即技术与社会之间是相互作用和影响的（Veblen 和 Bell，1963）。这一理论完美地诠释了信息技术与社会之间的作用机理，信息技术革命已经渗透到了人类活动的各个领域，为它们创造新的动能。社会治理在实践中应用信息技术进行变革，为治理理论在技术方面的革新与进步贡献了新思路，这是技术变迁的结果。但是技术却很少被纳入理论构建当中，马克斯·韦伯（Max Weber）把组织看成社会—技术系统，其中蕴含的一个认识倾向是政府关注的重点集中在人与组织方面，而不是技术的重要性，这种面向信息技术的沉默引起了邓利维的重视。

信息技术是一种新兴的政府管理工具，它是引起当代公共管理变革的关键动力，并且将广泛地应用于公共管理实践当中。公共部门间的信息技术变革为数字治理理论提供了发挥的空间，数字治理理论主张在政府治理乃至社会治理中持续接入大数据、人工智能、云计算等先进的信息技术与信息系统，改变政府和社会中各部分的运作方式。数字治理理论建立在治理与技术融合的基础上，在适应新时代的变化方面存在优势，而新一代的信息技术又可以反过来促进数字治理理论的创新深化，为治理应用过程的民主化和科学化提供了崭新的驱动力量。总而言之，信息技术革命的全面性、复杂性与网络化的自身特性深刻地作用于整个社会和公共管理实践。

3. 数字治理理论是政府管理改革推进的合理选择

政府和信息技术产业的互动对经济与社会运作起到至关重要的作用。政府作为市场环境的塑造者和企业的服务者，其管理服务效率充分影响着社会生活中的利益参与方，使之更加理性、更加现代化。政府公共部门需要技术变革，源于企业的盈利动力和变革冲动，继而使得政府组织和其他社会组织纷纷效仿。信息技术变革把社会信息系统完整地连接在一起，社会的信息化引起公民行为模式的变迁，要求公共部门的管理模式也要相应变革。数字治理理论即是这种变迁的产物。

美国学者简·芳汀（Jane E.Fountain）在其著作《构建虚拟政府：信息技术与制度创新》中提及，信息时代的政府治理需要改变的不仅仅是信息技术与政府传统管理体制的结合，更多的是政府组织体制、内部组织文化等非信息技术的因素的介入（芳汀，2004）。仅有技术是不够的，技术的执行需要政府在其中发挥作用。技术不能决定它自己的发展历程，它会受到所处环境的影响，在某个环境中表现极佳的信息系统，在其他情境下可能会遭遇失败。原因在于信息系统受到政治、组织、社会安排的外部环境影响，信息技术在这些因素中被理解与使用（于春永，2012）。这体现了组织环境对信息时代政府治理的影响，为公共部门接纳数字治理提供了思想上的转变。同样，公共部门进行数字化改革的探索，其成败取决于公共部门对这种模式的适应程度、机构的整合程度、技术人员以及技术设备的完备程度等诸多因素的共同作用（Parlichev 和 Garson，2004）。例如，一些组织上的构建不是机械性、僵硬的传统官僚制，开始依靠以外包运作为核心的专业组织或者私人部门设计、建立、管理的信息技术系统，不过大部分目标都需要依靠政府公共部门的推动。

数字治理理论多从技术角度出发，强调技术与服务的高度融合，充分发挥信息技术与信息系统在政府机构变革中的优势作用，政府应用信息技术办公日益成为主流。自 20 世纪 60 年代以来，信息技术逐渐在政府管理的方方面面进行渗透，政府部门加大改革力度，充分运用数字技术，带动政府内部组织结构发生变革，机构设置逐渐趋于扁平化。政府信息技术成了当代公共服务系统理性和现代变革的中心，信息系统的形成改变了传统公共行政的办事方式，即公共部门组织和管理变革都是围绕着信息技术的变革和信息系统的变化而进行的，如数据自动处理程序取代了许多办事员的工作（竺乾威，2008）。信息技术对政府的影响不仅存在于内部组织结构的变动，也因为信息技术和信息系统的进步使组织决策更为便利化、精确化和科学化，与数字治理理论的内涵相契合。因此，政府公共部门改革必须紧紧跟随和适应信息技术变革，将数字治理理论作为政府公共部门管理改革推进的合理选择。

2.1.2　数字治理理论的具体释义

基于对数字治理理论演进逻辑的梳理，了解到数字治理理论是以治理理论为基础，通过信息技术的推动，并借助政府公共部门管理改革的平台得以推广应用，形成了实践中呈现的电子政务、数字政府等一般意义的数字治理，但数字治理本身具有更深层面的研究价值，国内外学者在数字治理理论的概念阐述方面进行了很多探索研究。

1. 国外学者对数字治理理论的概念阐释

数字治理理论的出现与数字时代带来的挑战密切相连。它是数字时代的产物，伴随着信息技术革命的加速、经济全球化的扩展和网络社会的崛起而诞生。数字治理理论有其深刻的理论内涵，在不同的发展时期，数字治理理论有着不同的释义，本书将国外学者对理论探索的阶段划分为理论诞生期、理论过渡期、理论形成期、理论创新期。

1）理论诞生期

20世纪90年代，信息技术发展迅猛、经济全球化的加速、网络社会的崛起以及数字时代到来，信息技术已经深刻地影响着政府的组织结构和运作机理。数字治理的理念最早由美国南加州大学传播学院的曼纽尔·卡斯特（Manuel Castell）提出，其在1996年出版的著作《网络社会的崛起》中，较早地阐述了网络社会的崛起对社会发展提供的机遇与挑战，分析信息时代的到来对公共管理的治理体系的更高要求，认为信息技术革命的出现是人类发展史上的一个重大事件，信息技术范式的兴起和全球化的发展为政府公共管理领域迈向更开阔的治理体系提供了宽阔的平台和深厚的基础，基本形成了数字治理理论的雏形。

数字治理理论的产生一定程度上受到佩里·希克斯（Perri 6）的整体性治理理论的影响，与整体性治理理论有着很深的理论渊源。他曾在《迈向整体性治理：新的改革议程》一书中分析过数字治理的必要性。整体性治理理论中包含的数据库、灵活的政府流程以及一站式服务等观点，为数字治理理论奠定了初步的基础。

尽管数字治理理论产生时间较晚，但相关理论的出现已经为数字治理理论的发展奠定了深厚的理论基础。基于曼纽尔·卡斯特阐述的网络社会崛起的时代背景和佩里·希克斯指出的整体性治理理论的理论基础，数字治理理论在20世纪90年代末期的网络社会开始崭露头角，并以其独特的技术导向成为学者关注的重要议题，一定程度上说数字治理理论的出现正当其时，它为信息时代政府乃至其他公共部门的治理机制提供了新的治理思路与治理框架。

2）理论过渡期

2001—2005年，民主思想与网络社会开始融合，学者们开始探讨网络社会中的民主问题。信息时代的到来拓宽了公民参与公共事务管理的渠道，网络社会中民主问题的研究具有一定的深度，互联网平台使得网民在匿名条件下充分行使着他们的言论自由权，但这种不加以限制的权利行使存在着跟风从众、盲目激进等消极影响，并不能完全真实地体现民意。网络中的民主有着群体极化的特征，在网络中的观点传播很大可能是带有个人主观倾向性的，不利于网络社会民主制度的良性发展。美国宪法学家凯斯·桑斯坦（Cass R. Sunstein）提出“协商民主”是应对这种困境的有效机制，协商的过程是审慎思考的过程，帮助人们作出理性的决定；协商的过程也是获取信息的过程，根据凯斯·桑斯坦的观点，充足的、无法预测的信息获取对民主社会至关重要，民主的价值体现在对未经筛选的信息进行话题讨论和观点输出，同时，民主制度的推行能促进信息的共享，传递处理社会中复杂问题的经验，为网络社会中的信息沟通形成了一个良好的回路（桑斯坦，2003）。

将这种研究思路代入数字治理理论的发展中，即可以得到基础性的模式借鉴，通过广泛的民众参与优化治理网络结构，这也将成为数字治理理论的一个重要特征。尽管互联网数字技术具有开放性、汇聚性等优点，但是为了保证数字治理理论指导下的网络民主传播途径的顺畅，避免其隐匿性对网络社会中的民主构成一定程度的威胁，加强多主体间的合作与数字立法活动尤为必要。

3）理论形成期

邓利维在2006年的《数字时代的治理：信息技术公司、国家与e政府》一书中系统地阐述了数字治理理论，奠定了其理论主要倡导者的地位。他从新颖的角度，强调以信息技术为基础的变革的重要性，无论是在政府管理系统还是在社会使用者之中，但是变革的动因不是直接由技术决定的，而是由信息系统与当前的政治、文化、组织等相关联而带来的新变化，同时由于当代公共行政与公共管理的大部分理论对信息技术的忽略，邓利维主张扭转这种不客观的现象。对以需求为基础的整体主义和数字化过程的变革的重视使学者开始注意到数字治理理论与整体性治理理论的区别。

数字治理理论背后体现的是数字时代整体社会的运动，既包含治理，也存在数字变化。数字治理理论核心在于强调整体性、重新整合的决策方式以及电子行政的广泛数字化，主要由重新整合、以需要为基础的整体主义、数字化过程三部分构成。

（1）重新整合。重新整合是指对新公共管理运动中分散出去的职能进行回收与重新整合，强调将分散的功能和专门知识点集中到一起，通过合理的重新整合，减少对社会资源的浪费，减少重复的工作投入，从而增加公众获取公共服务的便利性。

具体内容包括逆部门化和碎片化、建立大部门体制、外包部门重新公共化、恢复中央集中管控、减员压缩成本、以信息技术支撑公务服务功能、部门专业化集中权利、以“混合经济模式”为基础的共享服务、精简高层管制。

逆部门化和碎片化体现为机构化的重组，在英国主要通过对部门进行合并、取消、重组，成立部门联合组以及对合作的再强调等方式来完成。

建立大部门体制的核心是协同治理，将信息技术汇集整合，如美国国土安全部的成立和英国就业与养老金部职能的调整。

外包部门重新公共化，职能还原到公共部门手中，再次政府化，以美国为例，在“9·11”事件后出于安全需要的考虑，将28 000名机场安全人员从私人签约者的身份转变为联邦公务员的身份。

恢复中央集中管控，建立中央组织权威，改变重复的政府层级，在信息技术领域重新赋予秩序，在保留中央处理能力的小国家较容易恢复。

减员压缩成本，大规模地裁减信息技术使用率高的部门，改变其工作性质，将人力资源集中于一线工作，如英国的就业与养老金部的裁员目标是3万人，占了未来5年内裁员8万人的37.5%。

以信息技术支撑公务服务功能，对那些信息系统混乱的行政机构进行再造，重新设计后勤办公室功能。

部门专业化集中权力，可以有效解决新公共管理运动中分权化的错误，对私人化、公私合作关系中存在的功能重叠的部门或机构进行整改。

以“混合经济模式”为基础的共享服务，鼓励较小的部门与机构共同使用服务支撑功能，以灵活的方式，使得在某些领域中具备相应能力的一些机构可以为有相似需求的用户提供同一服务。

精简高层管制，利用网络将政府内部机构简单化，原本的政府内部存在着复杂的高层领导机制，英国将三个分开的铁路管制机构合并为一个部门就是有效处理多层碎片化问题的例子，合并后可以避免每个部门在一定程度上为其他部门增添更多要处理的工作的问题。

（2）以需要为基础的整体主义。如果说重新整合是狭义上的对公众参与治理进行变革，那么以需要为基础的整体主义是对政府机构整体的变革，涉及所有相关的公共部门，向以需求为本进行转变，改变政府机构和顾客之间的总体关系并使之简单化，以期建立一个灵活应对社会复杂问题的新型政府领导结构。这部分内容远远超出上面已经讨论的传统协同治理的范围。

具体内容包括互动的信息搜寻和信息提供、以顾客为基础和以功能为基础的组织重建、一站式及网络整合服务、建立数据库、基于全行政过程的结果服务、构建灵活性政府结构、可持续性。

互动的信息搜寻和信息提供，互动机制便于机构人员和系统采取一个更为整体的观点来看待人们的需要和选择，而信息搜寻与信息提供并重，通过政府信息系统为公民和企业提供表达与报告的途径与规则保障。

以顾客为基础和以功能为基础的组织重建，试图建立围绕单一顾客群体的整合机构，并代替以分散的业务过程为特征的新公共管理。例如美国的国土安全部就是将先前在一个连续的公共管理领域里分散运行的 12 个联邦机构重新组合到了一起。

一站式及网络整合服务，包括一站式商店、一站式窗口以及整合的网络服务等具体形式，用于解决重复性较高的问题和一些需要较高的认知水平和服从成本的公民及商业业务问题。澳大利亚一些中心机构的建立与英国雇佣和福利方面服务的重新整合就是这一措施的产物。

建立数据库，实现数据存储。传统的行政环境中，不同的数据信息被存放在分散且一般不兼容的不同系统中，但建立数据库，通过统一的数据存储，能够有效地解决数据间匹配困难的问题，并借助大数据的积极作用，使得政府机构拥有预测公众需求和预知政策风险的能力，利用这种前瞻性的时间差给他们创造提供对应性服务的尝试机会。

基于全行政过程的结果服务，将政府信息系统向网站上转移，实现终端对终端的服务再造，确保对整个行政过程的关注，而不仅是进行短期的管理。

构建灵活性政府结构，形成能够快速对事物进行反应并加以处理的敏捷政府，将政府处理问题的速度作为一项重要的指标，同时维持日常监测、预报并考虑意外情况的灵活应变。

可持续性，新公共管理通常无视能源的使用和对环境的影响，忽略负面的外部效应，只关注企业的运作，而整体主义追求的是达到可持续性的环保组织的可持续性要求，并使之成为公共部门内在运作的一部分。

（3）数字化过程。数字化过程主要是向完全数字化运作的转型，是将政府机构变为网站形式的一种转型，使之成为真正具有改变性的数字化时代治理的新领域。数字化过程的主要影响都是通过政府部门内部的组织和文化变革加上外在的市民社会活动者的行为转变而完成的，它为国家治理提供基础性的帮助。其中数字化变革与互联网、信息通信的联系最为密切。

具体内容包括电子服务提供、以网络为基础进行公共事业估算、中央指导的信息技术采购、自动化的新技术形式、脱离中间层、积极引导顾客分层、减少多渠道管理、加速自我管理、敞开透明式管理。

电子服务提供，将以纸质为主的行政过程向电子政府模式转变，需要拥有提供电子服务的实力，而且电子政府的普及潜力是巨大的，一旦开展将可以依托商业活动以及顾客推动来加快政府提供持续增强的电子服务。

以网络为基础进行公共事业估算，估算变得更加简便，并可以以打包的方式获得信息技术的任务，选择多个供应商或一个主要的承包商，这种提供服务的模式使得规模较小的机构不需要自己进行复杂的信息技术规划。

中央指导的信息技术采购，英国在2001年启动了130亿英镑的项目用于更新当前国家健康保障项目中较差的信息技术使用，经过3年的时间，将服务系统全面细分，最终形成一个中央网络的概念。

自动化的新技术形式，形成自动处理问题的模式。与在私人部门内部首创的零接触技术方法一样，自动处理的理念体现在销售和行政运行中没有人员干预，并可以推广至现代公共机构等存在巨大的运行潜力的领域中。例如伦敦利用数字化技术自动监测与追踪汽车收费过程。

脱离中间层，直接让政府与公民、企业和其他的社会活动者之间通过网络处理系统建立联系，而不用再与作为中介者的机构中的工作人员打交道。公民或者公共服务的消费者能够自发地通过政府机构的转变过滤和选择信息，改变他们的行为。但想要做到完全脱离中间层，还需要建立多方主体之间联系的一致性。

积极引导顾客分层，当政府面临多渠道接触带来的额外成本和困难时，多开服务端口、增设电子渠道的服务器成为战略之一，这需要公共部门对顾客进行分层处理，向公民或企业提供个性化、有针对性的电子信息系统，以取代原本的标准化的一致信息。例如，2006年伦敦市长为了推广电子交通付费卡，极大地提高了原有票价，但电子卡支付仍处于较低的水平上，这种强有力的刺激使得人们在向新的电子方式的转变上受到了较大的激励。

减少多渠道管理，当政府面对着多渠道入口的额外成本和困境时，放弃普通的内部简单职位，为已经存在的业务附加电子服务渠道，特别是在税收和一些主要的服务支付方面。

加速自我管理，等同于建立自我政府，从机构为中心向市民为中心或者企业为中心或服务为中心的过程转变，市民或企业可以实质性地与政府进行互动。超过了简单的非居间化，反映了在自由民主内的准自愿和自我导向的基础上，对于服从政府这一观念的大规模接受。个人或企业将充分利用电子化的方法解决个人诉求，而只需政府机构提供一个便利化的框架。

敞开透明式管理，是一种打开书式的政府。个人或企业可以轻松地查询到他们所申请事件的动态，利用整体政府、数据存储以及更大的自我行政等方式，查看他们自己的医疗档案，也可以清晰地掌握他们自己的税收情况。邓利维提出的数字时代治理的具体内容见表 2–1。

表 2–1　数字时代治理的具体内容

组成部分	具体方面
重新整合	逆部门化和碎片化
	建立大部门体制
	外包部门重新公共化
	恢复中央集中管控
	减员压缩成本
	以信息技术支撑公务服务功能
	部门专业化集中权利
	以“混合经济模式”为基础的共享服务
	精简高层管制
以需要为基础的整体主义	互动的信息搜寻和信息提供
	以顾客为基础和以功能为基础的组织重建
	一站式及网络整合服务
	建立数据库
	基于全行政过程的结果服务
	构建灵活性政府结构
	可持续性
数字化过程	电子服务提供
	以网络为基础进行公共事业估算
	中央指导的信息技术采购
	自动化的新技术形式
	脱离中间层
	积极引导顾客分层
	减少多渠道管理
	加速自我管理
	敞开透明式管理

注：以上内容来自对竺乾威的《公共行政理论》一书的提炼与总结，读者有兴趣可以移步阅读更详细的内容。

4）理论创新期

邓利维和赫兹·马吉特在2010年发表《第二波数字时代治理浪潮》一文，它在“第一波”数字时代治理的基础上，加深了政府应用数字技术的水平，并对数字治理理论的工具进行了创新，融入“云计算”“大数据”等现代工具，丰富了数字治理理论的内涵。数字治理理论各个组成部分的具体内容都发生了一些改变。

在重新整合方面，增添了智能化与分散交付设计，整合政府和国家的基础设施，更多地方开始开展实时政府的数据汇集，单一税收和使用实时数据的福利系统，并与外部主体联系开展外包，中央政府部门向下级政府分散负荷，扩大一次性交付的适用范围，并通过在线服务实现联合治理。

在以需求为基础的整体主义上，开展对社会保障系统的线上整合，在社保领域构建综合服务商店，小范围开展单一利益整合，政府提供网上银行服务，联合供给地方与公众的公共服务，以提升效率、降低成本；利用在线客户反馈机制代替自上而下的中央管控机制，对公共服务和政府声誉进行在线评估，对中央管制和中央审计提出多种替代举措，开发“社会网络”程序。

在数字化过程方面，构建政府超级网站，精简重复性网站，中央部门在线互动，逐步现代化，开创政府云与政府App并进一步对纳入个人数据的App进行开发，免费实现数据的全面保留，将“社会网络”转向在线资产，开放公共信息以便重复使用和多元组合，推动普适计算向新技术转变。

数字治理理论身处于自成逻辑的体系。从数字治理理论的三大理论主张我们可以发现，重新整合用于弥补和解决新公共管理运动带来的缺陷与问题；以需要为基础的整体主义是最终要达成的目标，即更好地为公民服务；数字化过程则是采用信息技术手段进行数字化变革，对管理流程进行再造，为数字治理理论提供技术基础。要达到服务公民的目的，除了应用恰当的治理理论，还需要处于治理活动中的多方主体配合，这不仅要提升政府的服务能力，还需要相应地培育社会公民的自治能力，形成各方的高度一致性，以有效解决复杂的社会问题，做到精准服务公民，实现善治。

综上，邓利维认为数字时代的治理身处各种变化的复杂性之中，且这种变化的维度较以往有了明显的提升，一些高层机构全面转向利用信息技术和信息系统处理治理问题，这一变化被称为信息技术对当前公共管理的一次席卷。邓利维强调的数字治理理论是整个社会范围内的运动，重点强调治理的实现，而不仅仅是数字化的变革，但又不完全是两者其一，完全数字化或忽略信息技术都是不可取的，而是处于一种兼容的状态。因此，在数字化政府乃至智慧城市的建设过程中，不能盲目追求数字化变革，也要注重以治理为核心，利用数字技术，更有效地促进政府内部的横向协作。

2. 国内学者对数字治理理论的概念阐释

国外学者从数字治理理论的理论框架着手进行研究，逐步发展到应用领域，并拓宽了数字治理理论的适用范围，这对国内的研究学者具有一定的启示意义。国内学者借鉴当时西方各国主流的理念，先对与数字治理理论类似的电子化实践进行研究，在已有实践的基础上，开始进行理论研究的回归，并逐渐丰富其内涵。

早在 2000 年初，国内学者便探索性地对借助信息技术而兴起的电子政务、数字政府等开始研究，为数字治理理论引入国内奠定了实践基础。但是严格来说，传统的电子政务、电子政府、电子治理建设被称为一般意义的数字治理，它与数字治理理论不只在治理内涵上有所区别，在实现手段、价值属性、组织制度等方面都存在显著的区别。以电子治理为例，电子治理是对电子政务的新突破，且从名词构成的角度，电子治理更像是数字治理的前身，一直以来，它们都作用于实践层面，并未像数字治理一样进入理论指导层级。

一般意义的数字治理的概念由徐晓林等学者较早地提出并开展研究工作，认为在广义上是政府与社会分别利用政治权利和社会权利建立与信息通信技术相关联的组织和活动，包括对经济和社会资源的综合治理，涉及如何影响政府、立法机关以及公共管理过程的一系列活动；在狭义上，一般意义的数字治理是指政府与市民社会、政府与以企业为代表的经济社会和政府内部，运用信息技术，简化政府行政以及公共事务的处理程序，并提高民主化程度的治理模式（徐晓林等人，2004，2006）。一般意义的数字治理与数字治理理论之间存在着区别与联系。一般意义的数字治理缺乏专门的理论视角予以指导，但两者的联系在于共同强调运用数字化变革，一般意义的数字治理从实践领域丰富了数字治理理论的核心内容与内涵，数字治理理论的形成也是对一般意义的数字治理的理论性概括与提升。

2005 年开始，我国进入理论译介以及理论研究与应用研究并行的阶段，丰富了数字治理理论的内涵与范围。以复旦大学竺乾威为代表，由他主编的《公共行政理论》在最后一章系统地译介了邓利维关于数字治理理论的思想观点，推动了后续学者对数字治理理论的研究。数字治理理论在学界存在着多种表述方式，如数字时代的治理、信息时代的治理、电子治理、数字治理等理论，常被视为相同的概念来使用，而电子政务或电子化政府建设被视为信息时代背景下公共管理发展的基本趋势（陈振明等人，2007）。

理论的确定往往离不开与相近理论的比较，从而得出该理论的独特之处，但在众多的理论比较研究中，专门针对数字治理理论的比较研究较少（马文娟，2016），未来更加值得学者们在数字治理领域加大研究力度，形成具有权威性的理论主张。

2.1.3 数字治理理论的主要特征

根据相关学者的研究，认为数字治理理论具有以公民为中心、参与和沟通、自治的三个主要特征（Milakovich，2012）。

1. 以公民为中心

数字治理理论对公民这一群体十分重视，以公民的实际需求为治理目标是数字治理理论的核心特征。此时的政府不仅要提供信息和公共服务，更要对公民实际需要的信息与服务有一个整体的了解和全盘的把控，树立以人为本、以民为本的服务理念，以公民需求为基准建立起一套政府治理机制，强调确立一个真正以公民需求为导向的治理模式，关注一站式服务、政务 App 的运用，为广大公民提供高质量服务。

2. 参与和沟通

数字治理理论对公民的重视不仅体现在对公民需求的捕捉上，也体现在对公民参与的渴望方面。公民参与可以有效帮助政府制定公共政策，一定程度上说，高效的公民参与是公共政策成功的一半。数字治理理论同样注重政府与公众之间的双向互动，公民参与治理不是单向式的参与，信息技术使传统的公民参与向电子参与转变，实现政府和公民自主选择与互动的新形式（韩兆柱等人，2016）。形成可以与政府进行沟通的渠道，实现双向互动，良好的沟通有助于提升政府公信力以及公民对政府的依赖程度。

3. 自治

自治包括民主选举、民主协商、民主决策、民主管理、民主监督，也包括群众自我管理、自我教育、自我服务、自我提高等一系列内容，公民自治体现了根植于社会文化土壤的普遍智慧，充分体现群众的意志。近年来，由于公民的意识觉醒，关于自身利益的社会抗争日益增多，公民通过知晓、解释、评估、解码以及行动的有效参与框架实现自身利益的诉求，对认知解放、信息不对称、知识垄断、信任差距等起到改善的作用（魏娜等人，2015）。在数字治理理论的帮助下，公民较之传统的治理模式有了更多的参与机会，更重视民主过程，提供了公民参与并实现自身价值的平台，发挥自治功能、激发内在活力，并为自治创新实践形式。

2.2　数字治理理论的理论基础

20 世纪 60~80 年代，西方社会出现了一系列社会、经济与政治问题，政府改革迫在眉睫。全球化背景下公共行政问题逐渐复杂化，僵化刻板的传统公共行政模式越来越不适应当代社会，而其赖以建立的两大理论基础——威尔逊（Thomas Woodrow Wilson）和古德诺（Frank J. Goodnow）的“政治 – 行政二分论”和马克斯 · 韦伯的科层制理论，早已无法解决政府所面对的日益严重的内部问题。威尔逊首先提出、古德诺加以发展的“政治 – 行政二分论”，强调的政治与行政相分离、公务员保持政治中立、不参与党派竞争、不得以党派偏见影响决策等理论假设在实际情况中是不可避免的。以韦伯为代表的科层制理论，是追求纯粹理性与效率的技术性体系，常忽视公平、民主等社会价值而导致公共意识的缺失和道德责任的困境，缺乏人本主义的关怀，未能做好效率与价值的平衡。基于对此类问题的调整，进行了公共行政领域的变革，也为数字治理理论的产生创造了理论基础。

2.2.1　数字治理理论溯源

数字治理理论发源于新公共管理时期，是对传统公共行政时期的变革阶段，并由于其理论的创新性与时代需要而兴盛，但新公共管理时期的局限性也比较突出，借由新公共管理时期的逐渐式微，兴起了大批对新公共管理运动进行总结和反思的新型理论，而这也正是数字治理理论的诞生源头。经由后新公共管理理论丛林时期的百家争鸣，得到了受到学界认可的五种西方公共治理前沿理论，其中就包括数字治理理论。

1. 新公共管理理论

新公共管理理论的诞生是管理主义的第三次范式转换的成果。20 世纪 80 年代末至今，管理主义先后经过了传统管理主义、行为管理主义，而后形成了新公共管理主义，以戴维·奥斯本（David Osborne）为代表的新公共管理学派为近年来西方空前规模的公共管理改革提供了指导思想之一：新公共管理理论。公共管理改革的动因主要包括：①传统的官僚制存在“低效率、文牍主义、官僚主义”等问题需要进行反思与纠偏。②对新公共行政运动的借鉴和超越。③为了应对当前社会中涌现的各类危机。这三点促使对政府公共部门进行改革的新公共管理运动的兴起。

新公共管理运动开始于英国，随后美国、新西兰、澳大利亚等国也开始实行，并迅速向其他国家扩展。新公共管理理论从私营部门借鉴一整套管理原则、方法、技术和价值观来寻求管理变革，形成了一种不同于传统官僚制统治模式的政府改革与治理模式。新公共管理理论认为，政府在公共行政管理中的作用体现在决策方面，通过公共政策指导公共事务，并广泛地采取授权或分权的方式，将权力下放和分散到下级政府、社会组织或公众手上，在提升了它们自治能力的同时也保障行政组织获得较高的绩效。新公共管理理论也开始注意到了公众的重要性和作用，并通过将购买者与提供者分离来制造竞争，利用竞争过程分配资源，取代等级式的决策，促进供应多样化。将私人企业的管理方法运用到政府公共管理中，短期内的新公共管理理论成功地提升公共行政管理效能，取得了显著成效。

经济合作与发展组织（OECD）1995 年度的公共管理发展报告《转变中的治理》把新公共管理的特征归纳为：转移权威，提供灵活性；保证绩效、控制和责任制；发展竞争和选择；提供灵活性；改善人力资源管理；优化信息技术；改善管制质量；加强中央指导职能（陈振明，2000）。新公共管理理论是应对当代社会改革的产物，经历了从工业社会向后工业社会的转变。它以官僚制为基础但又不同于官僚制本身，对传统行政机制进行了改革，其“公共性”作为主要的特征，注重成本效应和对顾客的回应，将权力范围扩大，在向上兼容的同时，也面向合作伙伴，对顾客负责，是对传统公共行政理论的一种推翻。

新公共管理理论通过流程再造，以分散化、竞争、激励为核心要素，摒弃了传统官僚制僵化的等级制组织结构的弊端，但是不可否认地走向另一个极端：形成了大量分散化、独立性的公共服务部门，政府行政机构裂化以及职责的推卸，制造了“职能悬浮”和“政府空心化”的危机。事实上，对于新公共管理理论的批评和质疑从未停止。邓利维在《新公共管理的终结：数字时代治理万岁》一文中对新公共管理的三个核心要素在西方发达国家的运用情况进行了实证分析，认为过去 20 年时间里，无论是在学界还是在政府部门，占主导的治理理念——新公共管理理论已经寿终正寝。它所倡导的分散化、竞争与激励带来的私人部门与企业家精神逐渐壮大，不可避免地与公共部门之间产生矛盾，新公共管理理论开始走向衰微，日渐失去在公共行政学界的主导地位，此时亟须新的理论对当前的理论空白期进行填充，为数字治理理论的出现提供了契机。

2. 后新公共管理理论丛林

20 世纪 90 年代末期至今，被称为后新公共管理时期。从提出之初，新公共管理就一直受到多方的质疑和抨击，随着应用的逐渐广泛，新公共管理在实行过程中更是显露了一些难以克服的缺陷。西方各国的官员与学者为避免新公共管理运动带来的负面后果，开始对公共治理理论进行探索，这一时期涌现出大批为了应对当时的公共部门“碎片化”问题而逐步发展起来的理论主张，也有对新公共管理理论或继承、或变革、或推翻的理论或观点，各种新旧理论先后登上学术舞台，使得新公共管理的领域不断地扩大。西方行政学界对新公共管理运动引发的负面后果的深入反思，使得当时进入理论蓬勃、多点迸发的后新公共管理时期，但是始终没有一种理论可以集百家之长，成功取代新公共管理理论，形成新的范式（孙珠峰等人，2013）。需要注意的是，后新公共管理时期的理论并不一定是在新公共管理出现之后才产生的，“后”新公共管理体现的是一种超越新公共管理的理论倾向。

后新公共管理改革从价值取向、机构设置、权力配置、信息技术和行政文化五个维度对新公共管理运动进行了扬弃与超越。在价值取向上，更加注重政府在民主化方面的内涵补充；在机构设置上，尝试通过强化横向与纵向政府部门间的协调，建立跨组织跨部门的新型组织机构，英国学者汤姆 · 林（Tom Ling）总结后新公共管理改革的理论实践，得出一种“合作政府”的最佳组织模式；在权力配置方面，通过强化等级控制和增强沟通协作进行适度集权，加强中央政府处理事务的能力；在信息技术上，集中在信息技术的再造方面，积极推进知识与资源共享；行政文化作为一种文化战略，对比新公共管理时期进行了重塑，主张以跨部门的沟通与合作作为核心。

对于后新公共管理时期的特征，有很多种说法，主要是无主导范式和理论多元化。后新公共管理改革是多维的、杂糅的，多种理论间边界交叠模糊，具有兼容性和互补性，是一种增进式的超越。本文采用复合式的后新公共管理概念，其中代表性理论有协作治理（collaborative governance）、公共价值（public value）、新公共治理（new public governance，NPG）、数字时代治理（digital era governance）、元治理（meta-governance）、新韦伯主义国家（neo weberian state，NWS）、新公共服务（new public service）等（孙珠峰等人，2015）。这一时期的社会是高度复杂化和高度不确定的，由于社会资源的限制，独立主体无法依靠自己的力量解决问题，必须与其他力量联合解决复杂问题。同时，互联网技术迅猛发展，随之带来了社会生产生活方式的变革，对社会治理的更迭造成了极大的影响。

3. 西方公共治理前沿理论

西方公共治理前沿理论从后新公共管理理论丛林中脱颖而出，新公共服务理论、网络化治理理论、整体性治理理论、数字治理理论以及公共价值管理理论作为其中比较具有代表性和时代意义的五大理论，共同构成了西方公共治理前沿理论。所谓前沿理论，一是时间新，二是观点新，这些理论都可以从不同角度有效应对当时由新公共管理理论带来的政府治理乱象，其中除新公共服务理论外，均与数字治理理论有着内在的联系。

1）网络化治理理论

伊娃·索伦森（Eva Sorensen）最早在2002年的《民主理论与网络治理》一书中提道，社会治理模式已经从官僚式治理模式转向网络化治理模式（Eva Sorensen，2002）。网络化治理的模式不同于等级制和市场化，公共部门、私人部门、非营利组织及小范围集体等多元化参与者在制度化的框架里相互依赖，组成目标一致的治理网络，打破层级节制的科层体制，通过网状结构连接，使得信息在网络中高效传递，多方主体作为网络上的节点平等交流。而后由美国学者斯蒂芬·戈德史密斯（Stephen Goldsmith）和威廉·D. 埃格斯（William D Egers）将其发展壮大，使网络化治理理论正式成为治理理论中的一门体系分支。他们在《网络化治理——公共部门的新形态》一书中指出，公共部门具有四种基本发展趋势：①由公私联合提供公共服务的第三方政府（又称“第三方服务”或“第三方治理”）。②联合政府若干机构提供整合服务的协同政府。③充分运用先进技术，与政府外部公共服务伙伴进行适时合作，推行数字化革命，使以往技术难以解决或不可能解决的公共治理问题得以解决。④要求多元化和个性化的公民需求选择（戈德史密斯等，2008）。从政府与其他主体之间关系的角度创新，解决当时政府改革产生的科层制、市场化、民营化带来的市场失灵问题，有效避免了新公共管理在治理主体多元时可能产生的问题。

网络构成了公共治理中的基础结构，网络化治理理论中网络的形成主要由于行为主体之间的相互依赖，形成一种非居间化组织，利用扁平化的组织结构使得网络中的信息沟通协商与知识共享更加便捷，打破了原本组织内部横向与纵向间的信息壁垒，政府通过向下分权、责任共担，与其他治理主体共同实现合作共治。网络化治理的核心在于政府需要与各种合作伙伴建立协议和联盟关系，依赖多方组成的网络实现公共价值和公共利益协调，多元主体在社会体系中以平等的身份参加，形成一种权力共享、风险共担的关系形态。

网络化治理是一种综合化的治理模式，它具有专门性、创新性、迅捷性、灵活性和影响范围广等特点。在先进的技术和更广泛的经济社会变革等因素的影响下，网络化治理集合了第三方政府、协同政府、数字化革命和公民需求这四种发展趋势，将依靠各种伙伴关系建立起来的横向合作关系与协同政府拥有的网络管理能力相结合，利用技术将网络连接到一起，并在服务运行过程中给予公民更多的选择权。把新公共管理松散的组织结构连接成为一个有机整体，在公共服务中进行整体性运作。网络化治理模式在充分地吸收了新公共管理理论优点的同时，有效地克服了新公共管理的“碎片化”问题。

但是网络化治理理论仍面临着诸多问题。与广泛的参与者一起涌来的是更大范围的沟通与协作，必然会耗费更多的时间、精力和资源，从而带来效率低下的问题。多元主体共同参与，处于一种平等地位，互相监督，一旦出现问题任何一方都没有足够的权力问责他人，且问责对象由于责任的分散化很难聚焦。

2）整体性治理理论

整体性治理理论是在 20 世纪 90 年代末期出现，对新公共管理运动中组织结构的困境进行弥补与修正的理论，为后新公共管理时代的组织结构创新指明了方向。早在 1990 年，英国约克大学的安德鲁 · 邓希尔（Andrew Dunhill）就提出了全观型治理（holistic governance，整体性治理的前身）这一概念，但是当时对它并没有进行系统的解析，之后佩里 · 希克斯于 1997 年出版了《整体性政府》一书，认为政府治理应该将新公共管理时期的分散化和竞争性变为协同性和整体发展。2002 年的《迈向整体性治理：新的改革议程》一书中，用整体性治理取代整体性政府，认为政府机构之间应该充分沟通协作，对整体性治理的研究逐渐体系化。佩里 · 希克斯被人们认为是整体性治理理论的集大成者，将整体性治理理论从整体性治理的概念上升到理论层面。整体性治理理论的形成借鉴了新涂尔干制度主义研究方法，研究政府组织机构的整合，以及其他公私部门的协同合作。希克斯等学者指出，从政府组织的架构与形态来观察，整体性治理主要涉及三个方面的整合：①治理层级的整合，如全球与国家层级的整合（WTO 规范的制定与执行）、中央与地方机关的整合、全球层级内环境保护和资讯保护组织的整合。②治理功能的整合，这主要表现在机关功能的整合，行政各部门，或功能性机关之间的整合，如保健与社会福利功能的整合。③公私部门之间的整合，公共部门采取委托代理、民营化、行政法人等做法，运用非营利组织与私人公司接轨，形成良好的公私伙伴关系。

2008 年我国学者竺乾威主编的《公共行政理论》一书系统地阐释了 19 世纪末到当代公共行政学领域具有代表性的几大理论，其中就包含整体性治理理论。整体性治理理论的改革创新主要针对新公共管理运动的政府机构分散化与公共服务碎片化问题，形成协调、整体性和紧密化的组织结构。要想做到整体性治理，需要注意跨层级与公私部门之间的组织协调与整合，统一程序，简化网络，以更好地达到整体性治理成效。

整体性治理理论包含两大主题：重新整合和整体性治理。整体性治理以整体主义和信息技术论为理论基础，把信息技术作为基本治理手段，对不同的信息与网络技术进行整合，简化基础性网络程序，实行在线治理；推行政府行政业务与流程透明化、整合化的一站式即时服务，提高政府整体运作效率和效能，同时倡导组织整合与重建，注重政府的整体性运行，重新整合功能相近或相同的机构、部门或组织，实行大部门式治理，构建整体性的治理模式，使政府扮演一种整体性服务供给者的角色（Perri 6 等人，2002）。通过这些治理工具与方法，整体性治理把各种流行的治理理论的优秀因子整合起来，形成了一个迈向整体政府改革时代的政府治理模式，为政府和社会治理提供一套全新的治理方式与治理工具。

整体性治理理论在加强跨部门协作的同时重新形成了中央集权的局面。整体性治理的功能性要素包含信任、信息系统、责任感和预算，当前这些仍在逐步建立的过程中，并不能做到高度吻合，以至于想做到完全的整体性治理仍需要一段时间。

3）公共价值管理理论

新公共管理是以管理主义为导向的，在价值层面上注重绩效评估与效率，仍属于效率价值观，模糊了政府与其他公共部门、公民社会之间的界限，提升了政府的公共属性，是首次将公共价值放置于社会实践之中的一种尝试，为以后公共价值的理念产生奠定了基础。

公共价值管理理论最早于 1995 年被哈佛学者马克 · H. 穆尔（Marc H. Moore）在其著作《创造公共价值：政府中的战略管理》中提出，核心观点是公共管理者要创造公共价值，提出了公共部门战略三角，即公共部门必须向上获得政治授权、向下更好地控制组织的运作、向外考虑与组织紧密相关的外部环境，以确定什么是公共价值，而不断寻求价值、合法性和支持以及运作能力三个维度之间最大限度的匹配和平衡，而认知公共价值是创造公共价值的前提。其后的 20 年间，公共价值的概念引起了学界的重视，随着学者们在方法论、核心观点上的深层次积累而不断发展。以巴里 · 波兹曼（Barry Bozeman）为代表的公共价值失灵，强调从公共价值的视角研究公共政策与公共服务，单纯地用“市场失灵”“政府失败”作为公共政策或公共服务是否有效的标准已经落伍，应当以“公共价值失灵”来衡量公共政策与公共服务的质量与效果（韩兆柱等人，2017）。格里 · 斯托克主张通过网络化形式来探寻公共价值，认为公共价值是公民集体偏好的总和。该理论深入探讨了民主与效率的关系，认为两者存在伙伴关系，相辅相成，在网络结构中，以民主的方式寻求参与者的集体偏好，通过高效率的互动方式实现共同的价值取向，有效解决了公平与效率的矛盾。2006 年，国内学者开始对公共价值管理理论进行研究，主要从定义、政府战略管理和网络化发展的角度进行分析。2012 年，《美国公共行政评论》首次就公共价值研究进行征稿，2009 年《国际公共行政评论》和 2014 年的《公共行政评论》分别针对公共价值研究进行了专刊讨论，意味着“公共价值”正逐渐成为西方公共学界开展学术研究的热点话题。

公共价值管理理论将公共部门关注的重点从组织转向社会，从如何高效地提供公共服务转向如何更广泛地提供有利于公民的公共服务，帮助公共管理者重新思考数字政府的公共服务提供以及与公民互动的方式，以适应服务需求的转变和更好地满足社会期望。了解信息和通信技术与公共价值传递之间的关系可以帮助政府适当使用技术造福社会，即数字治理理论与公共价值管理理论之间形成良好的交融关系，有助于公共管理者在做决策时综合思考与裁量，可以将公共价值的具体内容运用于公共部门以讨论透明度、效率、包容性等价值对数字政府举措的影响，对数字治理理论在价值层面的提升可以起到借鉴作用。

目前公共价值管理理论处于逐步成熟阶段，价值评估技术随着技术革新仍有着很大的发展空间。作为一种价值实现的基础理论，公共价值管理理论是具有问题导向、面向实践的，对新公共管理理论中被忽略的价值因素进行了弥补，增添了价值理性层面的思考。但是其自身发展上仍然存在着一些问题：公共价值是公民偏好的集合，这一概念相对抽象，在公共价值如何体现公民意愿偏好上难以做到具象化，而且在公共价值如何真正体现公民的意愿上依然困难重重；公众的偏好有可能会被特殊利益集团的诉求所替换掉；对于公共价值的评估，一些主观事物的价值很难确定具体的测量标准。

数字治理理论的产生脉络及理论来源如图 2-1 所示。

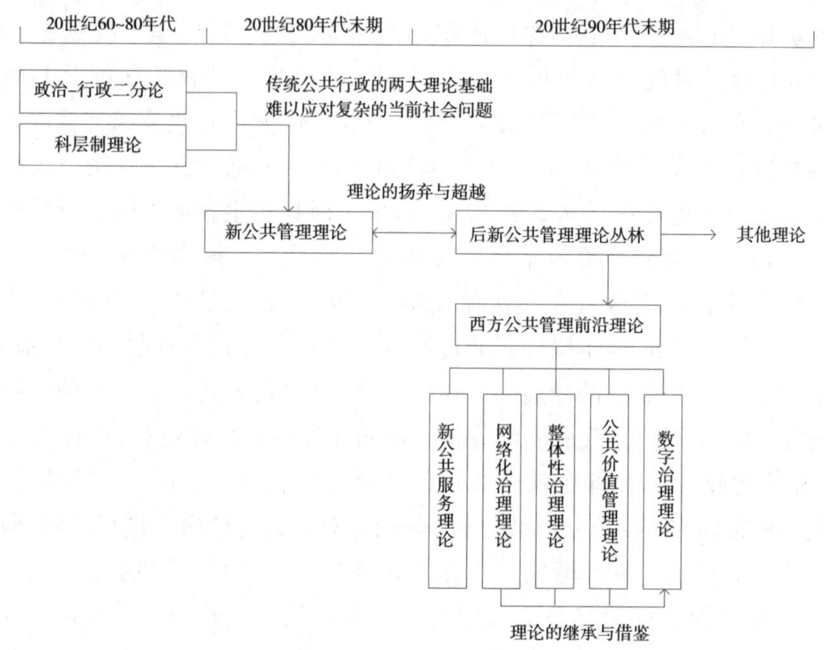

图 2-1　数字治理理论的产生脉络及理论来源

2.2.2　数字治理相近理论的比较辨析

学者们对后新公共管理时期管理理论的研究多是对整体性治理理论以及网络化治理理论的研究，对数字治理理论进行的研究较为缺乏。数字治理理论是治理理论与互联网数字技术结合催生的新理论，它与整体性治理理论强调的整合与协调以及网络化治理理论强调的复合式中心的治理形式和自我组织的特征有着一定的理论与实践上的重合，数字治理理论的地位易被弱化。因此，更应该对数字治理理论加以深入分析，利用在整体性治理理论以及网络化治理理论领域已有的丰富成果，充实数字治理理论的内涵。虽然数字治理理论与网络化治理理论、整体性治理理论有一定的相似之处，但是由于产生的理念与要求不同而存在着差异，下面将分别对三种理论的相同点与不同点进行深入辨析。

1. 数字治理相近理论之间的相同点

1）所处时代大背景相同

三者的兴起均与新公共管理运动变革、信息技术的快速发展和经济全球化的规模扩大这一时代大背景息息相关。20 世纪 80 年代以来，治理理论成为当代公共管理学界的主流理论，随着信息技术进步、全球化的加速，治理理论在不断适应当代社会公共价值的基础上产生了很多新型治理模式。网络化治理、整体性治理均形成于 20 世纪 90 年代，由于技术上的革新，在整体性治理的基础上又形成数字治理理论，三者均是在适应当前社会治理现状的前提下作出的价值判断。

2）组织结构的调整模式相同

网络化治理理论构建了一种全新的治理模式，将多元主体都纳入公共服务网络中，政府不再作为管理者而是作为协调者，将组织结构调整为扁平化，增加政府部门间的沟通交流，构建信任、协商以及知识信息共享机制，同时与市场、社会等多元主体在政府网络框架中形成良好的互动伙伴关系。

整体性治理理论主张整合，即对组织结构的重组和优化，包括多种整合形式，如中央与地方政府之间的组织层级整合、不同部门之间功能的协调整合、公私部门合作关系的整合。整合的结果趋向于形成一种扁平化的组织结构，打破科层制度森严的等级体系，各部门分工进一步明晰，可以有效解决职责同构、信息孤岛的现象。

数字治理理论强调重新整合，在整体性治理理论的整合权力回归政府并进行协调整合的基础上，将政府部门的公共服务职能进行了重新整合。重新对各部门职能进行划分，合并一些功能相近的冗余部门，依托信息技术革新的政府，对存在内在联系的工作内容实现协同治理。

3）核心价值追求相同

网络化治理理论所追求的核心价值是公共价值，在网络结构中，涉及的主体比较多，政府与其他主体表现为合作伙伴的关系，而不是传统意义上的统治关系，以满足行动体或利益相关者的需求为导向，更能关注到公民需求，从而有对应地提供优质服务。政府将满足行动体或利益相关者的需求作为政府网络治理的基本动力，而且政府部门的绩效是基于顾客的满意度调查与网络协调程度而评定的，公私部门的合作程度以及网络管理能力都将作为政府部门能力考核的标准之一，以期做到利益相关者的利益最大化和利益分配均等化。

整体性治理理论强调以公民需求为本，以公共利益为价值追求。而公共利益在一定程度上等同于公共价值（蓝志勇，2006）。信息技术为政府接入电子化政务服务技术提供了坚实的支持，该技术满足了政府趋于公众导向的工具需求，政府的一站式服务提供简化了政府工作流程，并且集中的部门能够更方便地解决公民诉求，建立政府与公众间的信任。公民的生活需求逐渐成为政府工作的重心，将全体公民需求作为导向，将满足公民需求作为政府整体性治理的基本动力和根本目标。及时关注公众的利益需求，有利于建立政府与公众之间的信任联结，提高政府治理效能。

数字治理理论在网络化治理理论和整体性治理理论的基础上，更多地关注技术层面的政府流程再造，对技术的应用更加先进，但同样是以公民的需求为核心价值，具有民主性和全面性。利用互联网、数字化等技术，通过机构重组与技术支撑，更注重顾客和功能需求的一站式服务，其中包含一站式商店、一站式窗口、网络集成技术等多种服务提供（Dunleavy，2006）。直接实现公民、企业等社会主体之间的联系，省去了政府机构作为“中间人”的代理和服务功能，也同样重视政府服务提供的效率以及与公民互动的程度，通过电子化、信息化、制度化在线服务解决所有公民需求问题，实现数字时代的政府运作。

2. 数字治理相近理论之间的不同点

1）权力分配形式不同

网络化治理理论的开展，实现的是政府从中央统一管控到协调多方主体建立合作网络的过程，与分权理念类似，对政府的权力结构进行重塑。分权主要建立在协商、谈判的基础上，达成多主体之间的信任与责任机制，从而分享彼此的资源，实现各自利益最大化。分权体现在网络化治理方面则表现为破除政府旧式官僚型体制，构建一个快速灵活回应公民诉求的公共服务供给机制，以回避效率低下与等级制度严格等问题。分权需要得到政府的支持，即需要政府的广泛授权，才能起到重塑政府权力结构的效果。

整体性治理理论是将新公共管理运动中分散化的权力重新集中起来，在权力结构分配方面主张集权。但这种集权，并不是传统官僚体制下的中央集权，而是在合作的基础上，政府主体地位的回归，重新强调等级制，对政府进行职能分工后的权力集中整合，集中权力后有助于提高凝聚力，减少企业分权与竞争带来的各自为政与无序竞争，形成横向、纵向或公私间的部门连接。

与整体性治理理论类似，数字治理理论是对它提出的集权的进一步深化。重新整合一些准政府机构和部门职能，将之前分散出去的部分重新收回，对权力不止是集中还伴随着重组，重新恢复和加强中央过程，逐步化解新公共管理碎片化以及其带来的裂解性现象，同时权力和职能的整合、组织机构的重组为跨界治理减少了难度。

2）理论基础不同

网络化治理理论和整体性治理理论的治理基础有重合的部分，都是运用信息技术理论作为技术层面的支撑理论，但不同的是，网络化治理理论还以企业网络理论为治理基础，整体性治理理论还将新涂尔干主义和组织社会学作为治理根基。数字治理理论与整体性治理理论主张的整合与协调的观点有着较强的理论联系，在工具属性层面与整体性治理理论同源，但在价值属性上有效吸纳了公共行政领域价值理性谱系的理论观点，如公共价值管理理论，并在这一基础之上融合自身的工具理性和价值理性，努力在公共行政领域构建“工具－价值理性”谱系。

3）政府扮演的角色不同

由于网络化治理理论既倡导无政府的治理，又主张政府进行元治理，所以政府扮演的角色是旁观者或元治理者。整体性治理理论力倡政府扮演整体型服务者的角色，为公民提供整体性、系统性的公共服务与公共产品，以满足公民整体性需求。数字治理理论中的政府希望简化公共事务的处理程序，提高民主化的程度，逐渐扮演幕后工作者，将政府办公流程中的存档与整理工作交给电子化和数字化的工具记录，政府要做的是搭建起一个全方位的治理系统，形成新的政府公共管理模式。

总体上来看，三个理论之间存在层层递进、逐步发展的关系。网络化治理理论存在诸多与整体性治理理论的相似之处，网络化治理理论是在新公共管理理论基础上的批判调整，整体性治理理论是对新公共管理理论的推翻与超越。在彼此之间，网络化治理理论自身存在的诸如相互推诿、转嫁责任、公共责任弱化、协调缺失及组织间关系的松散性等缺陷可以结合整体性治理进行有效弥补，换言之，整体性治理理论与网络化治理理论各有侧重。而整体性治理理论强调的整合与协调尚停留在理论层面，未提出具体的制度化途径，对于实践层面的治理实现策略和制度涉及较小。数字治理理论中的数字化变革部分则为整体性治理理论提出了具体的路径选择，对整体性治理理论在治理工具方面进行补充与完善，增加了技术层面的新内涵，又在其基础上提出了数字时代的新要求。

2.2.3 数字治理理论的局限性

数字治理理论作为公共管理领域的前沿理论，既有效地应对了新公共管理运动带来的碎片化问题，又为数字时代的政府公共管理实践提供了新的治理思路与治理框架。经过一系列的信息化浪潮与数字化时代的到来，数字治理理论在更广泛的领域得到了全新的应用，但数字治理理论并非完美，已有的研究结论也指出了它的一些局限性。

（1）所处时代的局限性。尽管数字治理理论的理念先进，但受到“信息技术决定论”的影响，学者更倾向于应用信息化设施的构建问题，轻视对数字治理理论体系的研究。目前的理论形成具有时代导向、意识形态色彩和政治化倾向，组织结构在协同管理中存在责任困境以及新的文化与信任危机等，数字治理理论作为强调信息化和制度化的一种理论，从学术的角度仍有很大的研究空间。

（2）数字治理理论将数字技术的重要性放大，而在政府改革乃至公共管理中该理论可应用的范围更广，应该是全方位多角度的，如对政府部门整合以及数字化后的利益分割未能有一个统一的标准，容易引起不满与纠纷。同时数字治理理论是整个社会在数字时代的管理变革，但它不只是政府自身内部的一种数字化变革，而且是一种广泛深远的社会变革和管理方式的创新。

（3）信息技术仅作为数字治理理论当中的可使用工具之一，但在当前的理论研究中，由于应用了新一代信息技术这一现代工具并将之作为区分数字治理理论与其他治理理论的关键内容，将信息技术视为最重要的治理工具，容易出现被技术工具“牵着鼻子走”的被动局面，产生了局限性。另外还有社会化手段、市场化手段等多种有效工具可以加以融合利用，以期在技术手段上进行创新。信息技术的发展还不足以支撑起完整的数字治理理论，相关的应用深度与广度还不够稳定与成熟，培养的技术人员的能力仍存在不足，数字治理理论在实践推广方面也大有可为。

2.3　数字治理理论的体系架构与深化发展

国内对数字治理这一领域的研究最初主要集中在探讨数字治理理论的应用部分，也就是一般意义的数字治理，包括电子治理、数字政府、电子政府和电子政务等的实践探索，尽管这些研究明显带有一定的技术导向性且对数字治理理论的治理范围界定有些局限，但这为数字治理理论引入国内奠定了实践基础。竺乾威在著作《公共行政理论》中系统译介了邓利维对于数字治理理论的观点与论述，将数字治理理论推向更广阔的平台。国内的学者初期主要通过译介西方各国的前沿理论，借鉴当时主流的理念，同时，国内学者对于数字治理理论研究的理性回归则推动了其进一步发展。如今，数字治理理论不止存在于学术研究，也频繁体现在政策文件中，用来指导实践。未来，数字治理理论将进一步优化、与生活实际相融合、解决现实问题，从而实现深化发展。

2.3.1　数字治理理论的体系架构

近几年，我国针对治理理论、先进的信息技术以及“互联网 + 政务服务”的运行模式都提出了很多相关政策文件，一系列文件也可以充分地印证我国对于数字治理理论的重视和对其在实践应用中的大力推行，见表 2-2。

表 2-2　相关政策文件梳理

提出时间	政策文件	具体内容
2013 年 11 月	《中共中央关于全面深化改革若干重大问题的决定》	全面深化改革的总目标是完善和发展中国特色社会主义制度，推进国家治理体系和治理能力的现代化
2015 年 3 月	《政府工作报告》	国务院总理李克强首次正式提出“互联网 +”的战略构想，通过将传统产业与互联网、物联网、大数据等先进的信息技术结合，实现各行业协同发展的新业态
2015 年 7 月	《国务院关于积极推进“互联网 +”行动的指导意见》	制定“互联网 +”行动计划的顶层设计，积极推进传统产业与互联网的深度融合
2016 年 9 月	《国务院关于加快推进“互联网 + 政务服务”工作的指导意见》	要通过优化再造政务服务、融合升级平台渠道、夯实支撑基础等举措，加快转变政府职能，提高政府服务效率和透明度，便利群众办事创业

续表

提出时间	政策文件	具体内容
2017年1月	《“互联网+政务服务”技术体系建设指南》	要加强全国一体化的“互联网+政务服务”技术和服务体系整体设计，以服务为驱动、以技术为支撑，构建高效便捷一体化政务服务体系，不断提升各地区各部门网上政务服务水平
2018年6月	《进一步深化“互联网+政务服务”推进政务服务“一网、一门、一次”改革实施方案》	要进一步推进“互联网+政务服务”，加快构建全国一体化网上政务服务体系，推进跨层级、跨地域、跨系统、跨部门、跨业务的协同管理和服务，推动企业和群众办事线上“一网通办”(一网)，线下“只进一扇门”(一门)，现场办理“最多跑一次”(一次)，让企业和群众到政府办事像“网购”一样方便

资料来源：中华人民共和国中央人民政府网。

从2013年开始，中国共产党第十八届中央委员会就已经指出全面深化改革的总目标是完善和发展中国特色社会主义制度，推进国家治理体系和治理能力的现代化。这要求我国政府在原有行政改革基础上进一步加快转变政府职能，探索对政府治理行之有效的治理理论。随着2015年“互联网+”元年的到来，“互联网+”逐渐成为实现各行业协同发展的新业态，其中，发展政府基于线上的网络化公共服务成为“互联网+”的热点话题，线上的公共服务提供方式，即数字治理方式，具有便利和花费少的优点，对政府和公众都是一种不错的服务提供方式。推进“互联网+政务服务”工作成为党中央、国务院作出的重大决策部署，提高政府服务效率和透明度，对进一步激发市场活力和社会创造力具有重要意义。但实践中也存在网上服务事项不全、信息共享程度低、可办理率不高、企业和群众办事仍然不便等问题，同时还有不少地方和部门尚未开展此项工作。而后的3年时间里相继出台了一些政策文件，从提高技术、服务体系建设水平，加强企业、群众多方参与的便捷性等方面对“互联网+政务服务”进行改善和深化，进一步印证了政务服务现有发展方向的正确性。

基于对政策文件的梳理和分析，政府需要探索一种有效、能够改善自身问题的管理体制，转变政府职能，需要与当前情况契合，即一种能够与信息技术结合的治理理论作为政府变革的指导；公众需要一种能够有效与政府进行良好的沟通与互动的数字治理方式。除“互联网+政务服务”外，数字经济的兴起带动了各个领域开展数字化变革，数字治理理论不仅在政府办公领域，在城市、乡村社区等领域也在不断切入，形成后文中提到的智慧城市、数字乡村等应用实践。

在提取政策文件中的指导思想的基础上，如何构建“系统性、整体性、协同性”的治理体系框架，便顺理成章地成为进一步需要解决的问题。数字治理理论是建立在其他多种治理理论的基础上发展起来的，而且数字治理存在实践先行的特征，需要将对存在已久的数字治理现象的总结归纳而形成的理论部分囊括进去，根据理论与实践当中的诸多要素可以发现，数字治理理论同时表现出工具理性与价值理性两种本质属性，一方面注重利用数字技术实现效率上的飞跃，另一方面想要确保参与多方主体之间在技术、服务、信息获取等方面的公平性。按照“理论自身”“实践先行”“本质属性”三者相互影响的逻辑，从理论、实践、属性三个层面分别着眼构建数字治理理论的体系框架。理论层面聚焦数字治理理论自身的产生与发展，论证和说明数字治理的理想形态，为数字政府发展提供长远理想参照；实践层面重点关注数字治理在社会中存在的各种具体形态，其中的关键一步是构建新的行为规则，形成稳定的制度框架以调整不同主体的组织内及组织间关系，为社会形态变迁创造新的空间和可能性；属性层面更多聚焦数字治理理论所包含的工具理性与价值理性，找准数字治理理论的定位，深化公平与效率的有机融合。

从理论层面来看，数字治理理论属于治理理论的范畴，是近几十年里出现的基于数字时代的新型治理理论，仍处于理论的蓬勃发展期，是站在巨人的肩膀上的理论延伸，网络化治理理论、整体性治理理论等都可以作为该理论成长起来的奠基石。数字治理理论的体系中既要包含对先前理论的继承，也应该体现未来形成准范式角度的发展，从理论层面论证和说明数字治理的理想形态，为数字政府发展提供长远理想参照。

从实践层面来看，数字治理整合了之前出现的电子政务、电子治理、数字政府等政府改革现象，从中汲取经验借鉴，并在新公共管理变革运动中正视改革的局限性并进行超越。理论的实践意义与时代的发展息息相关，随着数字时代的快速更迭，数字治理在实践上逐渐广泛应用，将新的行为规则、制度框架与更多的行业、领域相结合，调整不同主体的关系，追求深度融合和深化发展，从最初的电子治理等研究领域逐步扩展到智慧城市等数字化应用领域，为社会各类空间的变迁创造机会，在提升其他领域效率的同时也对数字治理理论本身有了启发式的创新，有助于理论革新。

从属性层面来看，数字治理理论与其他理论的明显区别在于其所使用的工具、手段、治理方式的数字化程度，信息技术、云计算、大数据等现代工具成为数字治理理论的重要支撑，丰富了数字时代公共部门管理的“工具箱”，形成治理理念创新和数字技术创新的协同发展局面，以实现社会治理的全方位变革。同时，数字治理理论在价值理性方面的突出特色更应该予以发展，凸显数字治理理论特征，以增强对公平公正概念的深入贯彻，从而有助于形成“工具－价值”的理论谱系，为数字治理理论增添社会属性。

基于理论、实践、属性三个层面构建的数字治理理论体系框架如图 2-2 所示。

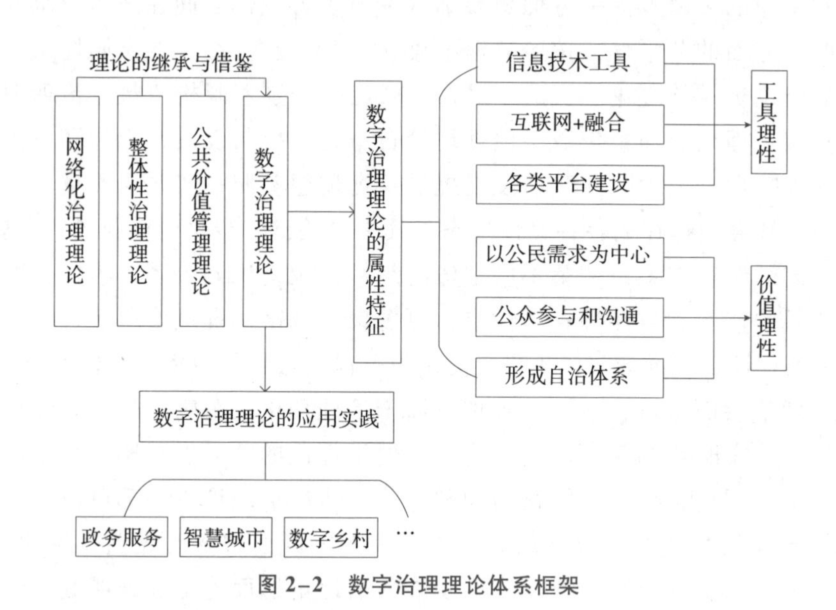

图 2-2　数字治理理论体系框架

2.3.2　数字治理理论的深化发展

通过前文对数字治理理论的介绍和内涵分析可以得出，数字治理理论已经经历了诞生、过渡、形成、创新四个主要阶段，每一次阶段性的变化都是在经济、信息社会快速发展的条件下，对新的社会特征作出反应，完成对理论内涵的调整与进步。数字治理理论继承了数字技术的强渗透性，可以较快地适应时代革新，随着时代的变迁，未来数字治理理论仍有很大的发展空间，进行不断适应与创新。根据相关文献总结，数字治理理论的深化发展可以从以下五个维度来进行，在工具理性的基础上深化价值理性、在整合服务的基础上增加多元主体协同、结合“无缝隙”理念打造“联合政府”、在政府日常运行的基础上突出隐患防控以及结合中国特色社会形态推动数字治理理论本土化发展。

1. 在工具理性的基础上深化价值理性

数字治理理论的外在形式主要体现在政府应用信息系统与信息技术上，核心关注技术创新所带来的治理工具数字化，由于数字治理理论依托信息技术、大数据等数字化手段，从技术层面优化了整体性治理理论，它在工具要素层面的侧重较强，数字化过程在数字治理理论的概念中占到了三分之一，对工具理性的偏重明显高于价值理性，处于非均衡状态。数字治理理论作为少数兼具工具理性和价值理性的理论之一，应努力做到效率与公平公正的平衡。数字治理理论的价值观念提升可依靠公共价值管理理论与数字技术的结合，借鉴公共价值管理理论方面的知识，将大数据等新技术用作挖掘公民价值需求的便捷工具，更灵活、高效地为公众创造公共价值，努力在技术发展中为实现全社会的公平、公正作出贡献，有效创造和增加公共价值。

2. 在整合服务的基础上增加多元主体协同

当代西方政府治理模式的创新在公共服务供给中的一个基本特点就是通过跨部门协同提供整合服务，为数字治理理论在治理模式方面的深化发展提供了思路。在提供整合服务时，利用数字治理理论的思想，可以借助数字技术开展平台建设，搭建起集政府各部门职能为一体的“办事处”，形成新型政府服务模式。新时代的公民社会意识逐渐崛起，通过培育与发展，可以具备充分的能力加入公共服务治理当中，数字治理理论未来涉及的主体将越来越多，在构建服务型政府的过程中，结合跨部门协同理念，将“协同”运用到多主体之间，使广大的非营利组织及相关企业借助数字化平台，参与到公共服务的供给过程中来，既要鼓励公共服务供给主体的多元化，也要维护多元主体之间的利益关系，形成一种资源共享、责任分担与组织协同的整合型公共服务治理模式。

3. 结合“无缝隙”理念打造“联合政府”

数字技术进一步发展可能带来的时代特征趋向于智能互联互通，平台网络进一步扩展，实现全面覆盖，新的时代背景下，更有助于政府跨层级、职能和部门的全方位打通，搭建高度合作的政企网络平台，实现全面的信息共享，有效规避数据孤岛、技术壁垒等现实问题。“无缝隙”代表着无界线，体现在政府工作中即是连接横向和纵向间不同的政府部门，避免条块分割，建立突破部门界线的“联合政府”。结合“无缝隙”理念，整合所有可供利用的技术、数据、人才及其他资源，以统一化的模式为社会和公众提供精准高效的信息和公共服务。这种理念加上最新的技术手段，更容易推进公众自主选择政府服务的治理方式。

4. 在政府日常运行的基础上突出隐患防控

技术与政府是数字治理理论中的基本构成要素。技术是数字治理理论的基础手段，政府是数字治理理论的源发领域，相当于数字治理理论的“根据地”，在日常运行的基础上更应注重风险防控以应对时代转型与变迁。处理好技术与政府在发展过程中的潜在风险，对于形成更加完善的数字治理理论是不可或缺的一步。

1）避免技术异化导致的数字治理理论失准

数字治理模式具体实施时，数字技术是其中的关键要素，避免了数字技术异化的风险，等同于防止了数字治理理论在应用过程中出现失准与偏颇的情况。数字技术异化的形式很多，比如认为只要有数字化技术的运用，就可以解决所有的问题，对技术的依赖性较高，从而导致人们自身知识储备和转化的能力降低；又如数字技术的高度集中带来的技术垄断效应，专业化程度越高，形成的技术壁垒就越森严，数字技术的垄断方就更能轻而易举地以更隐蔽、更深入的方式剥削普通劳动者的剩余价值，从而拉大人群间的数字鸿沟等。推行数字治理理论的过程中，不能完全依赖数字技术，要始终将数字技术置于主体的管控之下，并且努力减少技术手段的发展带来的数字剥削。

2）化解数字治理理论为政府带来的技术风险

现代政府在处理和解决行政与社会问题的时候拥有一系列的政策手段和工具，这些手段和工具在实质上与技术的发展紧密相连，技术的风险性问题不容忽视。数字技术的引入为政府带来了效率，但由于技术的不确定性，政府将陷入被动当中，信息与数据的安全无法保证。新技术快速更迭的背景下，数字治理理论应当在满足兜底性政务服务的基础上，更聚焦于如何正确地认识数字技术在实践中的积极作用和风险隐患，化消极、被动的事后补救为积极的认知、预防。根据我国关于推进网络强国建设应遵循安全与发展并重的原则，通过筑牢政府工作安全网，保障信息安全，注重服务公民与保护公民的合法权益相结合，提升政府部门的网络安全系数，降低潜在的数据丢失和隐私数据泄露的风险，增强抵御新型技术风险的能力。

3）帮助政府摆脱新型形式主义、官僚主义的困境

从传统公共行政时期，就存在官僚制政府。为了克服形式主义、官僚主义等问题，治理理论一直在发展，但是形式主义、官僚主义等也在适应时代

的变化，形成了信息形式主义和智能官僚主义。数字治理理论未来发展需要针对这类问题，形成解决方案，破除信息形式主义和智能官僚主义怪圈。要从根本上重新界定公民与政府之间的关系以及政府绩效的评估方式，合理运用数据、平台资源，为公众提供更好的服务，真正推进政府公共部门改革的进程并努力做到政府善治。

5. 结合中国特色社会形态推动数字治理理论本土化发展

随着我国新型城镇化、工业化的深入推进，我国经济快速发展，社会问题日益复杂化且具有本土特征，西方公共行政理论不能完全适用于我国，需要以我国的基本国情为焦点，并对未来发展趋势作出有效预测，大胆地、创造性地加以借鉴和应用各国的先进理论成果，按照理论本身的演进规律和当前中国的时代变化趋势，构建具有中国特色的数字治理理论。数字治理理论在引进、吸收、消化西方公共行政理论方面要进入全新的深化阶段。

1）形成具有中国特色的理论范式

当前，中国的社会发展同时具备了农业社会、工业社会和信息社会等多重形态，社会的大环境作为数字治理理论的主要应用领域在持续变化中，在社会形态迭代的基础上，数字治理理论赖以发展的信息技术手段也在不断变化，互联网、大数据等技术的变化重构了政府与社会之间的信息传播与交流方式。数字治理理论研究具有多学科交叉的特征，除涉及典型的计算机科学、政治学、社会学、管理学等学科外，在实践发展和理论完善的过程中，还体现着统计学、经济学、传播学、生态学等学科的内容。

在未来的研究中，更应该着重融合跨学科的理论元素与政策工具，充分吸收各学科的核心理念，跳出电子政务、数字政府、电子治理等治理模式，在跨学科的不断适配与调整之中，找到数字治理理论合适的发展道路，最终形成具有中国特色的理论范式。另外，随着中国互联网基础设施的发展与完善，中国数字治理实践不仅全面推进，而且在共享经济、数字审批等领域已形成局部领先优势，实践创新为理论范式的建构提供了条件（汪波　等，2019）。结合学科建设与实践创新，中国特色的数字治理理论范式构建拥有雄厚的基础与广阔的前景，并且随着国家治理体系与治理能力现代化的政策提出，未来数字治理理论将以一种前所未有的力量重塑当代国家治理体系。

2）充分利用我国待开发的治理资源

我国于 2013 年 11 月召开的中共十八届三中全会上首次提出“国家治理体系和治理能力现代化”这一重大命题，对治理层面的要求迈上一个新台阶，数字治理理论也应进入更高级阶段。随着我国进入新发展阶段，还应当清楚认识到，数字治理必须要提质增效，进一步赋予各个主体强化自我发展、自我提升和自我保护的意识、权利和能力，与数字治理理论主张的自治不谋而合。

根据数字治理理论以公民为中心的核心价值追求，我国的数字治理同样坚持以人民为中心的价值理念，关注人民这一最广泛群体的复杂性，并对其自身携带的资源进行开发。例如，当前社会弱势群体在数字治理理论中很难发挥其价值，阿玛蒂亚·森（Amartya Sen）在“人的可行性能力提升”的论述中提到，应对人的可行性能力予以分析，并发掘其价值，培养其归属感和幸福感。我国目前存在的经济鸿沟、数字鸿沟、公共服务供给鸿沟等现象，源于当前各地区发展不均衡、人民生活水平存在差异等问题，可以利用数字治理理论来指导、消解。在科技条件不断进步的背景下，引导社会弱势群体更多地参与到治理中来，使得常被忽视的弱势群体的资源整合增强了现实基础，可以扭转弱势群体原本的处境向资源型转变，有助于各类数据的收集以及有关商业价值的再开发，将数字治理理论推向更具包容性与普适性的全面发展阶段。

3）扩展数字治理理论的应用领域

数字治理理论在实践层面的应用常常先于理论层面的发展，因此在得出理论指导前与其他领域进行试点融合，从实践的结果中总结，对理论的深化发展具有很大的帮助。我国目前已经存在与城市治理领域、乡村社区等公共服务领域相结合的数字治理相关实践，同时也有国外学者认为，用数字治理理论指导智慧城市实践有助于提高社区的整合能力以及创新公民参与的形式（Roberto Careia Alonso 等人，2016）。随着信息技术的进一步发展，数字治理理论借助先进的大数据、云计算、人工智能等新技术，在未来的更多应用领域中都将发挥越来越重要的作用，帮助推动社会整体向数字化转变的进程。同时，将数字治理理论应用到治理实践中，可以在理论指导、民主活动、决策过程和公民参与等方面为政策制定者和管理者提供更具体的帮助，从理论视角完善智慧城市、数字乡村等的建设。

案例讨论：数字技术推动社会治理领域变革

本章小结

本章从数字治理的理论内涵与体系构建的角度出发，探索了对数字治理起到支撑作用的数字治理理论的前世今生。对数字治理理论的内涵进行了详细的阐述，分析其演进的逻辑、追溯其产生的渊源与理论基础，通过与网络化治理理论、整体性治理理论的相近理论的比较辨析，更加清晰地展示出数字治理理论的侧重点与内在特征。在深刻、全面了解数字治理理论的基础上，从理论、实践、属性三个层面构建了数字治理理论的体系框架。诚然，数字治理理论并非完美，在对当前数字治理理论的局限性进行分析的基础上，总结了一些可供参考的数字治理理论的未来发展方向。

即测即练

复习思考题

1. 数字治理理论是如何产生的？
2. 数字治理理论的概念内涵是什么？
3. 数字治理理论有哪些特征？
4. 数字治理理论与整体性治理理论、网络化治理理论的区别有哪些？
5. 数字治理理论在未来发展中要注意哪些问题？

第3章 我国数字治理的现状与问题

学习目标

1. 了解我国数字治理的现状。
2. 熟悉我国数字治理的对象。
3. 掌握我国数字治理的重要作用。
4. 熟悉我国数字治理所面临的问题。
5. 熟悉我国数字治理所面临问题的成因。

思政目标

1. 了解我国国家治理体系和治理能力现代化的重要战略。
2. 熟悉“数字中国”构建数字治理格局，推进国家治理进程。
3. 掌握习近平新时代中国特色社会主义思想指导新时代社会治理创新。

思维导图

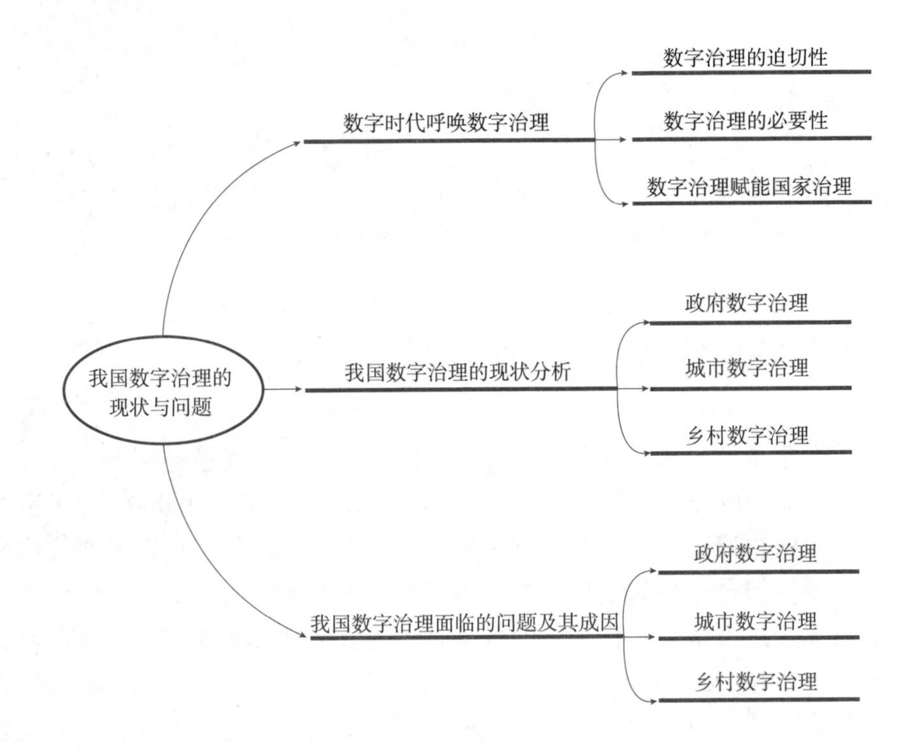

导入案例

上海："两张网"赋能，数字治理有温度

2021 年春节期间，上海市城运大厅内的大屏幕前，工作人员 24 小时守"沪"站岗，紧张而有序地进行着巡屏和调度，"一网统管"大数据正在为上海"守岁"。在日常面对 3 000 多万人口、270 多万市场主体的超大城市，城市运行和市民服务千头万绪：雨天积水、单车摆放、交通秩序、人员出入、办事效能……无论是市民游客，还是外来商家，都能时刻感知上海这座城的便捷、有序、精细、高效。"一网统管"，聚焦"高效处置一件事"，创造性推出一套较为完整的城市运行基本体征指标体系，为城市高效、安全、有序管理提供保障。

"随申办"作为"一网通办"移动端的超级应用，实现"看病付费不排队""绿色沪牌在线领""出生手续网上办"等 15 项办事服务体验，实现平均减环节 69%、减时 54%、减材料 75%、减跑动 71%。"一网通办"以"高效办理一件事"

为目标，从上线系统到完善升级已两年多时间，成为上海率先打出的政务服务品牌，用户的获得感和满意度不断提升。

资料来源：新华网。

思考题

1. 上海数字治理的两张网有哪些治理优势？
2. 上海数字治理模式给其他城市带来哪些思考？

3.1　数字时代呼唤数字治理

在“百年未有之大变局”背景下，中国数字经济发展逆势而上，数字中国建设如火如荼地进行，随着大数据、人工智能、云计算、Web 3.0、区块链等数字技术的快速迭代与普及，数字治理正在成为全球数字化发展的最强劲引擎，逐步加快全社会数字化进程、深刻地影响着国家治理的方方面面，人类社会也逐步进入了数字化发展的数字时代。数字时代涌现出很多的不确定性，既带来机遇，也有风险和挑战。

我们党和国家对治理能力的提升展现出高度重视。党的十八届三中全会通过《中共中央关于全面深化改革若干重大问题的决定》，首次在中央文件中提出，推进国家治理体系和治理能力现代化。党的十九届四中全会第一次全面阐述推进国家治理体系和治理能力现代化的总体要求、总目标和重点任务，为数字经济新形势下推进国家治理现代化作出重大部署、指明方向。党的十九届五中全会提出，“我国已转向高质量发展阶段”，要“加大数字化发展”“加强数字社会、数字政府建设，提升公共服务、社会治理等数字化智能化水平”，要“加强宏观经济治理数据库等建设，提升大数据等现代技术手段辅助治理能力”。2021 年，我国“十四五”规划的开局之年，《中华人民共和国国民经济和社会发展第十四个五年规划和二〇三五年远景目标纲要》中明确提出要“加快数字化发展，建设数字中国”。为迎接数字时代，要激活数字要素潜能，推进网络强国建设，加快建设数字经济、数字社会、数字政府，以数字化转型整体驱动生产方式、生活方式和治理方式变革。对于我国来说，开展数字治理研究、建设数字中国任重道远。

3.1.1　数字经济发展亟须治理能力提升

1. 国际数字经济发展形势

数字经济蓬勃发展对全球经济社会产生了颠覆性影响。数字经济是一种区别于农业经济、工业经济的新兴经济形态。数字经济的数据化、智能化、平台化、生态化等特征，使得社会经济形态发生变革，传统的治理理念和工具都面临前所未有的挑战，这些都对全球数字治理设立了考验。习近平总书记强调，"治理赤字"是摆在全人类面前的严峻挑战。随着全球化深入发展，世界政治经济形势出现剧烈变化，数字经济发展不平衡、规则不健全、秩序不合理等问题日益凸显，保护主义、单边主义思潮抬头，传统的全球治理体系受到严重冲击，无法适应数字全球化时代的发展要求，治理赤字呈现加剧趋势（中国信通院，2020）。

党的十九届四中全会提出，我国应积极参与全球治理体系改革和建设，不断提升在全球数字治理领域的话语权与影响力。中国信息通信研究院发布的《全球数字治理白皮书（2020 年）》指出，数字时代全球政治经济体系变革引发了新的治理需求。一方面，治理问题逐渐超越传统地理边界，难以依靠单一国家力量予以解决；另一方面，数字治理呈现明显的外部性，一国的解决方案在其他国家可能同样适用，政策协同需求更加紧迫。数字治理规则正处于激烈重构期，全球主要数字经济体纷纷提出自身的治理主张，数字经济的发展与治理，已经成为大国博弈的重要领域。在各国数字治理诉求具有显著差异的情况下，如何更好协调不同治理主体间分歧，进一步深化合作开放，构筑全球数字治理规则体系，成为当前全球数字治理的重要主题。

2. 国内数字经济发展形势

我国数字经济已由高速增长阶段转向高质量发展阶段。《中国互联网发展报告 2020》指出，2019 年中国数字经济规模达到 35.8 万亿元，已逐步成为国民经济的重要支柱。自新冠肺炎疫情暴发以来，我国数字经济发展迎来爆发式增长。2021 年中国信息通信研究院发布的《中国数字经济发展白皮书》显示，在 2020 年度，我国数字经济的总体规模已达到 39.2 万亿元，占我国 GDP 比重达 38.6%。数字经济发展呈现高质量、高增速的双高特征，逐步成为我国经济增长的关键动力。

数字经济具有参与主体多元化、过程复杂化且具有数据化的特征。数字经济发展过程中时时刻刻伴随着海量数据，随着互联网的迅速发展，数据资源将呈爆炸式增长，对数据的收集、分析、开发与利用，可以释放出巨大的经济社会价值，数据已然成为重要生产要素。但是在决策数据化、服务精准化、办事便利化等优势出现的同时也存在数据过度采集、数据信息安全、大数据杀熟、个人隐私泄露、算法技术歧视、平台垄断等问题，这些不正当竞争和不合法经营既损害个人利益又损害社会的权益，扰乱市场的正常秩序，破坏社会稳定，阻碍经济的发展。因此，基于数据、面向数据和经由数据的数字治理可用于解决此类问题。数字经济和实体经济结合并促进实体经济转型过程中，也会产生一些矛盾阻碍。例如，一些实体企业在数字化转型过程中，利用数字技术提高效率替代部分劳动力，这样有可能引发失业危机和就业困难，“数字孤岛”“数字鸿沟”“数字难民”等问题在短时间内无法快速解决，新旧生产力之间的矛盾持续，引发经济与社会的失衡。因此，必须采取有效的数字治理手段，制定相关规则，破解治理瓶颈，保障数字经济健康平稳发展。

3.1.2 数字治理助推数字化转型

我国数字化进程迅速推进，社会发展日益数字化。电子商务、移动支付、短视频等数字化生活方式快速普及。在数字化发展过程中重视数字化转型，加快建设数字中国。数字化转型离不开数字治理，如当前存在的数字政府、“互联网 + 政务服务”、智慧城市、数字乡村建设等应用场景，数字治理在全方位赋能数字化转型的过程中发挥着不可或缺的作用。党的十九届五中全会提出要加强数字社会、数字政府的建设，《中华人民共和国国民经济和社会发展第十四个五年规划和二〇三五年远景目标纲要》进一步强调以数字化转型整体驱动生产方式、生活方式和治理方式的变革，推动经济高质量发展。数字治理目前已成为数字化转型的重要驱动力。数字治理帮助打破政府内部数据孤岛、重塑业务流程、革新组织架构，打造出权责明确而又精简、高效、统一的数字政府。同时，数字治理面向更广阔的经济和社会数字化转型，即为市场增效、为社会赋权（孟天广，2021）。

1. 数字治理为政府赋能

面对政府部门、层级间协同难题，数字治理成为整体政府建设的助推器。数字化变革打通底层数据、优化业务流程、压缩组织冗余，借助可量化、可评比、可操作的指标，更深层地推动政府内部机能的融合。新一代数字技术正在推动政府形成基于数据与算法双驱动的治理模式，以实现精准、实时和预防式的智慧治理体系，并以此塑造更具弹性、灵活性和调适性的治理运行机制。

2. 数字治理为市场增效

数字治理是反映宏观经济运行及服务精准调控的晴雨表，数字技术有助于构建起资源配置的“虚拟之手”，带来市场资源配置效率和精准度的提升。如大数据正在系统革新财税与经济调控体系，税务大数据对于发现税源、巩固税基、分类征税、公平征税等诸多环节都有赋能提升和降低成本的显著功能。数字技术还是市场监管的感应器，将政府监管扩展到虚拟市场，构建数字监管体系，监管机构、监管手段和监管模式伴随着移动设备终端、实时数据跟踪、全流程可溯等发生本质性行为逻辑的改变。

3. 数字治理为社会赋权

数字治理强调以公民为中心、参与沟通和自治的特征为人民群众了解公共事务、参与社会治理提供了更加透明化、平等化和更具参与性的新渠道，更为政府提供了感知社情民意、研判和化解社会风险的作用机制，为构建共建共治共享的社会治理制度奠定了基础。例如，市民热线投诉即办、政务服务“好差评”等规定充分凸显了数字治理深化落实以公民为中心的重要思想内涵。

3.1.3　数字治理加快国家治理现代化变革

数字治理能力镶嵌在国家治理能力体系之中，发挥着越来越重要的作用，并以新的技术手段和运行机制为国家治理现代化提供支撑。2021 年 3 月，中国信息通信研究院政策与经济研究所发布《数字时代治理现代化研究报告（2021 年）》，该报告提出充分运用现代信息技术手段，提升数字治理能力既是国家治理体系和治理能力现代化的重要内容，也是数字时代推进国家治理现代化的关键驱动力。当前，新一代信息通信技术发展迅速，引领了新一轮的社会生产变革，拓展了国家治理新领域、新场景，随着数字技术的发展与政府应用能力提升，数字治理必将成为国家治理现代化的有力支撑。

1. 数字治理弥补国家治理短板

目前，我国正处于社会转型期，很多治理问题都错综复杂、头绪繁多。此时，以数字技术为主要手段的数字治理可以有效解决传统国家治理难以解决的问题。数字治理能够弥补国家治理短板，打通信息流、业务流，基于数据平台实现政社间、区域间、部门间协同共治，实现国家治理超大范围协同。例如，在金融、司法、医疗、版权等对数据的真实性要求比较高的领域，借助数字技术中区块链技术的不可更改性、全程留痕、分布式储存等特点，可以用于电子证据存档，以防数据被篡改，并通过分布式账本联结各方主体，大大提高治理的效率。再如，住房建设部门利用遥感技术和大数据分析，可以远程监控城市违法建筑，在不增加执法力量的情况下提高城市治理效率。

2. 数字治理推动国家治理增量优化

国家治理体系的完善、治理能力的提高，大多涉及制度的调整和深层次的改革，不可避免要触碰既定的利益格局。数字治理推动国家治理，可以优化治理，做大增量。例如，打破部门之间的壁垒、联通“数据孤岛”、实现多元主体协同治理。我国从推动“一网通办”开始，数据在各个部门之间开始自由流动，在不触及任何部门利益的前提下，实现政府组织体系的内部打通和流程再造。这就是一个典型的“增量优化”的过程，在不改变既存利益的前提下，开辟新的维度，实现帕累托改进。我国目前所处的形势和发展阶段要求我们更为广泛地采纳和应用数字技术手段，提升治理科学性和精准度，以数字治理手段实现国家治理增量优化。

综上所述，数字技术、数字经济、数字社会正在加速发展，单一的技术逻辑无法回应和解决数字化发展带来的各类复杂问题，单一的市场逻辑和监管逻辑也无法有效应对数字技术变革下的新模式、新问题、新挑战，它需要社会各界来主动拥抱这种变化，进行适应性的变革和调试，不断提高领导和驾驭数字化发展的能力。加强对数字治理的研究，探寻数字治理规律，找到数字化条件下社会治理的“金钥匙”，让数字治理更好地造福社会、造福人民。

3.2 我国数字治理的现状分析

我国主动认识和把握数字治理的科学内涵及要求，深入研究数字治理战略规划和顶层设计，牢牢把握数字中国建设的时代方位和重点任务。站在新发展阶段全面建设社会主义现代化强国的战略高度和全球发展趋势的角度，研究谋划数字治理的布局和体系。坚持完善共建共治共享的社会治理制度，以人民为中心，注重人民群众在国家治理中的主体地位，坚持信息惠民，为人民提供更多的数字服务，共享信息化发展成果，在实施数字治理过程中，有效推进共建共治共享的社会治理制度建设。注重技术创新和制度创新有机结合，把数字治理变革与数字技术应用深度融合，大力推行“互联网 +”社会治理模式，有效利用数字技术，推动社会治理更加科学化、智能化、精准化、精细化、高效化发展，实现经济社会高质量发展。

我国数字治理对象多元化，数字治理包含数字政府、数字城市、数字乡村等方面内容。从信息技术的维度来研究数字治理，综合运用大数据、云计算、区块链等数字化技术，构建相关的数字化平台，研究数字治理赋能政府治理、城市治理、乡村治理所带来的优势，提高我国治理能力和实现国家治理现代化。我国目前正处于利用数字治理提供智能化服务的阶段，由发达城市向其他城市过渡，实践先于理论。同时我国数字化发展借助的是数字化的网络平台和现代信息手段等，逐步实现数字管理向数字治理过渡，不断提高政府数字化治理、城市数字化治理和数字乡村治理的质量和水平。

随着智能化、网络化、数字化不断发展，线上线下紧密融合，虚拟和现实社会相互交织，治理的场景也越来越复杂。信息和数据由单一的传播中心向多中心转变，逐步使得治理场景变得动态、复杂和不可预知。比如，随着网络化、信息化发展，虚假宣传、网上刷单、电信诈骗、低俗内容传播等违法成本降低。同时，随着数字科技的不断进步，数字技术融入社会生活的各个领域，智能家居、智能交通、智能医疗等改变了人们的生活方式，但也带来一系列安全问题。面对治理场景的复杂化，亟须通过信息化驱动现代化，提升数字化治理能力。数字治理发展过程并不是一帆风顺的，目前数字治理的核心仍然是数字政府治理，其次是城市数字化治理，对于乡村地区数字治理所采取的措施较少。我国人口基数比较大，但是真正参与数字治理的公民比较少，因此数字乡村治理以及公民参与数字治理仍然是我国数字治理发展进程中的一大重点。

3.2.1　我国政府数字治理现状

党的十九届四中全会明确指出“推进数字政府建设”，紧接着党的十九届五中全会进一步提出“加强数字社会、数字政府建设，提升公共服务、社会治理等数字化智能化水平”,数字政府建设成为各级政府数字化的“一号文件”。

数字政府是一种全新的政府运行模式，旨在实现公共服务便民化、社会治理精细化、经济决策科学化。数字政府是数字中国的有机组成，深化政府数字化转型，加快政府数字化改革步伐，更是推动国家治理体系和治理能力现代化的重要推手，也是驱动数字中国贯彻执行的关键引擎。

随着我国经济社会的不断发展，各种各样的社会矛盾和管理难题也逐渐暴露出来。破解社会难题的成败是对政府治理水平高低进行检验的一个重要指标。政府借助数字技术在组织结构和职能设置方面已经有了大量创新，并随着数字治理的发展，还在不断调整和演化。在治理模式上，从单向治理到共建共享治理；在决策上，数据价值充分体现，科学决策水平提升；在服务上，“互联网+”推动变革，智慧政府便民利民；在监管上，“互联网+”深化改革，公共安全保障有力；在办公上，在线协同重塑政府，组织效能大幅提升；在监督上，社会监督广开言路，内部监督了如指掌。数字治理有助于电子政务向网络化、智能化、数字化方向发展；有利于政府管理模式进行创新，提高政府服务群众的效率；有利于精准治理，提升政府治理能力（郑磊，2021）。

1. 数字技术激活数字政务服务新突破

党的十八大以来，我国政府借助互联网、云计算、大数据、区块链等新兴技术，以流程再造和数据共享为途径，不断推动政务服务改善。2021 年 3 月，《中华人民共和国国民经济和社会发展第十四个五年规划和二〇三五年远景目标纲要》中明确提出：“加快数字化发展建设数字中国”“将数字技术广泛应用于政府管理服务，推动政府治理流程再造和模式优化，不断提高决策科学性和服务效率”。由此可见，数字技术推动政府实现数字治理，数字治理推动政府治理体系和治理能力实现现代化。

政府数字治理过程中借助数字技术重构政府业务流程，简化办事程序，提高政府透明度。我国政府的数字治理过程，围绕深化“放管服”改革，坚持以数字化为形式、以技术创新为依托，将数字技术嵌入政府治理过程中，利用数字技术约束行政权力、强化纵向治理重塑政府组织架构。我国作出“互联网+政务服务”的整体部署。“互联网+政务服务”绝非网络技术与政务服务的简单相加，而是通过两者的深度融合，切实改变传统的政府服务模式，从而不断优化政府运行过程。

政府数字治理过程中，通过推出多样化、数字化数字政务平台及手机移动终端，打造“指尖上的政府”，在手机上用手指一点就可以办理政府的服务项目，网上进行提交、网上进行审批，实现“人跑腿”向“数据跑路”的转变。解决在过去很长一段时间里政府行政审批程序烦琐、行政效率不高、人民群众跑腿多、满意程度低等一系列问题。通过“一站式”“一门式”的服务模式，将政府服务延伸到群众身边，实现“最多跑一次”的目标，推动政府数字化转型，提升政府数字治理的效能。目前，民生服务移动化逐渐成为主流，部分省份在现金支付、现场办理的基础上，开通支付宝、微信小程序等网上应用，支持网上身份核验、企业开办、人才引进等业务，实现便捷、快速的政务服务。重庆市聚焦“一网通办”，建成“渝快办”全市一体化在线政务服务平台，融合全市 60 多个市级部门、3 000 余项政务数据资源，基本实现网络通、数据通、业务通，推动政务服务线上“一网通办”、线下“一窗综办”，事项办理环节大幅减少，办理时间普遍压缩一半以上。“网上办、自助办、指尖办”提速增效。数字政府无接触、全天候、高效便捷的特征，在特殊时期发挥不可替代的突出作用。上海“一网通办”能力水平排名全国第一，入选《2020 联合国电子政务调查报告》经典案例。“一网通办”是上海市首创政务服务品牌，已两次写入国务院政府工作报告。自 2018 年 10 月 17 日“一网通办”正式开通以来，个人实名用户已超过 2 921 万，法人用户超过 208 万，平台接入事项 2 341 个，累计服务人次超过 21.87 亿，累计办件量超过 6 024 万件，“全程网办”能力达到 84%，“最多跑一次”能力达到 95%。上海“一网通办”已全面建成“一平台、多终端、多渠道”的服务体系，其中，移动端“随申办”服务已全面覆盖本市常住人口；“随申码”累计使用次数超过 9 亿次，已经成为伴随市民工作、生活的随身服务码，在看病就医、交通出行等领域，为市民提供便捷服务。

拓展阅读 3.1

2. 政府数据资源开放共享

数字时代背景下，政府治理新模式是以服务型政府为理念、以数据开放共享为路径，实现多方协同治理。党的十八大以来，我国政府以数据集中和共享为途径，搭建了各种政务服务平台，逐渐呈现一体化、移动化、共享化的“三化”特点。全国一体化政务服务平台目前已联通 31 个省（区、市）及新疆生产建设兵团、40 余个国务院部门政务服务平台，接入地方部门 300 余万项政务服务事项和一大批高频热点公共服务（国家互联网信息办公室，2020）。为了打通政务服务中的行政壁垒，克服政务服务中的互联互通难、数据共享难、业务协同难等现象，国务院出台了一系列相关文件予以指导，促“三难”变“三通”，即网络通、数据通、业务通（薄贵利，2014）。我国政府数据资源开放共享进一步深入，不断提高大数据在各部门、各层级之间的共享水平，不断加快建设政府资源的共享平台，逐步提高不同区域、部门之间的协同治理能力，逐渐疏通跨区域、跨部门的信息资源沟通渠道。进一步提升政府数据共享开放水平，让大数据真正成为公共服务的“好帮手”。

我国政府数据在开放共享的同时，存在不均衡、不充分的现状，政府数据开放平台的数量从东南沿海到内陆逐渐递减；政府数据开发共享存在数据开放不足问题；缺乏与数据开放相关的适当立法或统一政策；缺乏政府开放数据统一的程序和标准，一定程度上阻碍了政府数据开放共享格局的早日形成。

在政策的引导和激励下，各地政府稳步推动公共数据资源开放共享。贵州省于2014年制定了《贵州省大数据产业发展应用规划纲要（2014—2021）》，紧接着在2016年1月通过《贵州省大数据发展应用促进条例》，该条例是我国首个事关大数据的地方性法规，对各地政府大数据政策的出台起到了重要的推进作用。2016年，广东省印发《广东省促进大数据发展行动计划（2016—2020）》，提出要建设全省政府数据统一开放的平台，向公众提供政府数据服务。在此之后，各地政府也将政府数据开放共享作为政府数字治理的重中之重，相继出台政府数据开放的政策与举措，提高政府数字治理的效率。

3.2.2 我国城市数字治理现状

城市治理搞得好，社会才会更加稳定、经济才能更快更好地发展。党的十九届五中全会明确指出，要加强和创新城市治理，推进城市治理现代化，城市治理现代化是国家治理现代化的重要内容。随着人类社会进入数字时代，由数字技术驱动的数字治理逐渐成为城市治理的重要手段，促进社会不断朝着数字化、网络化、智能化深入发展。城市数字治理是城市治理和数字治理的深度融合，借助大数据、云计算、区块链等现代信息技术，不断提高治理的智能化、精细化、精准化水平。我国各地城市数字化建设已经覆盖到交通治理、环境保护、城市精细化管理、在线教育、在线预约挂号等诸多城市治理的领域，形成以“城市大脑”为核心的数字治理的新模式。比如浙江、上海、深圳等发达地区在推进抗击新冠肺炎疫情和政府创新中，运用信息技术不断提高政府的服务供给水平、行政效率和危机管理的能力。与此同时，进入数字化时代，数字技术的零边际成本、高流动性、跨区域性、非集中性等特征打破城市治理过程中各个职能部门“互不干涉、各自为政”的状态，打造一个有温度、有韧性的城市治理共同体（陈彩娟，2021）。

《中国城市数字治理报告（2020）》发布，标志我国正式进入城市数字治理 2.0 时代。该报告从数字基础设施、数字行政服务、数字公共服务、数字生活服务四个维度进行城市数字治理水平分析。报告指出，我国城市整体的数字治理水平仍比较低，均值仅有 0.279 9，一些城市虽然率先发展，但与其他城市差距比较大，62% 的城市数字治理指数低于平均值，从全国区域来看，数字治理指数总体呈现“东高西低、南高北低”的格局。但是区位不是城市数字治理的最大阻碍，从中西部城市发展情况来看，在数字经济时代，三、四线城市也能迎来更多发展机遇，抓住数字化的契机迎头赶上，谋求跨越式的发展才是制胜的关键。

目前，我国数字城市建设已取得明显成效，借助 3S 技术、宽带卫星通信技术、网络技术、卫星图像分析、工程测量技术、地理信息系统等数字技术搭建城市信息管理系统。此系统涵盖城市的房屋建筑、人员分布、自然资源分布以及经济实力等相关信息，对这些信息进行分析可以对管理空间合理划分、了解管理对象、再造管理流程，为公众提供更为广泛的服务，同时大大提高城市治理效率和水平，提高城市居民的安全感、幸福感，从而促进城市的可持续发展。一些城市兴起的数字大脑建设，即是城市数字治理的典型体现。城市大脑是运用大数据、云计算、人工智能等数字技术构建的城市数字化运行基础设施，通过将最先进的数据智能技术与具体的城市场景相结合，实现对城市运行的精准分析、整体研判、协同指挥和科学治理（王彬，2020）。城市大脑能够积极改善城市治理中的“城市病”，包括停车难、道路拥挤、噪声污染等诸多问题。如浙江杭州市打造“城市大脑”，数字化城市重点平台，涵盖政治、经济、社会、文化、生态五大领域，展现医疗、教育、交通、文旅等 11 个大系统和 48 个应用场景，使资源配置更有效率。“一网统管”是上海市的城市治理智慧平台，为上海市的治理工作提供了扎实的数据平台，帮助提高上海的城市治理现代化水平。

拓展阅读 3.2

1. 大数据破解城市交通难题

随着人民生活水平的不断提高，家庭车辆不断增加，交通拥挤、交通事故越来越频繁，运用大数据、云计算等可以实现良好的治理效果。首先提高对道路情况的判别能力，在道路拥堵时间点和地段，通过可视化信息进行分析和预警，有效判断路况，并提前采取有效措施来规避拥堵。其次，进行辅助决策，对拥堵比较严重的阶段，协助交管部门进行科学决策，有效疏导车辆，实现对人、车、路资源的优化配置。最后，构建智能交通系统实现道路交通拥堵预警和相关信息的共享与应用。例如，杭州市对城市数据进行积累与融合，将大数据应用于城市交通，形成交通大脑，打造智能巡检系统，覆盖3 400路监控球机，每两分钟对城市道路交通实况进行勘察，能主动报警，日均发现警情3万多起，准确率高达95%，实现多维数据高度融合、EB级数据储存、高效与实时数据计算，缓解交通拥堵、提高安全保障，实现绿色、环保、高效率发展。

2. 城市基本公共服务数字化平台基本形成

我国各城市研发水、电、气、暖、网等移动终端缴费系统，让城市居民足不出户就可以完成各种缴费，使“网上办”“掌上办”“指尖办”“不见面”成为常态。优化线上就业创业服务平台，通过数字化方式完成面试、测试、人才评价、招聘信息推送、就业创业政策宣传等工作，为就业创业群体提供更加便捷的服务。充分发挥“互联网＋教育”模式的优势，不断拓展网络教育覆盖面，将职业技能教育、心理健康教育、残疾人教育、社区矫正人员教育等纳入网络教育培训体系，引进优质的教育培训资源和师资，实现网络教育信息的共享。通过数字医疗服务平台整合城市医疗卫生资源，采用更加便捷的方式实现网上预约挂号、网上问诊咨询、网上开药结算、网上评价医疗服务等，解决公共卫生服务“最后一公里”问题。

3. 城市流通人口的动态化智能管理

流动人口管理是城市治理中的一个难点问题，也是一个热点问题，利用信息技术和数字化手段完善城市流动人口管理，运用大数据实现流动人口社会保险转移接续，对于跨区域流动人员可以通过保险部门的信息共享，推动养老保险、医疗保险、工伤保险、失业保险、生育保险以及住房公积金的转移接续，为城市流动人口解决后顾之忧。利用数字化手段可以实现城市流动人口健康管理和生育服务的信息化和精准化，通过云端大数据库可以将城市流动人口健康信息进行存储和应用，实时更新和掌握城市流动人口的健康状况，对于有职业病、传染病的特殊群体可以实施有效管控措施，对于城市流动人口中的育龄妇女可以有针对性地实施生育政策宣传和生殖技术服务，提升生育服务的高效性和精准性。数字技术加强对城市流动人口的行为监督，利用人工智能、大数据、云计算等技术可以实现对城市流动人口中犯罪率高的个人或群体进行监督和管理，使各种犯罪行为"无处可藏"，强化"天眼"工程，有效推进"平安城市"建设。

4. 实现城市生态环境数字治理

实现数字赋能城市生态。以数据为核心，打造"制度 + 技术 + 场景"模式，将城市生态环境评价指标数字化。①将空气中 PM2.5、PM10、O_3、SO_2 等指标含量用数字进行量化，各个监测点通过传感器将各项感知指标数字化并上传云平台进行实时监测。②对于可能出现的生态环境破坏事件进行预警和报告，为决策部门提供决策支持，并敦促相关部门尽快采取有效措施，防范和化解风险。③用数字治理撬动生态环境治理数字平台建设，从而提升生态环境治理的信息化、高效化、协同化、精准化水平。

到目前为止，我国的城市治理数字化水平得到很大的提升，城市治理逐渐向整体性、开放性、多元协同、智能化转变。在数字技术的支撑下，我国城市治理现代化已进入快速发展阶段。数字治理对城市治理的影响越来越大，将数字治理贯穿城市规划、建设、管理的全过程，实现城市治理各环节数字化，有助于驱动城市治理快速现代化。我国城市数字治理过程中始终坚持以人民为中心，使其成为城市治理体系的主导。在党的领导下，我们要走中国特色的城市治理数字化转型和发展道路，强调以人民为中心，推进城市数字治理，根据数字化转型和发展的需要，推动城市治理体制和组织制度的变革和创新，驱动数字技术赋能城市治理，切实满足人民的需求，有效调动人民的积极性。

3.2.3　我国乡村数字治理现状

乡村治理是国家治理的基石，没有乡村的有效治理，就没有乡村的全面振兴。随着农村生产生活方式的不断变革，农村地区治理面临许多新困难。传统的乡村治理不仅无法满足当前农村居民的生产生活要求，并且很难跟上城市发展的步伐，很多方面都存在滞后问题。党的十九大报告中明确提出实施乡村振兴战略，强调发挥现代信息技术在推进乡村治理能力现代化和构建新型乡村治理体系中的作用。2019 年 5 月，中共中央办公厅、国务院办公厅正式发布《数字乡村发展战略纲要》，提出推进数字乡村治理的十大重点任务和五大保障措施，结合数字乡村治理实践的发展逻辑，明确数字乡村治理的主要对象为数字生产、数字生活、数字生态、数字文化四大领域，在数字乡村治理发展进程中突出以人为本、成本导向和协同创新等优势，为新时期乡村振兴指明了一条数字化发展之路。数字乡村建设作为一个重要抓手，正在带动和推进整个农业和农村现代化的发展，为我国农村社会经济发展提供强大的动力。

我国乡村正处于信息化、数字化、现代化的历史交汇期，数字技术的发展为乡村治理现代化提供了重要的工具。在"数字中国"与"数字乡村"的加速推进下，乡村地区的数字化基础设施条件不断完善，"互联网 + 社区""互联网 + 政务服务"不断向乡村地区进行延伸，老百姓使用手机动动手指就能参与社会治理，了解国家社会大事；扫扫二维码就能知晓市、镇、村的重要信息。各地区探索形成典型模式，如北京南口镇"智慧乡村"，上海宝山"社区通"，广东省阳江市"智慧乡村 + 村务管理"，浙江省德清"乡村治理数字化平台"，湖北省孝感、恩施等地的"村务云"，四川基于乡村雪亮工程的"互联网 + 社会治理"，腾讯"为村"开放平台，中国电信"村村享"等。运用数字手段开展乡村治理，是丰富治理手段、体现国家治理能力现代化的重要举措，为促进数字农业农村发展提供了经验借鉴。

乡村数字治理的目的是在乡村地区运用现代信息技术，统筹乡村管理和服务部门，以软硬件为支撑，重构乡村治理结构，实现治理过程，超越实践、空间和部门分割的约束，提供快捷的全方位服务。2020 年新冠肺炎疫情的冲击也给乡村数字治理带来新的契机，数字技术的应用有效提升乡村疫情防控的治理效能，乡村治理的数字化转型也将成为乡村治理现代化的重要趋势。目前乡村数字治理过程中依然存在新型基础设施落后、制度体系不完善、村民对数字治理的认可度和参与度较低、资源供给不足等问题。我国乡村数字化治理现状主要体现在以下五个方面。

1. 数字化党建

乡村是国家稳定的根基，乡村数字治理也是国家治理的重要组成部分、社会经济发展的重要基础。党管农村工作是我们党的优良传统，也是实现乡村治理现代化的基本前提。以党建为支撑，领导农村工作，顺应时代潮流，善用先进技术传播政治理念。党建始终是乡村治理乃至乡村振兴工作的基础，党建引领乡村治理，实现共治、共享、共同发展的乡村治理与发展格局。随着信息技术的发展和互联网、智能终端的普及，新时代基层党建也迎来了数字化发展的新阶段，全国农村开展党员干部现代远程教育工作，至今初步建成“中央 – 基层”的远程党员教育体系。数字化的信息技术，赋予基层党建新的活力，提升党建工作的实效性、科学化水平，促进党建信息化发展，提升基层党员干部工作的效率。

2. 数字化村务管理

随着农村信息化进程的深入，村务管理也开始进入信息化时代，由原先的线下管理逐步转变为涉农电子政务的管理，进行农业视频会议、“三农”舆情监测等数字化建设，将村级事务治理数字化，村民通过微信即可获取村务公开信息，调动农民参与治理的积极性。数字化村务管理系统在完善村务决策、村务公开、村务监督、财务管理、便民服务等方面起到了非同寻常的作用，大大提高了村务管理的效率，让村务信息更加透明、更加公开。例如，黑龙江省桦南县实施“线上 + 线下”相结合的村务管理，将村民委员会权力服务清单全方位公开，建立“三清单、一平台、一体系”，让老百姓躺在自己的炕头上就能随时了解村里的大小事。建立权力服务清单，将村民委员会 70 多项权力服务的内容进行全方位公开，借助桦南县的惠民资金监管平台向村民公示关注的热点、难点问题，推进运行管理的规范化，实现村务规范和高效管理。浙江省德清县在全域范围内构建“数字乡村一张图”，实现全域生产、生活、生态全面可视化，通过信息化平台、精准分析数据，掌握乡村治理状况。

3. 数字化网格管理

网格化管理是乡村治理的一种创新模式，它将管理区域划分为若干个网格，以网格为单位，每个网格内配备网格管理员，数字化技术将网格管理员紧密地联系起来，网格管理员传达政策法规，负责管辖区域内的信息采集工作，依托网络信息管理系统，及时反映网格动态，解决所辖区域的问题，提供村民需要的服务。网格化的社会治理与大数据、互联网等现代信息技术手段相结合，打通服务群众的“最后一公里”。福建省漳州市长泰区积极探索“网格化 + 云平台”的智慧乡村治理模式，结合网格化的专业人才和专业服务管理平台，开通网格服务的微信公众号“云平台”，实现关注人数覆盖率达到 85% 以上，借助网格化服务微信群和“云平台”，促使身边人、身边事、身边情及时报告，有效处理，如打造“数字坂里”云平台，破解基层治理中“有问题没发现、有发现没期限、有期限没兑现、有主管没主责、有问题不便捷”的五大问题，短期任务办结率达 95% 以上。

4. 乡村公共安全治理数字化

乡村公共安全治理数字化体现在社会治安数字化和公共卫生治理数字化上。在社会治安方面，全国各村加强乡村安全，落实好平安乡村建设，各地纷纷开展农村“雪亮工程”建设，安装治安摄像头，保障乡村安全，极大地降低村民聚众斗殴、入户盗窃等违法犯罪行为。四川省创新“雪亮工程+网格化治理”等多个学习典型，四川省雷波县在47个乡镇、281个乡村安装了2 463个治安摄像头，雷波县此项工程建设完成后的短短两年内，就帮助有关县公安局破获了具有影响力的一系列入室盗窃案高达129件，帮助解决治安案件和民事纠纷达324件，有效保护当地人民群众的生命财产安全，值得全国其他各县、乡村借鉴和学习。在公共卫生方面，村民通过微信、微博、支付宝等渠道获取疫情信息，进行“健康自查”。同时，各村利用数字化手段进行防控宣传，实现疫情防控“看得见”“听得见”，使得村民及时获取疫情信息，降低恐慌，实现群防群控，提高疫情防控效率和效果。

5. 乡村公共服务治理数字化

乡村公共服务治理数字化主要表现为农民服务的能力。近年来，我国积极开展信息进村入户、公共数字文化、农村现代远程教育等信息惠农工程，通过农民手机、计算机技能培训平台为农民提供更加精准的技能服务。改变传统的线下缴费、教育、挂号、培训等公共服务，实现网上便民缴费、网上教育、网上预约就诊、网上就业培训与数字图书馆等数字化公共服务，村民享受科普信息服务，打通农村公共服务的“最后一公里”。河南省长垣市开发建设“长垣微脑”社会治理综合服务系统，整合长垣市全市农业农村、自然资源、综合治理、文明创建等部门信息资源，搭建三级乡村治理数字化基础平台，对农村社区综合治理数据集成共享。广东省广州市从化区“仁里集”共建共治共享的一键通云平台，将党务政务村务信息公开、网上办事、公共服务、农村电商融为一体，以大数据推动公共服务精细化。广西壮族自治区贵港市覃塘区开发智慧覃塘系统，开展周期性社会治理，通过“雪亮工程”、“e农村”产权交易云平台、扶贫App三个平台，推动乡村平安建设、智慧治理和产业发展。中国联通、中国电信、阿里巴巴、腾讯等企业，各自开发的数字化治理平台在乡村治理中取得显著成效，成为乡村治理和发展的重要支撑。

综上所述，自党的十九大报告提出实施乡村振兴战略开始，构建数字乡村治理新体系，着力弥合城乡数字鸿沟，成为符合时代发展的趋势。目前，我国数字乡村治理的运行机制体现为制度体系支撑、新基建保障、因地制宜和服务差异性，在数字治理过程中实现电商赋能农产品销售、传统文化传承、社会口碑升高的价值。但在数字乡村建设过程中，依然出现破坏自然生态、资源损害、乡村道德情感联结不紧密等问题。由此我们可以得出以下结论：在数字乡村治理过程中，我们需要注重数字乡村的治理特色，运用数字技术、数字手段的同时，注意保护乡村性，具体体现在数字乡村治理过程中延续乡村地域的历史文化、保护乡村自然生态、重塑乡村地域性资源、构建乡村情感共同体，从而保护乡村的价值，提高数字乡村治理效率，真正释放数字乡村战略的价值意义。

通过分析我国数字治理的现状可以得出，我国数字化治理水平将进一步升级，数字治理已成为政府治理的核心趋势，广泛应用于公共服务、城市治理和应急管理等各个领域。未来一段时间，致力于打造城市治理新模式，加快我国政府治理模式向数字化转型的步伐，着力提升数字乡村治理效能和水平，为数字经济的发展提供广阔的空间，实现经济社会高质量发展。

3.3　我国数字治理面临的问题及其成因

3.3.1　我国数字治理存在的问题

1. 我国数字治理现有不足

我国数字治理的起步较晚，时间较短，总体较为缺乏，在实践方面的研究具有趋同性，包含的内容大多涉及公共服务、城市管理智能化等方面，公众参与数字治理及其内部运行机制的研究较少。数字治理法制化有待加强，我国涉及数字治理的相关法律法规不足，并且对于法律法规的制定明显滞后于数字治理的创新。总体来说，我国数字治理的进程已逐步向全面提升阶段过渡，但是目前缺乏一套系统的、严谨的关于数字治理的法律法规体系，难以有效支撑数字治理工作稳步推进。

当前城市与农村的数字治理研究差异明显：发达城市以及地市级以上城市的数字治理研究较为集中，且其实践具有相似性，而对基层数字治理尤其是农村基层数字治理的研究呈现单一化、碎片化以及数量较少的特征。这些不足使我国数字治理研究难以实现系统化、整体化、规模化、动态化发展。

数字治理在实践中还存在过于依赖技术而忽略人的主体价值的倾向。研究发现，技术治理的视角下，社会和人的向度被过度简化，信息量被逐步压缩至一个数字，成为定量标尺上的一点。数据算法以特定逻辑收集数据、整理数据，却不能传达全部的价值。数字技术的异化，使得其不再是完成任务的工具，而是任务和目标本身，主张形式主义，陷入数据收集、统计的烦琐怪圈，造成行政责任模糊和问责困难（郑磊，2021）。数字治理人才培养机制不灵活，我国数字治理人才相对紧缺，熟悉计算机技术的人又对政府运行的机制不熟悉，与此同时，政府内部人员缺乏数字技术专业知识，不了解数字平台的设计研发手段，数字信息应用分析能力较弱，导致我国数字治理专业人才稀缺。我国数字治理人才培养、引进和激励机制不够完善。没有很好地形成吸引、引进人才的良好环境，也未能给人才发展和提升提供平台，严重制约数字治理的发展，在一定程度上阻碍国家治理现代化进程。

数据共享不完善，数据安全得不到保障。伴随着数字治理正面效应的发挥，其“副作用”和风险也开始显现，影响公众对数字治理的信任度和安全感。治理过程中的数据过度收集与挖掘、过度解读与主观偏差、过度信仰与依赖，以及弥散与渗透等问题诱发数据信息安全隐患，个人权利与自由意志可能会被剥夺。大数据治理并非完美的治理模式，对其使用不当可能衍生出治理低效甚至社会风险（郑磊，2021）。例如，公共监控视频是一种技术性侦查和创新性管理工具，在给民众安全感的同时，也使公民隐私在监控社会中无所遁形，公民的私人领域可能会被进一步压缩。某些地方将健康码升级到文明码的计划反映出公共权力以数字化的形式深入延伸和渗透到个人生活之中的趋向。此外，还存在信息公开和数据开放不足、社会关键数据获取不及时、政府部门数据共享水平不高、数据信息资源缺乏统筹整合、个人隐私保护不到位等衍生性问题。

2. 政府数字治理面临的问题

当前，中央和地方都在大力推进数字政府建设，政府加速数字化转型，进行数字政府建设，提升数字政府治理能力有助于我国国家治理能力的强化。数字政府治理是国家治理与政府治理方式变迁的重要走向，数字技术赋能政府治理。尽管当前我国数字政府治理建设已经取得诸多成效，但数字治理也给政府治理带来了极大的挑战，其持续推进面临一些问题，如政府数字治理过程中数字治理体系不完善、数字治理的主体比较单一、多方协同不足、治理效率不高、人才培养比较滞后、出现发展瓶颈等现实问题。

1）政府数字治理网络的整合难度较大

我国东部、中部、西部不同省份的经济发展水平差距较大，各省份内部不同区域的经济发展水平差距也很大。虽然中央政府统一部署数字政府治理的推进，但是不同地区的经济发展差异比较明显，各地政府能够调动的人力、物力、财力也不同，使得各省份数字政府治理网络的数据资源不均衡，那么数字政府治理网络的构建进度也会产生不一致。数字政府治理水平的高低受到经济发展水平的影响，经济发达地区的数字政府治理水平明显高于发展水平一般的地区，导致国内存在明显的数字鸿沟。我们目前需要先在各省份内部实现数字政府治理网络的整合，再逐步实现全国范围内的网络整合，这一过程将会面临诸多问题，实现全国整合的道路漫长且艰巨。

2）治理体系不完善、治理效能不高

我国传统的政府治理存在惯性，与新兴治理工具的融合面临挑战。政府治理具有强大的路径依赖和行为惯性，政府实际治理过程并没有随着数字政府治理的工具创新而不断更新，政府仍然习惯于采用传统的治理方式，传统治理模式根深蒂固，技术手段在短时间无法替代传统治理手段，以技术改进推动制度变革任重道远，且应用新技术进行治理的成本变高，也不免会制约数字治理的发展。目前的行政规则和信息技术的融合存在阻碍。数字治理要求信息数据无偿共享、审批权力下放，因而打破原有的部门利益格局，导致部分部门的利益受到损害。我国对于政府数字治理的法律法规不完善。关于数据的所有权、使用权、采集权、收益权等方面比较模糊，存在个人隐私泄露、过度挖掘、滥用的风险，数据的安全无法得到有效的保护，数字政府治理法制化建设还有待加强。

3）多元主体参与缺位

数字政府治理的核心之一是多元化的治理结构，实现多元主体间的协同，即政府部门、非政府组织、私营部门和公民等多个主体参与共同治理。数字政府治理未全面发挥多元参与机制效能。现阶段，我国的各级政府仍然处于数字治理的主导和核心地位，地方政府对多元主体参与机制的认知存在偏差，重视程度不够，忽略了在数字治理工作中多元主体参与的重要性与必要性，导致数字治理多元主体参与程度较低且未能有效发挥积极作用。非政府组织和私营部门参与机制仍有不足，面临参与途径不明、信息不对称、数字化程度不高、政府态度冷淡和社会公众信任不足等问题。在推进数字治理的过程中，政府视角而非公众视角的行政化问题较为严重，从政府角度重视强调资金投入而忽略公民的用户体验，重视内部硬件投入而忽略与用户连接的应用开发，重视前期建设而忽略与用户互动的运行体系的构建。

4）形式数字化、过度数字化现象突出

目前存在某些数字治理项目需求驱动不足，问题导向不清，仅仅是为了满足政府自身的需要，为了数字化而数字化。一些地方政府和部门推出的移动与智能应用，脱离公众的现实需求，应用的使用率低，完全成为一种装饰。有些地方的数字化不但没有实现“便民”，反而增加了公众的负担和成本，一些事项线上办理完后，还得在线下再跑一次。在基层实践中，数字治理衍生出大量“指尖上的形式主义”，服务公众呈现形式化，整体性推进变为碎片化建设，多元主体协作治理变为政府一元化管理，提高效率变为增加负担。种类繁多的App、公众号、微信群，在运行初期并未做到给基层公务员减负，还增加了他们的工作负担，基层工作人员忙于在多个应用上打卡、填表，却没有时间去走街串巷服务群众。移动政务应用碎片化严重，数量泛滥，功能碎片化，运行效果不显著，体现不出部门特色，带来高额的开发、推广、运营和维护等费用，运用大数据能够提高效率、节省费用、改善服务等优势也受到质疑。当前一些数字化应用往往停留在对传统治理理念和治理模式的简单数字化，有待进一步升级与完善（郑磊，2021）。

5）数字政府治理存在数字鸿沟的困境

数字政府治理过程中，政府部门采用智能化、数字化和平台化等各种方式提供公共服务，但是数字政府治理对象的受教育程度以及生活状况存在差异，公民使用数字信息的能力差别也比较大，导致他们所感受到的公共服务水平是不同的，存在不同阶层或区域公共服务的差异。2020年，一些城市通过数字平台发放财政补助的消费券，部分老年人和一些技术弱势群体等人群无法获取消费券，此类人群在获取消费券的公共服务上处于信息接收的劣势。在数字政府治理过程中如果不能有效摆脱数字鸿沟的困境，贫富差距就会进一步拉大，大幅加剧社会极化的程度，更严重的甚至会成为社会群体相互隔离和对抗的直接诱因（唐皇凤，2018）。

6）数字政府治理的专业化人才匮乏

政府工作人员数字技术应用能力有待提高。政府工作人员是数字政府治理进程的主要推动者，他们的数字技术应用能力在一定程度上直接影响着数字政府治理。目前存在部分政府工作人员，他们所掌握的信息化知识不足、能力水平略低，对运用数字技术进行政府治理的前景认识不充分，在数字政府工作的进程中处于相对被动地位，对数字政府项目建设与政策制定的把控能力不足，影响政府数字治理工作的正常开展。数字人才关系到数字治理进程的推进质量，公务员的信息化知识水平和数字技术应用能力在很大程度上直接影响数字政府治理的水平。在数字政府治理进程中，一些工作人员的责任感和服务意识薄弱，未能切实维护公众利益，真正履行为人民服务的自身职责，这些情况的存在阻滞数字政府治理进程的推进。

3. 城市数字治理面临的问题

数字治理是城市治理未来发展的方向，是缓解“城市病”的一剂良药。城市治理是新时代建设数字中国的重大课题，但它也不是包治百病的灵丹妙药，运用不当也会出现数字鸿沟、信息孤岛、数据安全、数据割据、数据碎片化等问题。城市治理数字化已然成为显著趋势，更加需要我们对上述问题给予高度的重视。城市数字治理是城市治理的 2.0 阶段，是城市治理的未来发展方向，以杭州和东莞为例，杭州是省会城市，东莞是非省会城市，它们都已经率先实现城市数字治理 2.0 的进阶。但是《中国城市数字治理报告（2020）》显示，当前我国城市治理的总体水平仍然较低，各城市之间差距比较大。我国整体数字治理的水平呈现“东高西低、南高北低”的格局，与经济发展格局相对应。但是这并不表示数字治理在区位上存在一定的阻碍，对于中西部城市来说，抓住数字化机遇的武汉、郑州、西安等城市正在大力推进城市数字化治理，实现跨越式发展，揭开追赶超越新篇章。因此，我们应该用辩证的眼光看待数字治理赋能城市治理，对城市数字治理所存在的问题有客观清醒的认识。

1）缺乏统一的治理机制和创新性

随着我国信息化程度的不断加深，许多城市都在积极尝试使用城市数字治理的新模式。但从目前发展的实际情况来看，我国现阶段还没有形成统一的数字治理机制，城市之间的发展水平差异仍然比较大，部分城市沿用传统的治理模式和技术，发达地区的城市与发展落后地区的城市形成鲜明对比，后者城市数字治理的工作比较粗放，过于简单化。个别城市管理人员缺乏先进的治理意识和治理知识，不能灵活地运用数字技术进行城市治理，这导致城市数字治理的效率较低，极大地影响了数字城市治理的效果。

2）城市数据融合和治理联动不够

数据是城市治理数字化发展的关键要素，数字治理是数字城市建设的重要内容（许竹青等人，2021）。当前城市数字治理过程中存在数据碎片化、信息孤岛、数据安全、数据割据等突出问题，城市数据融合互通程度比较低，数据相关的政策和法律文件欠缺使得难以将数字技术充分服务城市数字治理，进而提高城市治理能力。

3）城市治理参与主体过于单一

“共治共管、共建共享”是城市建设的主题。目前政府仍然是城市治理的主导者，主体不够丰富和多元。数据信息收集、处理机构还是以政府部门、事业单位为主，私营企业、非政府组织和个人并没有深入城市数字治理的过程中。因此，为加快城市数字化治理进程，应发挥多主体共同治理的作用，推行城市治理共建共享共治。

4）数据缺乏标准化

提高数据获取和数据处理的效率，必须注意数据的标准化和规范化的提取，这是进行城市数字化治理的基础。高质量的数据标准化要做到数据数字化、数据规范化、成果管理数字化。但是现阶段，我国城市数据数字化程度并不高，还存在数据缺失、数据的规范化和标准化程度未达标问题，同时数据收集、处理的效率较低。

5）城市数字化治理的认识不足

目前仍然存在部分城市的管理者认为数字化治理就是采用一个计算机系统进行管理，在认识上还比较粗浅。作为政府和民众联结的桥梁，数字化治理在城市治理体系中发挥着不可替代的作用，但是目前部分城市管理者对城市数字化管理的认识还不到位，数字化城市治理缺乏长期行为有效的机制。

6）城市数字治理人才不足

城市治理数字化离不开专业的数字技术人才，这是因为在城市治理过程中需要大量的技术支持，如数据收集技术、数据统计以及数据分析等，城市数字化治理所需数据量很大，分析内容繁多，这必须由专业技术人才来处理。但是，目前部分城市数字化治理人才不足，且相应的数字技术人才缺口较大。

4. 乡村数字治理面临的问题

我国乡村数字化建设正处于初级阶段，在推进乡村数字治理进程中面临着很多不容忽略的阻碍，对于乡村数字治理的运行逻辑、基本框架、实现路径等层面没有进行深入研究。从我国数字治理的实践来看，我国的数字治理主要集中于市级以上的城市，乡村数字治理的发展存在严重不足。

1）新型基础设施建设存在不同程度的滞后

乡村进行数字化治理，数字基础设施的建设是关键，夯实新型基础设施建设是发展乡村数字治理的重要保证。随着我国的信息化建设的不断发展，乡村基础设施逐步得到完善，但是与城市地区相比仍然存在一定差距，截至 2020 年 12 月，我国城镇地区的互联网普及率达到 79.8%，乡村的互联网普及率却只有 55.9%，城乡地区的互联网普及率差距较大，数字鸿沟明显。乡村地区大数据基础设施落后，不利于农村农业信息的收集，其中农业数据收集、传输、存储和共享方法落后，农业生产设备未完全实现数字化、智能化转型等问题，在一定程度上阻碍乡村数字化治理进程。农产品的分级、包装、存储等支持电子商务发展的配套基础设施目前相对落后，一定程度上造成了乡村数字治理的需求难以满足的困境，新型基础设施的相对落后，极大地阻碍乡村地区与外界的沟通，限制“互联网 + 农业”“互联网 + 乡村旅游”“互联网 + 医疗”“互联网 + 教育”“互联网 + 乡村旅游”等新模式的发展，阻碍乡村数字化结构转型和治理。

2）乡村居民对数字治理的认知程度较低

大多数村民每天忙于农活，关心自己的农作物生长成熟状态，对于数字治理的参与度和积极性不是很高。在推进乡村数字治理进程中，乡村居民数字思维缺乏，对于数字治理的认识不足，导致参与率很低，村民的主体优势无法体现，这样一来，乡村数字治理就缺乏广泛的群众基础，就无法进一步深入。此外，数字治理是一种新兴治理模式，借助数字化手段处理农村事务，数字技术赋能农产品生产、监测、储存等，实现智能化，给村民带来收益。但是村民对数字技术的认知和接收程度也相对较低，更愿意相信自己多年来所积累的经验，在推进乡村数字治理进程中缺乏群众基础，使得乡村治理的难度越来越大。与此同时，我国人口老龄化正在加速，农村老龄化问题日益突出，我国农村的常住居民大多是老年人等弱势群体，这些人的受教育程度有限，缺乏对数字治理的认知和接受能力，如乡村数字治理过程中的一些小程序比较复杂，这部分人难以短时间内高效使用它们，这直接限制乡村数字治理的发展。

3）乡村大数据人才匮乏

乡村数字治理同样需要专业技术人才。掌握数字技术的乡村数字化人才是提升乡村数字治理水平的重要加持因素。目前，我国数字人才紧缺，乡村大数据人才匮乏是制约乡村数字治理的重要原因之一。大量青壮年劳动者从农村流向城市，农村剩余人口年龄偏大，受教育程度偏低，导致其对数字技术的认识与掌握不够深入，使用意愿较弱，故难以提升数字素养和技能。此外，无论是来自城市还是农村的人才，大部分学有所成后都更倾向于留在城市发展，乡村人才回流难，乡村大数据人才更是凤毛麟角。

4）数据整合共享存在障碍

乡村数字治理还处于内部整合阶段，大多数乡镇政府存在信息建设理念落后的现象，城镇网站信息优质内容较少，可用性低，部门间数据共享不足，没有统一的官方平台为村民提供一站式服务，加大了村民查找可用信息的难度。乡村数字治理在信息交换平台的建设上是落后的，数据传输尚未形成多方向的传递和共享。乡村地区数据庞大、数据种类繁多，信息管理、信息统计、数据收集、数据运用的能力不足，影响社保、医疗、交通、教育、就业等领域数字化发展，极大地降低乡村治理的效率。

3.3.2 我国数字治理面临问题的成因

1. 我国推进政府数字治理进程面临问题的成因

1）法制化建设与体系化建设不完善

我国数字政府治理的法律法规以及规范性文件尚有不足，在数字政府建设和推进数字政府治理方面的体系化建构与法制化建设有待加强。健全的法律法规和完善的规范性文件是推进数字政府治理的基本保障。现阶段，我国数字政府治理从整体看，处于从交互阶段走向事务处理阶段，没有经过专项规划和系统筹划的长效处理阶段，缺乏总体规划与顶层设计的法律制度体制。我国数字政府治理方面的法律法规和政策性文件较少，在数字政府治理进程中的相关细节尚未形成具体统一的规范，导致政府进行数字治理过程中无法寻求有关法律的支持。

2）数字政府治理进程的推进没有统一的规范可循及完备的管理体制

我国数字政府治理目前正处于快速发展阶段，但是国家关于数字政府治理方面尚未制定具体统一规范的制度体系，目前存在的相关文件也未能对细节进行规定。由于无统一规范标准，各地的数字政府治理的进程存在显著差异。在规范缺失的情形下，数据管理体系和配套制度建设不够完善，没能在管理、服务及决策优化中发挥其应有的价值，数字政府治理的管理体制存在的某些问题阻碍数字政府治理进程的推进。数字技术正广泛应用于公共服务领域，但在一些地区却发展缓慢甚至停滞不前，究其原因在于缺乏统一规划和顶层协调机制，造成各地政策不一，不利于数字治理水平的整体提升。如今，在我国所构建的管理体制下，地方政府可以有较大的权限对本地发展的实际情况构建更为具体的管理体制。这使得经济比较发达的地区能够调动充足的资源对数字政府治理的进程给予大力支持，当地政府的管理体制也能够依据中央政府的管理体制进行更好的构建。与此相反，经济欠发达地区难以调动充足的资源，限制了其管理体制的构建。

3）人口密度差异较大导致数字政府治理的难度差异明显

我国人口绝大部分居住于东部和东南部，西部和西北部人口密度相对较低，西藏、新疆和青海等地区甚至存在一些无人区。在这种情况下，借助数字政府治理的进程提升国家治理水平面临着一些困难，如中东部由于人口密度比较大，数字政府治理过程中需要耗费大量的人力、物力、财力来提供公共服务；西部及西北部人口密度相对较小，人口分布范围较广，数字政府治理所提供的公共服务难以覆盖该区域的所有公众，若想要实现全面覆盖，需要建设更多用于数字政府治理网络的新型基础设施。

4）部分地方政府领导未能充分认识到数字政府治理结构的严谨性

我国部分政府人员对于数字治理的认知不够，近年来，公民和私营部门日益成为我国数字政府治理的主体，发挥各自优势、提供各项支持，有效推进政民互动，切实提高数字政府治理水平。某些地方政府领导曾一度认为，党组织和政府是推进数字政府治理所依靠的唯一主体，而忽视公益组织、私营部门和公众。部分地方政府领导者的错误观念，导致数字政府治理进程的推进难以得到足够的支持。政府并不能完全熟练地运用互联网和数字技术，没有把握好数字治理运行的机制、没有发挥好数字技术的独特优势。此外，部分政府对于公众的需求没有给予足够的重视，没有充分保障公民参与政府治理的权利。

5）数字技术未充分发挥作用，治理效能损失

当前各级政府建设的一体化平台并不是完全意义上的数字政府平台，现实中一体化平台面向的政府层级和政府部门很多，任何一个部门提出的需求信息都需要层层传递和多方评估，从而导致对社会公众的需求响应慢的问题。究其原因，在于技术与组织之间的互动机制和制度逻辑并没有相应作出适应性改变，主要表现为：①数字技术在融入政府具体组织过程中并没有构建与现实政府职能部门相匹配的虚拟机构。②技术受到传统政府组织体制层面的干扰，无法发挥本身特有的刚性特征。数字技术与政府组织互动的每个阶段，都需要与之相匹配的制度与结构，倘若数字技术没有被政府组织很好地吸纳，政府组织也没有对数字技术产生内生认可，那么两者之间相互修正与影响的效益为零，导致数字技术发展不能给政府公共部门带来真正革新，不能充分

地发挥其优势。

6）政府之间及政府内部数据孤岛现象多

在数字时代，数字政府治理的数据资源唯有实现真正意义上的互联互通才能发挥效用。但现实中政府各部门相互“紧拽数据”，产生以各自利益为中心的数据分割问题，往往引发大量“数据孤岛”现象。一方面，数字平台中虚拟部门之间数据协同依然需要上级授权才能使用管理，这反映了政府部门与数据条之间是彼此独立的；另一方面，不同层级、不同地区政府在构建数字治理主体的形式方面存在较大差异，这在很大程度上影响不同层级政府、不同政府部门之间业务的深度融合，进而产生数据孤岛问题。此外，从横向来看，数据管理机构对平级部门并没有优先的协调作用；从纵向来看，省市部门与中央政府间并没有组建专门的统一数据管理机构，因而无法形成跨区域、跨层级的数据管理体系，最终造成数据孤岛现象频频发生。政府部门之间、上下级之间，形成“数字鸿沟”“信息孤岛”，剖析其深层次的原因，虽然存在相关的规章制度，但是现有关于数据开放和共享的制度规定不明确。

7）政府服务协同性和业务一致性较弱

当前由于数字政府治理还未处于完全成熟状态，因此现实中政府部门在不同区域、层次、渠道发布的政务服务事项并没有实现数据同源和同步更新，公共业务未统筹，业务一致性存在问题。究其原因：①数字政府在实际操作层面缺乏统一的共享数据库，制约着数字政府治理的绩效提升。②个别地区的数字政府虽然拥有统一的数据库，但也存在着共享数据库背后潜在的数据标准化体系匮乏问题。当前数据标准化可以说是衡量组织机构理性化进程的象征，然而现实中由于各部门从自身的便捷性出发，仅考虑自身输出的个性化设置，而忽略了数据标准和业务标准的匹配、数据流和业务流的统一、数据系统和业务系统的同步等问题。

2. 我国推进城市数字治理进程面临问题的成因

1）顶层规划设计不足

目前，我国各城市掀起数字城市建设的热潮，但是总体来看各地的数字城市项目，短期建设类规划多，顶层设计战略规划少。数字城市建设缺乏良好的统筹协调机制，数字城市建设与城市的整体发展、基础设施建设、公共服务建设等方面融合存在不足，只关注单个项目的建设，忽略项目之间的联系，数字城市的顶层规划设计不足。

2）治理运营机制缺乏

我国有关数字城市的大部分项目目前正处于建设阶段，重基础层建设。各城市仅从工程管理的角度建立一系列的评估考核机制，但对建成后的项目运行、维护、监管等缺乏专门的事后管理考核机制，“只建不管”导致数字城市难以发挥应有作用。从用户的角度看，城市数字化治理的不完善导致实践脱离城市的发展，脱离用户的需求，造成“只建不用”的资源浪费。

3）资金匮乏，数字化治理后劲不足

城市数字化治理是一个繁杂、多主体配合的复杂工程，对人、物、资金的需求较大，尤其是需要不断投入大量的资金以促进城市数字化治理。由于经济因素，国内只有一些大城市有初具规模的数字化城市管理系统，其他大部分城市都在初步探索、建设阶段，很多只有硬件基础建设，真正能发挥治理作用的软投入却很少，有的城市甚至没有。这主要的原因是资金链难以长效维持，导致数字化治理建设后劲不足，难以形成治理闭环。

3. 我国推进乡村数字治理进程面临问题的成因

1）乡村信息基础设施“底子薄”

我国乡村地区信息基础设施在不断完善，但是与城市相比还存在一定的差距，东部乡村地区与西部乡村地区相比，信息基础设施建设水平差距也比较明显，我国西部偏远地区的信息基础设施建设不够完善，光纤网络、4G 网络等信息基础设施并未实现全面覆盖、偏远地区的通信网络信号比较弱，通话中断、上网困难，信息进村入户的任务比较艰巨。乡村信息基础设施薄弱，对数据的生产和采集造成困难，影响后续的数据分析以及数字技术在乡村数字治理中的应用。

2）乡村大数据意识和人才存在“大短板”

乡村数字治理主体运用数据和数字技术进行治理的意识淡薄，成为制约乡村数字治理创新的重要因素，产生了“数据就是数字”“信息应用是信息部门负责的事”等错误认识。数字技术人才短缺是制约乡村数字治理发展的另一个重要因素，由于缺乏充足的产业支撑，当前我国农村数据处理人才、信息服务人才等信息技术专门人才总体短缺。不仅如此，部分选择在农村就业的信息化专门人才，往往由于工资待遇低、工作经费少、生活条件差等选择离开农村去往城市寻求更好的发展，使得大数据专门人才难以长期稳定在农村服务。在以往的发展中，对乡村人才的培养多集中在传统农业方面，如今在“互联网 + 农业”的推进背景下，强调智能化、数字化，实现农业与互联网深度融合。农村的新产业和新业态层出不穷，乡村在不断地向数字化过渡，数字技术赋能乡村治理，我国各乡镇政府更应该与时俱进、因地制宜制订相应的培养计划，以达到乡村数字治理对人才的需求（赵敬丹等人，2021）。

3）缺乏统一的信息交换共享平台

当前的数字乡村治理格局中，乡（镇）、村两级具体负责的公共服务和社会管理任务日益艰巨，亟须与县、市、区等上级治理主体进行信息交互。当前乡村数字治理对各类来源广泛、交叉复杂的信息简单堆砌多、精细加工少，对数据资源的挖掘和整合管理不够，党委政府内部不同部门间的“信息孤岛”、治理主体间的“数据壁垒”现象较为普遍，数据质量和可用性有待提高。各县市与乡镇、村之间缺乏相应的信息交换平台，导致乡村数字治理实践中的各种信息传输和共享不及时，造成信息差，不便于信息共享。在乡村数字治理实践中，各类数据向地方党委政府单向传输的情形居多，并未在各个治理主体间真正实现多向传输和共享，一定程度上造成乡村治理主体间的隔阂，同样也造成了数据采集标准不一、录入不规范、更新不及时等问题，限制了数字乡村治理数据的传输和共享。

4）乡村大数据应用技术支撑力较弱

乡村治理创新离不开大数据、物联网和云平台等数字技术支撑，特别是需要用到数据采集、数据管理、数据共享、数据分析、数据应用、数据安全等全过程的大数据技术，将隐藏在海量数据中的价值信息挖掘出来并将其应用到乡村治理实践中。在我国，乡村地区在大数据技术研发、引入、应用等方面的发展缓慢导致了乡村数字治理的推进难（赵敬丹等人，2021）。

案例讨论：数字中国建设案例展示

本章小结

本章主要对我国数字治理的现状与问题进行分析。①数字时代呼唤数字治理，分析数字治理的背景、国内外数字经济发展形势、数字治理的迫切性与重要性。②分析我国数字治理的现状。数字治理的对象大致分为政府、城市和乡村，针对不同的治理对象，数字治理的方式也是不同的，具体结合相关案例分析我国政府数字治理现状、城市数字治理现状以及乡村数字治理现状。③主要分析我国数字治理面临的问题以及问题的成因。首先从国家角度整体分析我国数字治理的现有不足，然后具体分析政府数字治理面临的问题、城市数字治理面临的问题以及乡村数字治理面临的问题，进而对应分析我国推进政府、城市、乡村数字治理进程面临问题的成因。最后以案例形式展示当前数字中国建设的情况。

即测即练

复习思考题

1. 我国为什么要进行数字治理？
2. 我国数字治理的内容有哪些？
3. 数字治理的重要性体现在哪些方面？
4. 我国数字治理过程中存在哪些问题？
5. 数字治理问题出现的原因有哪些？

第 4 章 国内外数字治理的比较分析

学习目标

1. 了解国外数字治理的相关探索与实践。
2. 了解国内外推进数字治理的若干做法。
3. 了解人工智能治理的国际现状。
4. 熟悉国外对我国推进数字治理进程的经验启示。
5. 掌握数字鸿沟、“信息孤岛”的概念及其产生原因。

思政目标

1. 了解数字治理过程中面临的伦理问题。
2. 掌握新时代推进数字治理的做法。

思维导图

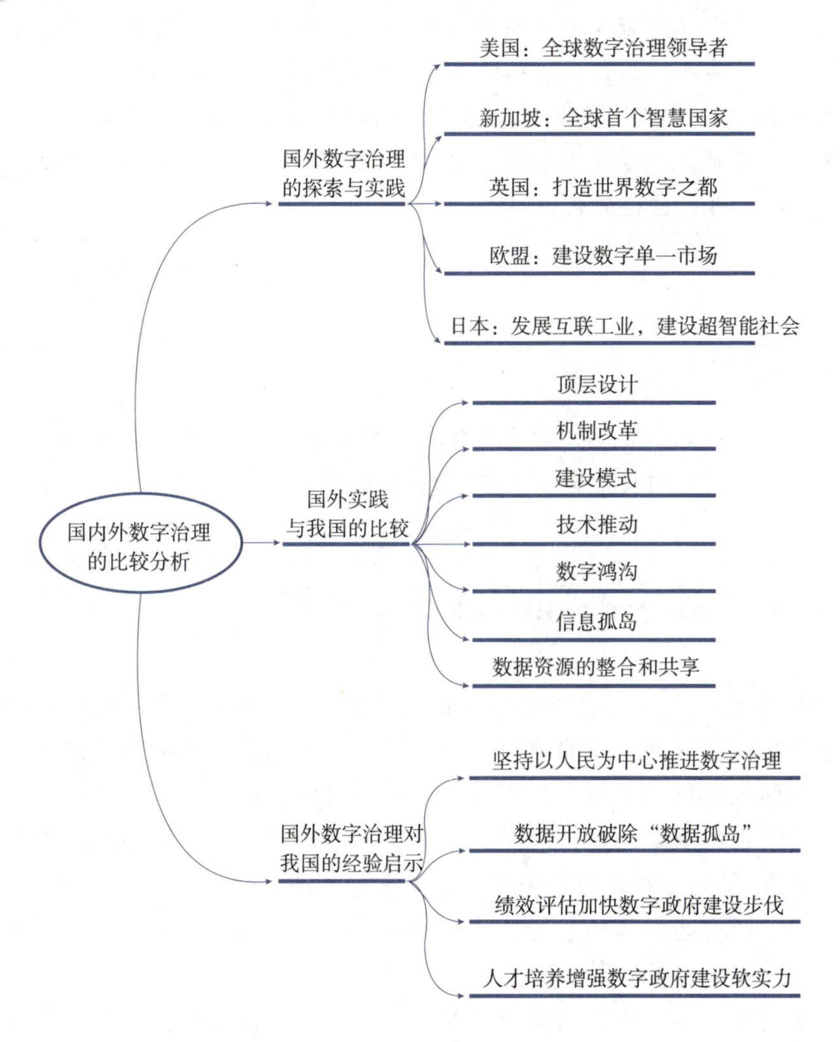

导入案例

人工智能国际治理

2016 年，欧盟议会法律事务委员会（JURI）向欧盟委员会提出立法建议，主张赋予高水平的智能机器人电子人的主体资格，进行身份登记，设立财产账号，缴费，纳税，领取养老金，跟自然人是同等的主体地位。

韩国科学技术信息通信部2020年11月27日与情报通信政策研究院（KISDI）共同发布“国家人工智能伦理标准”，提出理想的人工智能开发和运用方向，指出人工智能需以人为中心。在开发和运用人工智能的过程中，需遵守维护人的尊严、社会公益和技术合乎目的这三大原则。

美国自2019年旧金山颁布禁止面部识别技术用于政府部门的禁令后，相继有多个城市通过了类似的禁令。该禁令将阻止城市使用面部识别技术或获得使用该技术进行监视的软件。

思考题

1. 人工智能技术可能会带来哪些影响和风险？

2. 各国如何应对可能面临的风险和挑战？

4.1 国外数字治理的探索与实践

2020年初，全球新冠肺炎疫情的暴发重新使人们意识到了电子政务的作用，进而加快推进数字政府建设。从政府治理现代化的国际经验来看，从理性官僚制转变为整体政府是政府改革的重要目标，从电子政务到数字政府是整体政府建设的重要方法，也是提升国家治理效能和政府治理质量的关键因素。进入21世纪，我国与英美等发达国家进入数字时代，以整体政府、网络政府、智慧政府建设为核心的现代政府建设取得了长足进展，重点是实现政府治理的协同化、网络化与智慧化。

根据德勤调查报告，当前全球数字政府建设持续推进，少数西方国家迈入成熟期，区域之间分化明显。具体来看，欧洲常年处于数字化转型的领先地位。《2020联合国电子政务调查报告》显示，欧洲大部分国家电子政务位于“非常高”的水平，电子政务发展指数（EGDI）达到0.82，位居全球第一。其次是亚洲、美洲、大洋洲，非洲发展水平最低，EGDI为0.39。本章所研究的美国、新加坡、英国、欧盟和日本均是在报告中排名领先且具有数字政府典型改革案例的发达国家和组织。

4.1.1　美国：全球数字治理领导者

美国作为一个科技高度发达的国家，其数字政府治理起步最早，具体发端于 20 世纪 80 年代提出的“信息高速公路”法案，旨在使所有美国人方便地共享海量的信息资源。之后的近 40 年中，美国数字治理共经历了国家信息基础设施行动、电子政务战略、开放的数字政府计划和数字政府技术现代化法案四个阶段，如图 4-1 所示。

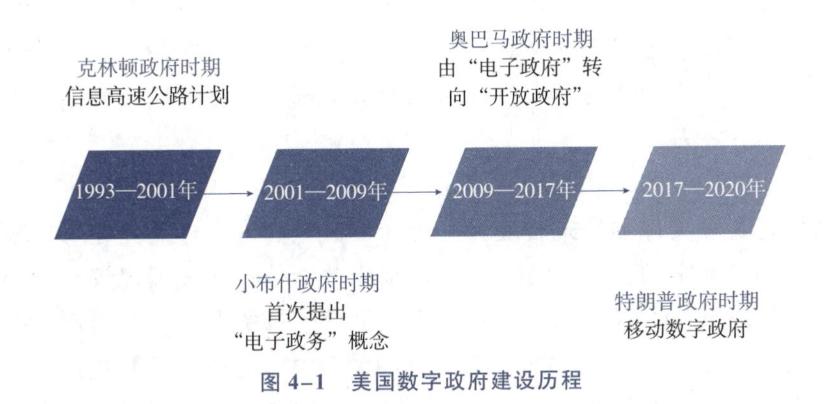

图 4-1　美国数字政府建设历程

第一阶段：1992 年 2 月，克林顿在他的竞选文件《复兴美国的设想》中旗帜鲜明地提出：“（20 世纪）50 年代建立的高速公路网，使美国实现了飞速的经济发展。在人类将要迈入信息时代的 21 世纪，美国若要继续繁荣，就必须建设通往未来的新‘道路’。”后来，这些设想变成了总统国情咨文的行动纲领：计划用 20 年，耗资 2 000 亿～4 000 亿美元，建设美国的国家信息基础设施。震动全球的美国信息高速公路建设计划由此拉开序幕。1993 年，克林顿政府颁布了《国家信息基础设施行动》（*National Information Infrastructure*）、《全球信息基础设施行动计划》（*Global Information Infrastructure*），并成立了国家绩效评估委员会。1996 年，推行“重塑政府运动”（reinventing government movement），进一步推进政务电子化。

第二阶段：“电子政务”的概念在小布什政府时期被正式提出。2001 年，“电子政务特别工作小组”（E-Government Task Force）宣布成立，并于 2002 年公布了《电子政务战略：简化面向公民的服务》，实现了网站从“以信息技术为中心”到“以公民为中心”的转变。

第三阶段：进入开放的数字政府阶段，奥巴马政府高度重视大数据的应用。2012 年发布《大数据研究和发展计划》（*Federal Big Data Research and*

Development Initiative），并成立大数据高级指导小组，通过收集、整理数字资料，提升对社会经济发展的预测能力。

第四阶段：2017 年，正值特朗普政府时期，美国科技委员会（American Technology Council）成立，希望利用先进的数字技术更好地提供公共服务和智能化决策。在这一时期开始推行移动数字政府建设，“digitalgov.gov”门户网站、智慧旅客 App 等为公民提供具体且具有个性的服务。

1. 美国数字政府建设原则

纵观美国数字政府建设的整个历程，其建设思路始终贯彻以信息为中心、共享平台、以用户为中心、安全和隐私四大原则。围绕这四大原则，美国分别采取了如下做法。

1）以信息为中心

从传统管理文件的形式转变为管理开放数据和内容。美国在每个联邦机构都设立一名首席信息官（CIO），负责提供政府信息化发展建议与指导，监督所在部门信息技术等其他事务的实施，管理信息资源，提升运作效率，规范工作流程。同时，奥巴马政府颁布《透明和开放政府备忘录》，提出建立“透明、公众参与、合作”的政府，要求“政府机构和行政管理部门应充分运用新技术手段在网上公开其决策和运行情况，以供公众随时获取”。美国以信息为中心的另一个体现是建设了公民门户网站“www.usa.gov”，它提供了广泛的信息资源和各种政府来源的在线服务，帮助公民充分了解政府信息。该网站允许用户根据需要自定义门户，甚至是创建政府账号。该网站为所有政府信息和服务提供一站式服务，包含辅助功能、实时聊天平台和聊天时间操作服务，每个工作日都可以方便地使用，以用户友好的方式全面地列出了政府提供的所有公共服务、表格、工具和交易。

2）共享平台

机构内部以及跨机构合作，旨在降低成本、提高效率，并确保信息创造和交互的连贯性。跨层级信息共享和业务协同是美国在线政府建设的重点，“大门户”的形式连接了共 10 000 多个各级政府网站，每周对各级网站和行政部门进行绩效评价，并将结果向全社会公布，以期推动全美各州合理使用技术，以改善服务、提高能力、简化操作，从而达到预期的政策目标。在信息共享方面，美国鼓励政企合作，构建公私合作伙伴关系（public private partnerships，PPP），提升了美国政府对私营部门在信息共享方面的开放程度。通过将部分公共服务及惠民项目外包给互联网巨头，不仅提升了政务效率，也为互联网巨头提供了更多的商业机会。

3）以用户为中心

围绕用户需求，创建、管理数据，允许用户在任何时候以任何他们希望的方式构建、分享和消费信息。美国数字政府战略由最初的克林顿政府时期应用网络技术及通信技术提高政府行政绩效，到特朗普政府时期利用数字技术提供优质的公共服务，都体现了对政府公共服务“由重视工作效率向重视服务质量和顾客满意度转变”。全美各州各机构都在政府公共服务网站上部署可实现 6 个月内的公众满意度分析工具，以用户为中心加强绩效评估，从而改善服务质量。此外，美国各部门和机构都提供有苹果 iOS 和 Android 版本的智能手机应用程序，类别包括新闻、财经、教育、旅游等方面。其中，智慧旅客 App 是美国国务院的特色应用程序，用户可以在这款 App 中查看签证要求、当地法律、大使馆和医院地址以及各国的旅行注意事项等信息。由公民服务和创新技术办公室运行的“digitalgov.gov”门户网站能为公民提供具体的、个性化的服务。

4）安全和隐私

确保数字服务的安全交互和使用，保护用户信息和隐私。为实现开放数据的用户参与，美国联邦政府先后颁布了《消费者数据隐私保护法案》《消费者隐私权利法案》《数据保护法案》《美国数据传播法案》《社交媒体隐私和消费者权利法案》《数字问责和透明度以提升隐私保护法案》《关于美国数据隐私立法的最佳方案》等一系列法律法规，不仅对大型科技公司和运营商在网上收集消费者信息做了明确的限制性规定，也对美国关于隐私保护的架构做了详细说明。这些法律法规主要对政府和企业等开放数据的核心利益主体的行为进行约束，以保障普通民众的隐私信息安全，进而通过隐私保护增进公民对政府的信任度，激发公民对开放数据的内在参与动机，推动开放政府的建立。

2. 数字政府测绘计划

2020 年 9 月，美国发布了《数字政府测绘计划》（*Digital Government Mapping Project*）。

新一代数字技术推动了公共机构系统层面的改革，开发模块化、开源技术平台可以解决公共部门面临的诸多挑战。该计划遵循“数字政府堆栈”[①]

① 数字“堆栈”的概念来自计算机世界。软件堆栈是一组独立的软件组件，它们一起工作以完成特定的任务。例如，发送电子邮件需要不同的软件来编写消息、连接到网络、传输数据，并最终为读者提供消息。

（digital government stack）的概念框架，确定了数字政府的三个基础层：数字身份、数据管理和数字支付。它们为税收、公共福利、资产跟踪、土地所有权、公民参与、采购和公共登记在内的应用服务提供基础支撑，并促进了政府服务的提供，如图 4-2 所示。

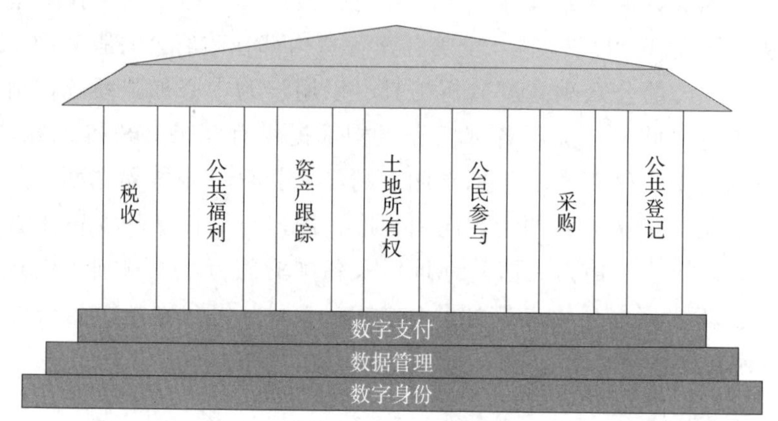

图 4-2　数字政府蓝图

构建数字政府平台没有单一的公式，但一套通用的原则有助于构建成功的数字政府平台。该计划追踪了全球各个国家数字政府平台建设，总结出建设数字政府平台应遵循的十大原则：模块化、开源、伦理设计、多方利益相关者共同治理、数据的用户所有权、互操作性、以用户为中心的设计、数字公正、恢复力建设及高、低数字能力设计。

（1）模块化。模块化平台可以重新组合，以满足潜在的需求和机会。越小的模块越容易创建且创建成本更低，解决方案可以随着环境的变化重新组合和优化。

（2）开源。开源可以帮助政府合作开发一流的解决方案，以最小的成本使其他社区受益。开源开发允许社会公民监督政府实施的系统，并指出设计缺陷、安全风险以及对隐私和公民权利的威胁。

（3）伦理设计。政府有责任保护本国公民的利益，包括在部署数字政府平台时优先考虑隐私。与政府使用制衡手段防止滥用权力来执行政策一样，公共部门技术系统也必须防止恶意行为者损害系统用户的利益。

（4）多方利益相关者共同治理。分散控制技术系统增加了治理的复杂性，但也提供了防止潜在滥用风险的关键保障。保护公民利益不能由政府一方承担，多方利益相关者应积极参与监督审查，在部署技术系统之前检查算法偏差、识别安全风险以及预判其他意外后果。

（5）数据的用户所有权。将用户置于公共数据架构的中心，可以让用户在敏感的个人信息使用方面拥有更多的自主权。政府在利用数字平台赋能公共服务时，也应该帮助公民将其个人数据控制在自己手中。

（6）互操作性。如果将数字平台组合成一套完整的系统，创造出一个大于各部分和的整体，那么数字系统的功能将更加强大。如果各国政府采用共同的标准和数据可移植性协议，它们将有助于开发更广泛的互操作平台，以实现公共价值。

（7）以用户为中心的设计。这将创建更具包容性的数字工具，并降低意外伤害的风险。决策者应该让用户参与数字平台的设计、测试和改进过程。以用户为中心的设计原则需要受到数字工具影响的社区和用户提供专业知识和意见，并将其纳入设计体系，以确保所有群体，特别是边缘群体，在如何开发和部署数字工具方面拥有发言权。

（8）数字公正。确保对数字工具使用不一的社区不会因数字化转型而落后。数字化转型有可能加剧数字边缘群体之间的不平等，在提供数字工具时，应将边缘群体的需求计划在内，增加公民获得服务的机会，确保所有社区都能从转型中受益。

（9）恢复力建设。新冠肺炎病毒使全球经济、医疗体系陷入危机，公共机构的自我修复能力面临重大挑战。数字平台不仅可以提高模拟服务的交付效率，还可以降低模拟系统出现故障的风险。

（10）高、低数字能力设计。新冠肺炎疫情表明，数字能力不一定遵循传统的发展指数。当决策者创造数字公共产品时，应确保解决方案能够适应不同背景、不同数字能力水平的工作。

该计划认为持续关注和投资在体制架构和融资机制上的创新是建立数字政府的重点。

在体制架构方面，纵观全球，成功部署数字政府平台的国家通常会设立一些专职机构，这些机构可以打破政府机构之间的数据孤岛，制定跨机构的数字战略，帮助政府官员了解数字技术的优点和风险，并提供相关人员配置，为部署下一代数字基础设施统筹协调资源、人才和战略。

在融资机制方面，数字平台的建设需要持续投资和反复改进，这就需要政府、高校、研究机构、金融机构等创新主体的广泛参与和合作，为数字基础设施的开发与部署提供资金和技术支撑。建立开放式数字生态系统和建立国际公私合作伙伴关系的早期投资，阐明了创新的融资模式应该如何可持续地为数字政府平台提供资金支持。例如，受到公共和慈善基金资助平台投资的数字身份平台 Aadhaar 与 MOSIP 在初始开发和运营后，通过向企业收取费用获取收益（赛博研究院，2020）。

4.1.2 新加坡：全球首个智慧国家

新加坡是世界上率先提出“政府信息化”的国家之一，致力于建设全球第一个智慧国家。2020 年 IMD 智慧城市指数排名（IMD Smart City Index 2019）中，新加坡被评为全球“最智慧”城市。随着 1980 年《国家计算机计划》的发布，新加坡走上了对数字政府的探索之路。随后的 40 余年中，新加坡政府先后经历了信息技术普及、国家科技计划、电子政务行动计划、智慧国计划四个阶段，见表 4-1。

表 4-1 新加坡数字政府建设历程

阶段	战略规划	目标
信息技术普及 （1980—1990 年）	《国家计算机计划（1980—1985）》 《国家 IT 计划（1986—1991）》	信息技术提升公共服务能力 一站式政务服务
国家科技计划 （1990—2000 年）	《国家科技计划（1991—2000）》 《IT200 智慧岛计划（1992—1999）》	建设智慧岛
电子政务行动计划 （2000—2006 年）	*e-Government Action Plan* Ⅰ *e-Government Action Plan* Ⅱ 《信息通信 21 世纪计划》 《新加坡计划》	实现整体型政府
智慧国计划 （2006—2020 年）	《智慧国 2015 计划》 《智慧国 2025 计划》	“大数据治国”、以公民为中心的智慧国家

第一阶段：1980—1990 年，先后制定了《国家计算机计划（1980—1985）》《国家 IT 计划（1986—1991）》等战略规划，推行政府无纸化、自动化办公，旨在以信息技术提升政府的工作效率及公共服务能力，并达到一站式政务服务的目标。计算机计划为后来的智慧国计划奠定了坚实的基础，IT 计划实现了政府部门之间的互联互通和数据共享。

第二阶段：在信息技术得到广泛应用的基础上，制定了《国家科技计划（1991—2000）》《IT200 智慧岛计划（1992—1999）》，旨在解决“信息孤岛”问题。同时，新加坡政府于 1996 年宣布实施《覆盖全国的高速宽带多媒体网络计划（Singapore One）》，公民可通过多媒体网络平台享受高速且可交互的网上信息服务，该计划奠定了新加坡在数字时代的重要地位。

第三阶段：第一个电子政务行动计划，于 2000 年颁布，3 年后推出新一代计划，电子政务行动计划勾勒出了未来几年政府数字化转型的美好愿景。在这一阶段，《信息通信 21 世纪计划》《新加坡计划》等战略规划相继出台，在 IT 资源整合和应用方面持续发力，进一步提升了新加坡政府的国际影响力。

第四阶段：《智慧国 2015 计划》是新加坡政府推出的一个为期 10 年的信息通信产业发展蓝图，实现了整体型政府的建设目标，旨在将新加坡打造成一个全球化的智慧国家。随着“2015 计划”在 2014 年提前达成目标，新加坡紧接着提出智慧国计划升级版——《智慧国 2025 计划》，该计划秉持“大数据治国”理念，通过大数据技术为公民提供及时且优质的公共服务，是全球首个政府统筹的智慧国家发展蓝图。

1. 新加坡智慧国建设相关实践

围绕智慧国计划，新加坡政府秉持“大数据治国”、以公民为中心的理念，在顶层设计、数据治理、社会和公民参与等领域开展了若干创新实践，推进新加坡整体型数字政府建设。

1）顶层设计

新加坡一直是以政府为主导的国家发展模式，自 20 世纪 80 年代发展电子政务至实行智慧国建设以来，其数字政府建设始终处于世界前列，与政府实时制定宏观战略规划并指导实施密不可分。在此期间，不仅出台了一系列数字政府建设的战略规划，勾勒出智慧国的美好蓝图，还制定了若干与数字政府建设相关的法律法规，如《电子交易法》《新加坡电子交易规则》《信息公开法》《滥用计算机法》等一系列法案，为电子政务的发展提供法律保障。与美国政府设立的 CIO 对标，新加坡政府建立信息化特派员制度，采用集中指导和分权的模式进行信息化管理，并着力解决数字政府建设过程中的组织壁垒问题。

2）数据治理

在数字时代，数据俨然成为一个国家创新发展的关键要素。纵观新加坡智慧国的整个建设历程，“大数据治国”已经贯穿其中。对于大数据的建设，新加坡政府通过成立政府技术局（GovTech）、开放机构与部门的数据集、建设数据中心项目等措施，推动政府大数据的开放与管理。在推动数据开放的同时，还重视公民的隐私保护与数据安全。新加坡政府在数字安全方面实施了若干政策措施，如在 2013 年实施的《个人资料保护法令》规定，企业在收集用户个人信息之前，必须先征求用户的意见，并解释原因。该法令在2017年进行了修订，允许企业在一定限制条件下，利用用户个人资料进行合理的商业活动。此外，新加坡政府还规定了公民在登录政府网站时，需要通过电子口令和手机密码的双重认证，加强了对公民隐私的保护。同时，新加坡政府设立了全国性的“谢绝来电”登记处（DNC），加大对泄露用户个人资料的企业的惩罚力度，为推动政府数字资源开放共享提供保障。

3）社会和公民参与

新加坡政府始终强调以公民为中心，计划建立一个政民互动、共同协作的整体政府。智慧国计划强调政府与民众、科研机构、私营部门的合作，鼓励社会和公民等多方力量携手合作，打造更多元、更便捷的政务服务。为此，新加坡政府通过制定总体战略规划、完善扶持政策等措施，积极培育骨干研究机构。公民是政府服务的对象，是建设智慧国的重要组成部分，新加坡政府不断通过新技术为公民打造便民服务平台，从OneMap、SOEasy、OneService、MyInfo到SingPass、CPF、NLB等一系列数字化服务平台，无不彰显新加坡政府以公民为中心的建设宗旨。新加坡政府成立了“全国对话会”与“民情联络组”，倾听公民心声并激发民众参与，促进政府和民众“共产”“共创”。同时，新加坡政府还通过在官方网站上推出虚拟助手、补充语种等方式优化政府网站，拓宽了公民电子参政议政的渠道，这一系列举措在一定程度上提高了政府透明度，改变了过去政府“包办一切”的思路。

2.《智慧国2025计划》

《智慧国2025计划》作为国家级发展计划，新加坡政府成立了智慧国家和数字政府办公室（SNDGO），并设置政府技术局作为执行机构，这两个部门一起统称为智慧国家和数字政府工作组（SNDGG），由总理办公室直接领导。智慧国家和数字政府办公室负责制订各类智慧国家项目计划、驱动政府数字化转型、培养公共部门的长期能力、推动公共领域和产业对数字化的利用与参与。政府技术局主要负责具体工作的执行和落实。

1）智慧国建设理念——3C

新加坡建设智慧国的理念核心可以用三个C来概括：连接（connect）、收集（collect）和理解（comprehend）。第一阶段以“连接”和“收集”为核心，“连接”的目标是提供一个安全、高速、经济且具有扩展性的全国通信基础设施。“收集”的目标则是通过遍布全国的传感器网络获取更精确、更全面的实时数据，并对重要的传感器数据进行匿名保护、管理以及适当进行分享。

第二阶段的理念是“理解”，是更加深入性的阶段，指通过对收集、获取的数据进行分析和整合，建立面向公众的有效分享机制，以更好地预测民众的需求，提供更好的服务。

新加坡政府深入贯彻“连接”理念，启动“无线 @ 新加坡”项目工程，实行 Wi-Fi 全国覆盖，政府通过 7 500 多个“热点”，为市民提供公共空间全覆盖、高速的无线上网服务。此外，新加坡政府还成立了公民联络中心（Citizen Connect Centre，CCC），为市民提供免费的上网设备。2017 年，公民联络中心对上网界面和上网工具进行优化与更新，让各类弱势群体也能便捷地获取服务。

收集数据并适当分享。新加坡政府呼吁市民在浴室中安装传感器，便于家人远距离监控老人是否安全。将对不同机构配置的传感器进行统一整合，在全国范围内安装统一的、综合性的传感器。从公共走廊、卫生间等公共场所的清洁到车辆运动等，这些传感器被用于监视各种情况，将这些收集来的信息用于更好地服务社会公众，打造一个“万物互联”的智慧国家，将整个国家连接在共享繁荣的模式之下。

“理解”理念的重点是信息的分析与整合。新加坡积极与阿里云合作，采用“大数据沙盒”、云计算的方式对技术进行实际环境应用监测，并逐步牵引、指导发展成熟的技术进入社会实境，从而顺利实现“数据惠民”的初衷。

2）智慧国建设原则——3In

智慧国建设的原则可以用 3In 来概括：创新（innovation）、整合（integration）、国际化（internationalization）。

新加坡智慧国建设的创新原则主要体现在建立完全以政府为主导的国家创新体系，政府成为推动科技发展与创新的主要力量，具体表现在：①架构完善的政府管理体系，成立由总理亲自领导的专门机构，整个国家的研发战略决策与指挥由总理亲自挂帅。②政府实时地提出新的宏观发展战略并指导实施。③政府在科技研发中投入了大量的、持续的资金。

为了更好地服务民众，新加坡的战略思想由电子政府转向整合政府，更加强调民众在电子政府中的参与度，强调政府的整合性、协同性能力。例如，在《智慧国 2015 计划》期间推出的 SOEasy 项目，旨在实现机构内部和各机构之间安全、流畅地协作，2016 年陆续推出的 OneMap、OneService 等数码服务，进一步加强了各部门之间的协调与合作，以及 2017 年发布的 MyInfo 一站式服务的政府网站，更是为整体政府的理念落实提供了重要平台。

新加坡政府在智慧国建设中一直坚持国际化原则，主要表现在：①实行中小微企业“走出去”战略，成立专门机构整合各类资源，大力扶持中小微企业走向国际化。例如，新加坡国际企业发展局（IE Singapore）每年拨款1 000万新元为走向国际化的企业提供免费服务。②与跨国公司开展合作，依据本国的经济发展特点对跨国公司的政策进行全方位调整。例如，设立研发基金鼓励跨国公司开展本土研发活动、通过国家科研机构向跨国公司学习前沿创新技术、加强本国企业与跨国公司的对接、利用跨国公司培养高素质人才、搭建科技信息网加强与跨国公司的沟通。③国际化的营商环境、发展环境吸引知名企业。新加坡在通信基础平台的助力下，政府与企业一起推出了诸如定点服务、设备检测、无现金支付系统等应用平台，这类平台在让市民享受便捷的同时，还吸引了类似 iScreener 在线平台、OFO 等产业项目。

3）智慧国建设框架

智慧国计划主要涉及健康、交通、城市问题的解决和金融、教育等主要领域的改革，为推动智慧国计划的实现，智慧国家和数字政府工作组提出的建设智慧国的总体框架分为两个基础、三大支柱、六类方案，如图 4-3 所示。通过打造坚实的数字化基础设施和广泛包容的国民文化作为智慧国家的基础，在此基础上构建数字经济、数字政府和数字社会三大支柱，最终落实六类智慧国家新方案。

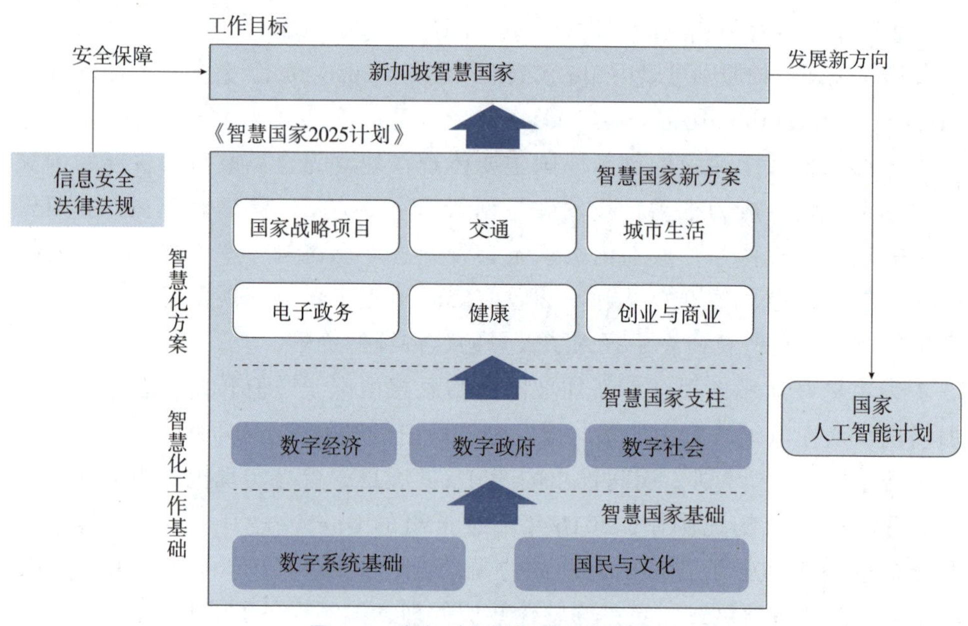

图 4-3　新加坡智慧国家总体框架

资料来源：cityif。

（1）两个基础。任何政府和社会的数字化改革都需要建立在数字化基础设施和国民文化的基础上。新加坡政府在数字化基础设施方面，统筹建设强力安全的网络基础以及超前布局下一代数字化基础设施；在培育广泛坚实的国民文化方面，确保每个公民都能受益于智慧国家，培养具有数字技能的高素质人才。

（2）三大支柱。政府在该领域配套发布了《数字经济行动框架》《数字政府蓝图》《数字化储备蓝图》等，体现了新加坡经济、政府和社会的整体性转型理念。其中数字经济主要实施加速产业数字化进程、整合数字生态系统、发展下一代数字产业三大策略；数字政府主要关注政府电子化、服务于市民和企业以及公共服务三个方面；数字社会则重点聚焦数字化素养、数字化可达性与参与性。

（3）六类方案。①国家战略项目方面，新加坡政府计划实施包括全国数字身份系统、电子支付、CODEX（基本运作、发展环境和数字信息交换）、跨机构政府服务平台 Moments of life、智慧国家感知网络、智慧城市出行等一系列国家数字战略项目实现智慧国的建设。②城市生活方面，布局水表自动读数使用服务、无人机调查、环境信息发布应用程序、市政服务应用程序、老年人智慧报警系统、智慧城镇、互动式 3D 建模数字平台等一批相关的智慧应用场景。③交通方面，布局自动驾驶汽车、无接触式付款功能、需求响应式接驳车、交通系统数据开放和分析等一批相关的创新应用。④健康方面的创新应用包括医疗辅助机器人、个人健康管理平台、“健康 365”、远程医疗技术等。⑤数字政府服务方面，包括技术支持团队 CentEx、房地产销售平台、数字政务服务平台、电子证书系统等一系列创新应用。⑥创业与商业方面，政企合作线上交易平台、数字创新项目办公室、金融科创沙盒、物联网贸易平台、新加坡数字特区等智慧创新平台和组织为新加坡维持了创业与商业的活力和竞争力。

4.1.3　英国：打造世界数字之都

英国是第一个实现工业革命的国家，是 19 世纪世界上最强大的国家。随着数字革命浪潮到来，英国紧抓数字经济发展机遇，积极打造“世界数字之都”，成为欧洲数字经济的“领头羊”，是“欧洲数字之都”。2009 年，英国发布《数字英国》，将数字化作为应对不确定性、重塑国家竞争力的重要战略举措，确立了以信息通信技术为核心的发展战略，以应对国际金融危机。此后几年，英国政府、英国议会、商业创新和技能部、数字文化传媒和体育部等各个部门纷纷出台数字经济相关战略，共同构成了英国的数字战略体系。2017 年，“脱欧”程序正式启动之时，英国政府发布《英国数字战略》，再次升级数字战略，提出了发展数字经济和全面推进数字化转型的七大战略。

英国在加快鼓励数字经济发展的同时，也十分注重通过立法来保障发展成果和公众的权益。1991 年，英国政府就在《公民宪章》中提出要实现行政部门的现代化。此后，英国政府便开始了电子政务、数字政府的建设之路。迄今为止，英国数字政府建设共经历了电子政务、现代化政府、数字政府、政府即平台四个阶段，见表 4–2。

表 4–2　英国数字政府建设历程

阶段	战略规划	目标
电子政务（1994—1998 年）	《直通政府》《电子政府：信息技术与公民》	运用 ICT 提升政府服务效率
现代化政府（1999—2011 年）	《政府现代化》《21 世纪电子政府服务》《政府直通车 2010 及以后：革命而不是进化》	全面实现电子政府
数字政府（2012—2014 年）	《数字政府战略》《数字包容战略》	首选数字化
政府即平台（2015—2020 年）	《政府转型战略 2017—2020》《数字服务标准》	数字服务化

第一阶段：1994 年，在欧盟出台的“欧洲通向信息社会之路”行动计划的影响下，英国政府建设了中央政府网站“OPEN.GOV.UK”，开始运用通信技术提高政府工作效率，提升服务质量。1996 年，英国政府发布《直通政府》（*Government Direct*）绿皮书，提出电子方式提供公共服务的七大原则。1998 年，科学技术办公室发布《电子政府：信息技术与公民》，提倡政府运用 ICT。

第二阶段：1999 年英国政府发布《政府现代化》，提出了 62 项承诺和希望 2008 年全面实现“电子政府”的美好愿景。2000 年，内阁办公室发布《21 世纪电子政府服务》战略，提出要从公民、机构、政策三大领域进行变革。2010 年，《政府直通车 2010 及以后：革命而不是进化》报告对政府数字服务进行评估，并针对政府网站出现的问题提出建议。此后，数字技术便成为英国电子政府建设的核心。

第三阶段：2012 年，《数字政府战略》的颁布标志着英国政府正式进入政府数字化转型阶段，该战略针对数字能力、在线服务覆盖范围、法律制度保障、技术四大类共提出了 13 项要求，其核心理念是“首选数字化”。其中，2013—2014 年间上线的新门户网站“GOV.UK”扩大了在线服务的覆盖范围，同时在每个部门设立数字领导者，并为解决人们上网的障碍发布了《数字包容战略》。

第四阶段：2015 年启动“数字政府即平台”计划，该计划以平台为基础提供政府公共服务。2017 年《政府转型战略 2017—2020》发布，核心理念由数字政府战略阶段“首选数字化”转变为“政府即平台”,该战略提出了三大转型、五大目标，改善公民与国家之间的关系，英国数字政府建设正在完成从“服务数字化”到“数字服务化”的转变。

1. 英国数字政府建设特点

英国政府的数字转型战略不仅仅局限于工具层面的信息化、数字化，而更多体现为理念层面、行为层面、制度层面的转型与发展。英国数字政府转型建设体现了以人为本的原则，体现出高度的灵活性和更强的包容性。

1）以人为本

英国政府数字服务局（GDS）秉持以公众为中心、共享、专业的服务三大主体，将原有的“Directgov”和“BusinessLink.gov.uk”两大网站整合为一个政府门户网站“GOV.UK”。该网站以用户需求为出发点整合了所有的政府服务和部门功能，并提供人性化的搜索引擎，公众可以按照需求快速、准确地找到相应项目。2013 年《数字服务标准》提出了政府创建和运行数字服务的统一标准，并于 2015 年、2017 年和 2019 年基于改善公民与国家的关系对服务标准进行完善。公务员同样是政府转型中面对的用户，英国政府通过提供先进的数字技术工具，以及面向公众和公务员提供完善的数字技能培训，为公务员创造了更加适应数字化的工作环境，进一步凸显政府以人为本的建设原则。《政府转型战略 2017—2020》指出，数字服务的使命就是要改善公民与国家之间的关系，将更多的权力交给公民并更好地满足公民的需要，同时改变政府服务模式，使政府本身成为一个数字化组织，为此首创性地提出了一个全新的理念，即“政府即平台”，这是一个面向公民的服务转型，让任何人在任何地点都可以获得高质量服务的计划。

2）高度的灵活性

数字时代提供的工具、技术和方法，能够帮助政府以更快的速度、更低的成本实现政府数字服务的优化组合，快速实现政策目标。通过设计和提供一站式、一体化的在线服务，在为公共部门开展更广泛的转型奠定基础的同时，还进一步拓宽了在线服务、电话服务和面对面服务等多种公共服务渠道。英国政府部门将构建标准化的数字服务，多渠道为民众提供可使用的公共服务，并通过不断更新技术实施准则和其他应用标准指南，替代原来落后的技术方案。同时，英国政府部门还将提供监测评估数字化转型进度的方法，建立跨政府部门的合作机制，以形成共同的语言、工具和技术体系。通过上述措施，英国政府将确保能够跨政府部门边界运行项目，能够以更加灵活的方式提供在线服务，从而在根本上改善政府数字服务的用户体验。

3）更强的包容性

英国政府部门在“GOV.UK”网站上建立具备高可靠性、高安全性以及高性能的在线服务。为了更好地满足用户需求，为企业和中介组织提供基于身份特征的服务选项，对需要通过使用政府应用程序接口的第三方用户给予支持，在政府内部和外部扩大 API 批量服务的范围。英国将基于共享机制和业务平台来组建在线服务功能，从而实现数字技术、业务流程和公务人员的有效组合。英国运用“GOV.UK”网站来实现跨政府部门边界的服务，包括第三方服务、地方政府服务和外包服务。英国政府终止与大型、单一的供应商开展合作，不再签订持续多年的 IT 项目合同，而是通过建立共享组件和平台，扩展正在使用平台的功能，提供更多的政府数字服务。通过制定和颁布组件、平台以及与功能相关的技术标准和实施指南，降低平台在政府公共部门复用的门槛，消除组件、平台和功能重复运用的障碍，并积极探索在中央政府以外可以重复使用的领域。

2. 英国数字战略

英国数字战略阐述了如何发展可以为每个人服务的世界领先的数字经济。该战略由连接、数字技能和包容性、数字经济、数字转型、网络空间、数字政府、数据经济七个部分构成。

1）连接战略——建设世界一流的数字基础设施

基础设施是社会赖以生存发展的物质条件，而数字基础设施是基础设施中的重要组成部分，是连接驱动生产力和创新发展不可或缺的工具，是数字国家的物质基础。

国家和社会群体的任何部分都应该有充分的连接，英国将实施普遍服务义务，使全国各地的个人、企业、公共场所都能有权利要求可负担的高速宽带连接。英国投资 10 亿英镑来加速下一代数字基础设施（包括全光纤和 5G）的发展和使用。同时，英国还将最大限度考虑到消费者的权益，确保宽带的广告准确表达能为广大客户提供的实际速度和技术，并且在火车等更多公共场所提供免费 Wi-Fi。

2）数字技能和包容性战略——培养每个人所需要的数字技能

在数字驱动的经济中，社会上的每个人都应该有能够不断发展的技能，使其能够得到更多机会、享受更高的实际工资。

战略要求政府支持每个公民去发展他们所需要的数字技能，并帮助所有企业利用数字创新产生相应的生产效益。政府需要确保英国缺乏核心数字技能的成年人免费获得所需的基本数字技能培训，确保因数字创新而受到影响的人员得到适当的帮助。战略还提出，从编码到网络方面，英国都需要强大的专业能力来支持技术行业，推动整个经济的生产力提升。为此，英国将在国家课程中提供编码课程，确保计算机科学领域的学生拥有数字经济所需的现实世界中的最新技能。为了帮助更多来自更广泛背景的年轻人考虑在技术方面的事业，英国将以新的方式支持国民服务局（NCS），将数字技能和职业纳入 NCS 计划中。

3）数字经济战略——构建数字业务开创和发展的最佳场所

数字经济作为工业战略的重要组成部分，也需要确定国家的优势并加以利用。英国一些企业群拥有强大的技术，是英国希望成为开创和发展数字业务最佳场所的基础。

为了将英国打造成开创和发展数字业务的最佳场所，英国需要遍布全国的不断发展的生态系统和强大的技术部门。英国已经在人工智能、网络安全、金融技术、游戏、虚拟现实等领域全球领先，融合了数字与创意的设计和广告领域也处于领先地位。政府项目正在支持英国物联网和自主车辆技术的发展，而健康技术和教育技术则为英国提供了尚未开发的经济机会，并有助于为公民提供世界一流的公共服务。

为了更好地发展，英国政府将与独立监管机构合作，鼓励创新友好型的监管，为采用新技术积极创造背景条件，并赋予它们民主合法性、给予它们世界领先的经营框架。

4）数字转型战略——推动英国企业实现数字转型

英国的全球竞争力将不仅取决于数字行业的发展，而且取决于在所有的业务中都使用最好的数字技术和数据来推动创新与生产力的发展。英国政府需要利用数字技术帮助所有企业都获取最强大的生产力和竞争力，在面临具体挑战的情况下，集中利用现有举措填补差距，以确保企业能够掌握数字技术的知识和手段。除了已经列举的技能和基础设施改进之外，英国政府拿出 1 300 万美元的资金用来创建一个以私营部门为主导的生产力委员会，适当使用数字技术来提高整个经济的生产力。

5）网络空间战略——创建安全可靠的网络空间

安全可靠的网络空间是包容、繁荣的数字经济的基本要求，它使人们有信心成为数字世界的一部分，并给予英国更显著的竞争优势。

为了保护国家的技术、数据和网络免受威胁，为了保护国家的企业和公民、保障公共服务，国家网络安全中心将为公司，特别是那些构成英国“关键国家基础设施”的公司，提供单一联系点。政府将采用主动网络防御的新方法，利用与国内互联网服务供应商合作的英国情报机构政府通信总部的技能、知识和技术专长，为英国网络空间提供新的保护。为了确保满足当前和未来需求的网络技能，政府将为有才华的学生提供国家课后项目、网络培训、学徒训练以及成人再培训等课程。

同时，英国政府意识到需要采取一些特别的行动来为儿童创造一个安全可靠的网络空间。为了防止儿童在线上接触有害的内容，政府将继续支持公司向所有宽带用户推出适合家庭使用的过滤器（The Rt Hon Karen Bradley MP，2017）。

6）数字政府战略——深入推进政府数字转型

从健康的个性化服务到为家中老年人提供安全照顾，再到教育方面进行量身定制的学习，数字化工具、技术和方案为英国政府提供了比以往更多的机会来改善公民依赖的重要公共服务。

虽然英国已经是数字政府的世界领先者，但政府还想走得更快、更好。2017年2月9日发布的新政府转型战略中提出，应该使用在线政府服务，即能够满足由多种每天使用的其他数字服务和工具提出的需求的服务，为英国的公民和企业提供更好、更连贯的服务体验。因此，英国政府将继续发展单一的跨政府平台服务，其中包括验证用户以及在平台上提供新服务。英国政府将以“政府平台”的理念为基础，确保最大限度地使用政府的平台和组件。政府将继续采用通用技术，确保在正确的地方建立硬件或基于云的软件，而不是建立不必要的具体项目。

政府和公共部门将继续利用数字化的潜力，大力提高公共服务的效率，以更低的成本为公民和服务用户提供更好的服务。例如，在教育方面，对计算机科学网络进行投资，帮助教师和学校领导人增强对技术的了解，从而解决这些学校面临的没有适当的数字化基础设施的问题；在运输方面，投资4.5亿欧元用于在铁路网上使用数字信号技术，从而使基础设施更加智能、更方便乘客；在警务工作中，使警务人员能够使用生物识别应用程序，将犯罪现场的指纹和 DNA（脱氧核糖核酸）进行匹配，从而将记录和警报的结果通过移动设备反馈给在犯罪现场的警官。

7）数据经济战略——加强数据保护和数据共享开放

作为创造可持续增长条件的一部分，英国政府将采取所需要的行动，使英国成为世界领先的数据驱动型经济体。在数据驱动型经济体中，数据能为每个人提供经济和社会机会，公民的数据可以被适当使用。

数据是一种全球性的商品。为了保持英国在数据革命的前列，英国在 2018 年 5 月前实施“一般数据保护条例”，为消费者及其数据提供共享和更高的保护标准。

4.1.4　欧盟：建设数字单一市场

欧盟数字经济发展分为三个阶段：第一阶段是成长期，以 1993 年出台的《成长、竞争力与就业白皮书》为代表，首次提出有关欧盟的社会信息化建设，重点是加快欧盟国家之间的信息基础设施建设。第二阶段为 2000 年开始的发展期，以《里斯本战略》的发布为代表，并提出了在 2010 年之前建设成为“以知识技能为核心基础，世界上最具有创造力、竞争力与活力的经济主体”。第三阶段则以 2010 年的“欧洲数字议程”及 2015 年的“数字单一市场”战略为标志。其中，“欧洲数字议程”提出了 7 种阻碍欧盟数字经济发展的因素，并通过建立数字市场、改进信息技术标准、增强网络信任安全、加强前沿技术开发等手段破除当前发展障碍；“数字单一市场”则是为了打破欧盟国家之间的数字壁垒，以解决数字版权、IT 安全及数字保护等领域的法律纠纷问题。

2016 年，欧盟针对传统产业的数字化转型发布了《欧洲产业数字化规划》，以加强欧盟成员国之间的战略层面合作，包括建设泛欧数字创新枢纽网络、开展 PPP 融资以及制定信息标准和监管框架等。

1.《数字单一市场战略》的基本内容

2015 年，欧盟委员会出台《数字单一市场战略》，力图打造统一的数字商品、服务和资本市场，加强数字领域互联互通，以推动技术能力发展来保障网络安全。

1）提供更好的数字商品和服务

统一全欧电子商务规则，欧盟委员会出台网上购物新规定，规范各国网上交易规则，引导各国修订相关法律，缩小国家间规定的差异，最终实现数字商品服务自由流通。例如，根据互联网发展状况修订《消费者保护合作规定》，建立健全网购商品的保护机制。制定《电信行业规则框架》，将服务运营、互联网服务及消费者保护相结合，使电信行业形成规模化的单一市场。取消欧盟内跨境移动通信及数据漫游费用。统一管理欧洲无线电频段。修订《卫星和有线电视条令》《音视频媒体服务条令》，促进音视频在全欧跨境传播。

2）推动数字技术发展

在大数据技术方面，欧盟启动“数据自由流动”计划，利用大数据消除数据流动在技术和法律层面的障碍，并明晰了数据所有权和数据流动的责任分配；为促进云计算技术发展，实施“欧盟‘云’协议”，细化云服务供应商资格审定、合同权利、服务商间合作等方面的规定。此外，欧盟实施制定《电子政府行动计划2016—2020》、创建“单一数字网关”及统一接入端口、推行“一次原则”，即公民向欧盟任意一国申报信息后，其他国家政府机关需要相关数据时可以上网查询，不需要公民重复申报等措施，以加快完善电子政务管理。

3）创造良好的发展环境

降低互联网企业税负。欧盟将修订并简化增值税法律法规，对处于起步阶段的欧盟网络企业实行税收优惠，简化税收规则，在全欧推广“数字产品增值税单次申报缴纳机制”，即数字产品生产商可以在产地一次性申报及缴纳增值税，不需要在多个销售地缴税，减轻企业负担。同时，欧盟以外国家向欧盟网售时，不再享受免运费增值税优惠，以此增强欧盟企业竞争力；出台快递业法规，引入竞争机制，推动运费透明和整体下降。推动知识产权管理现代化，便利数字产品在境外注册版权，便于其在生产国以外使用和流通。在已经付费的前提下，允许用户跨境下载使用音视频产品。

网络平台的健康发展，是创造良好发展环境的核心问题。欧盟将对网络平台加大评估力度、监管力度，将网络平台纳入《欧盟竞争法》管理范围，设立欧盟网络平台圆桌会议机制，敦促各国进行网络平台合作，重点保护数据安全。此外，欧盟将出台相关提案，提高数据安全监督标准，以应对国际网络攻击及互联互通带来的网络安全挑战；建立“网络安全公私伙伴关系”，通过公共部门和企业合作推动网络安全技术防范水平的提升；修订《数据隐私条令》，在提升数据安全性的同时保护个人隐私。

4）最大化经济增长潜力

增加数字产业投资，使欧洲数字经济的增长潜力最大化。欧洲结构与投资基金（ESIF）已筹集214亿欧元，用于基础设施、科研项目及支持创新型中小企业项目；欧洲战略投资基金（EFSI）将支持相关项目，特别是创新型企业的风险投资；欧洲投资银行、欧洲投资基金（EIF）也将提供融资支持。此外，欧盟将出台《欧洲风险资本基金条例》等规范，促进创新型企业获得融资机会（董一凡等人，2016）。

2．“欧式”数字治理理念

争夺数字经济先发优势是数字时代大国参与国际博弈的战略选择，是新一轮科技革命和产业变革的大势所趋。欧盟作为当前数字经济的引领者，一方面加速数字市场一体化建设；另一方面通过数字经济国际合作，确立“欧式”数字治理理念的引领地位。

1）重视个人隐私数据保护，完善数据治理框架

欧盟于 2018 年出台《通用数据保护条例》（GDPR），对域内个人数据保护提出高标准且严格的治理规则。该条例将个人数据定义为与已识别或可识别的“自然人”相关的任何信息，遵循数据保护优于数据自由流动的原则，无论数据控制者是否在欧盟境内设立实体机构，只要其数据处理行为涉及欧盟公民信息就需要受到 GDPR 管辖。GDPR 根据数据敏感程度，明确界定了一般个人数据和敏感个人数据。针对一般个人数据，允许数据在成员国之间自由流动，非成员国需要通过获得 GDPR 授权认证、与欧盟签订数据保护相关条款或规则等方式获取数据。敏感个人数据的跨境传输需要数据主体明确同意，若该数据用于犯罪侦查、维护重大公共安全或国家利益需求，也被允许跨境传输。除以上情况，GDPR 原则上严格限制敏感个人数据的跨境传输。

2019 年，欧盟宣布实施《非个人数据自由流动条例》及其实施指南，旨在促进境内非个人数据自由流动，完善数据治理框架。该条例将非个人数据定义为与已识别或可识别的“自然人”无关的任何数据，如匿名数据等，适用于为欧盟境内用户提供的数据处理服务，无论数据供应商是否在境内设立实体机构。条例允许非个人数据在境内自由流动，明确禁止非个人数据本地化处理（于晓等人，2021）。

2）加速建设数字单一市场，打破数字市场壁垒

欧盟为打破域内数字市场壁垒，促进数字产业发展，推动数字单一市场建设，采取了积极有效的措施：①战略推动单一数据空间建设。2010 年发布《欧盟数字议程》、2015 年正式启动《数字单一市场战略》、2020 年出台《欧盟数据战略》，实施“开放数据指令”以提高公共行业高质量数据利用率。同

时，针对云服务建立统一的监管框架。②强化数据安全保护。GDPR 明确规定，域内数字企业在个人数据隐私保护方面只需遵守相关国际协议的合规要求，不得遵守第三国对数据单方面提出的要求。③实现全境一站式监管。《数字贸易战略》和 GDPR 等规定，欧盟境内企业所在地国家监管机构对企业数据活动的监管效力获得其他成员国认可，有效降低了跨国企业合规成本。（于晓等人，2021）

3）开展数字经济国际合作，确立引领地位

美国作为全球数字经济规则引领者，欧盟基于隐私保护原则积极开展数字经济国际合作，试图与美国弥合数字治理分歧。美国数字治理理念支持数据跨境自由流动，而欧盟坚持确保数据安全前提下实现数据跨境流动。为此，欧美进行了相关政策协调，如 2000 年达成的《安全港协议》，初步实现跨大西洋数据流动框架。同时，欧盟提议强化美欧技术领导地位，深化数字经济合作，针对人工智能、数字供应链及网络安全与信息共享等领域制定标准和采取措施，以合作应对新兴领域带来的挑战。此外，欧盟还联合美国和日本签署自贸协定及加强多边协调打造数字贸易联盟，以合作促进数字贸易与数字经济发展。

欧盟在全球范围内积极推广其数字治理理念，以期确立“欧式”理念的引领地位。目前，美国、日本、韩国、巴西、东南亚等国家和地区隐私保护立法方面均参照 GDPR 经验。印度《个人信息保护法案》、巴西《一般数据保护法》（LGPD）、泰国《个人数据保护法》（PDPA）以及美国《加利福尼亚州消费者隐私法》（CCPA）等法案均较大程度参考了 GDPR 规则。

4.1.5 日本：发展互联工业，建设超智能社会

2016 年，日本受德国提出的“工业 4.0”的影响，率先提出了“社会 5.0”（Society 5.0）的全新概念，它是继美国《先进制造业合作伙伴关系 2.0》及中国《中国制造 2025》等制造业革命之后推出的国家工业和社会发展新战略，旨在最大限度利用信息通信技术应对现代社会面临的挑战，实现虚拟空间与现实空间高度融合，建设“超智能社会”。日本政府注意到，工业革命进程与社会结构变迁直接相关。无论是“工业 4.0”还是“中国制造 2025”都是从工业制造的角度出发。日本认为，工业制造的最终目的是服务于社会与人类，未来的国家科技发展应着眼于服务社会，超智能社会应立足建筑、社会服务、医疗、农业等领域，实现技术与经济社会的融合。

1．“超智能社会”构想的基本内容

日本政府出台的第五期《科学技术基本计划》中明确指出，“超智能社会”以网络空间与物理空间的技术高度融合为基础，人与机器人、人工智能共存，可超越地域、年龄、性别和语言等限制，针对诸多细节与多样化潜在需求及时地提供相对应的产品和服务，是能够实现发展经济与解决社会问题相协调的社会形态，也是能够满足人们对高生活品质的需求、以人为中心的社会形态。“超智能社会”是一个庞大的体系，如图 4-4 所示。要实现“超智能社会”，从战略、制度、人才等方面加快推进产业竞争力建设，加速实现虚拟空间和现实空间的技术高度融合，需先行推进知识产权与国际标准化战略、制度改革与提升社会认同感以及推进工作能力开发和人才培养三项措施，而后以人工智能、大数据处理和网络安全等基础技术为支撑，建设包括地理信息、卫星观测、能源供给、医疗、地球环境信息等资源的数据库，在此基础上开发建设能源价值链平台、地球环境信息平台、统一材料开发平台及高等级公路交通系统等 11 个社会服务系统平台，为日本民众提供绿色、泛在、优质、高效的信息化服务。（朱启超等人，2018）

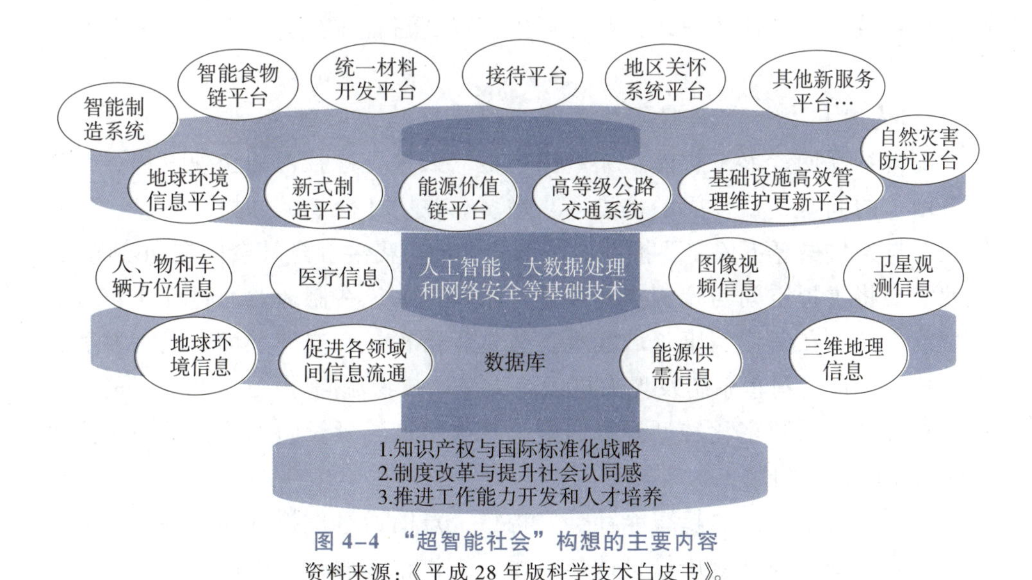

图 4-4　“超智能社会”构想的主要内容

资料来源：《平成 28 年版科学技术白皮书》。

1）指导理念：以人为本

“超智能社会”倡导“以人为本”，其核心理念是提高人类生活质量，不仅专注提高科学技术能力，还着重实现一些特定的社会目标。人工智能、大

数据和机器人等数字技术或数字设备要围绕人展开行动、提供工作支持及满足人的需要。在“超智能社会”中，社会各种需求能被精细掌控，为人们精准地提供必要的产品和服务；同时，也使人从烦琐和不熟悉的工作环境中释放出来，确保每个人都过上完整、全方位的高品质生活。

2）主要目标是创造新服务和新价值

在“超智能社会”中，人工智能通过分析由物理空间传感器传输到网络空间的大量信息，将分析结果以各种形式反馈给处于物理空间的人们，给产业和社会带来了迄今为止无法实现的新价值。由于人工智能创新带来的新价值，地域、年龄、性别、语言等差异将逐步消失，“超智能社会”将对不同群体及其潜在需求可以作出精细回应。

具体而言，随着物联网及传感器技术的迅猛发展，获取个人信息、物品使用情况等“真实数据”变得轻而易举，而这些数据的收集、存储和利用也将成为创造新价值的源泉。企业可以在小幅度增加成本以满足消费者个性化需求的同时提升生产效率。为了满足消费者的个性化需求，企业首先需要获取消费者的第一手真实数据，然后将数据反馈给设计研发人员，通过改进产品使服务价值最大化，最后回归到消费者，获取反馈的数据，完成从数据到产品再到数据的良性循环，在此循环中完成“超智能社会”提出的创造新价值的目标。

3）支撑技术：虚拟空间技术与现实空间技术的融合

随着物联网、人工智能、大数据与机器人等先进技术的快速发展，实现经济增长的同时，社会问题也进一步增多。在“社会5.0”时代，人工智能、物联网与大数据等不仅需要推动经济增长，同时需要促进社会问题同步解决，这就需要将虚拟空间与现实空间互联互融。例如，在制造业通过虚实整合实现智能生产；在医疗健康领域实现在线远程看诊；在交通层面，大力发展无人自驾车、自动刹车系统及无人机以解决交通与物流问题；运用大数据技术，实现传统产业的数字化转型升级，解决精准生产、延长附加价值链与生产力停滞带来的社会问题。

总之，日本实施“超智能社会”构想，意图通过虚拟空间与现实空间的技术融合，最大限度应用信息通信技术，提供精准服务，解决社会问题，实现一个更富裕、更有活力的社会。

“超智能社会”弥补了信息社会没有共享知识和信息的缺陷，通过物联网连接所有人和事以共享各种知识与信息，打破了传统信息停滞困局，鼓励共享并充分尊重每个人的积极作用。

2. “超智能社会”建设的重点领域

“超智能社会”是继狩猎社会、农耕社会、工业社会、信息社会之后又一新的社会形态，也是未来全球社会的发展方向。日本政府在建设“超智能社会”所涉及的医疗健康、交通运输、金融科技等重点领域实施了一系列具体措施。

1）医疗健康

日本利用大数据、人工智能等数字技术，实施整合全国保健医疗信息网络、建设保健医疗数据平台等措施。医生和患者均可以在该信息网络上浏览患者体检信息、就诊信息以及物联网设备使用信息，而保健医疗数据平台将个人信息与健康、医疗、护理等大数据结合起来加以分析，主要用于医学研究者、保险业者等群体进行科学研究。

2）交通运输

为了缓解少子老龄化趋势所导致的劳动力不足问题，降低交通事故的发生率，维持交通、物流网络的正常运行，日本“政府、民间推进数据灵活运用战略会议”推出《官民智能交通系统构想路线图 2017》，确立了推进无人驾驶相关核心技术的国家发展战略，鼓励发展无人交通工具和自动驾驶辅助装置。无人驾驶技术不仅能保障老年人和肢体残障人士的出行安全，还可用于物流服务。无人驾驶技术主要用于卡车的长途运输，通过在卡车上安装控制系统，实现无人智能运输。小型自动运输车和无人机则主要用于中短距离的小批量配送。

3）金融科技

日本政府积极推广以区块链为代表的高新技术在金融领域的应用。金融厅、银行积极和金融科技企业及相关机构合作，推行电子债券交易，修改《分期付款零售法》，开放应用程序接口，推广电子票据，简化金融手续、减免交易费用，普及金融电子数据交换（EDI）的标准化，修改法律以支持私人部门扩大投资，构建健康有序的金融生态系统等。日本还将举办以金融科技为主题的国际学术研讨会等活动，力争主导区块链技术领域的国际话语权，并与英国、新加坡等国的金融机构就金融科技开展合作。

4.2　国外数字治理实践与我国的比较

国外推进数字治理的做法与我国现阶段相似，我国在顶层设计、机制改革、技术推动等方面高歌猛进，为政府开展数字治理奠定了坚实基础。同时，在推进政府数字化转型过程中，面临数字鸿沟、信息孤岛、数字资源的整合和共享等问题，西方发达国家与我国做法类似。因此，将各国的数字治理实践与我国实践进行对比分析，可为后文得出相关经验启示提供依据。

4.2.1 顶层设计：战略引领政府数字化转型

近年来，发达国家重视制定符合本国国情的数字化发展战略，以顺应大数据与政府数字化转型的发展趋势，便于公众获取更为便捷、高效和高质量的公共服务。根据《2020联合国电子政务调查报告》对193个联合国成员国的调查，有151个国家目前制定了数字化战略，123个国家制定了数字化安全战略。纵观国际电子政务发展实践，将政府数字化转型与国家发展战略融为一体，通过电子政务的创新发展促进服务型政府建设，提升公共服务效能，创新政府管理方式，实现经济社会的可持续发展已成为世界各国政府的普遍共识。报告提出，政府数字化转型从根本上讲是将治理转型和创新作为一个国家总体发展战略与追求可持续发展的一部分，许多国家已经进行了机构改革，以更好地支持数字政府建设。美国自信息高速公路计划开始，先后发布了《电子政务战略》《数字政府：构建一个21世纪平台以更好地服务美国人民》等战略规划，致力于为公民提供可以在任何地点、任何时间、通过任何设备获取的数字政府服务。新加坡政府始终秉持"大数据治国"理念，从企业、政府和公民三大建设主体入手，先后发布《智慧国2015计划》和《智慧国2025计划》，致力实现整体性、协作性政府目标，为公众提供优质便捷的公共服务。英国出台的《政府转型战略2017—2020》提出"政府即平台"计划，就如何推进政府数字化转型列出了重点关注的7个内容，这一系列举措助推英国数字政府建设取得显著成效。

由于国情不同，我国与西方发达国家在数字政府建设的顶层设计与实践探索方面存在着差异，而当前我国某些地方政府的数字化转型先行探索已走在了发达国家前面。中央层面，党的十八大以来，数字政府建设规划陆续出台。如在2016年《国家信息化发展战略纲要》《"十三五"国家信息化规划》中提出，以信息化推进国家治理体系和治理能力现代化。2018年，习近平总书记在全国网络安全和信息化工作会议上指出，要加快推进电子政务，构建全流程一体化在线服务平台，更好解决企业和群众反映强烈的办事难、办事慢、办事繁的问题。2019年，党的十九届四中全会首次提出"推进数字政府建设"。2020年，党的十九届五中全会再次强调数字政府是数字化发展的三大支柱（数字经济、数字社会、数字政府）之一。地方层面，2018 年广西发布《广西推进数字政府建设三年行动计划（2018—2020 年）》，提出基础设施建设、数据资源共享、“互联网 + 政务服务”、宏观决策大数据应用、数字化市场监管、数字化自然资源监管、数字化生态环境治理七项具体建设任务。随后，广东、浙江等省份也陆续发布数字政府建设规划并启动建设工作。截至 2020 年底，已有至少 9 个省级行政区域形成专门的数字政府建设方案，另有若干省份发布数字化转型或数字经济发展规划，其中提及数字政府建设要求（中国信息通信研究院，2021）。

4.2.2　机制改革：专门机构对接数字政府建设

在战略之下，许多国家也进行了机构改革，设立对接数字政府建设相关工作的专门机构，以更好地支持政府数字化转型。《2020 联合国电子政务调查报告》显示，在 193 个联合国成员国中，有 145 个国家设有首席信息官或类似职位。例如，美国在白宫管理与预算办公室设立了首席信息官的职位，负责领导和监督整个联邦政府的 IT 支出，推动跨层级的信息共享和业务协同。新加坡建设数字政府的战略之所以能落地执行，主要归功于资讯通信管理局（IDA）、首席信息官、政府首席资讯办公室（GCIO）三大权威机构的密切配合，在此基础上又建立了“政府信息化特派员制度”，形成了完备且高效的治理体系和运行机制。英国内阁办公室专设的数字服务小组，负责制定数字服务标准、搭建数字技术共享平台和门户网站、辅助支持民众、督促各部门发布数字战略并总结实施成效等数字化相关工作，形成强有力的政府数字化转型推进机制。

目前，国内大多数省份选择成立独立的大数据管理部门。据统计，截至 2020 年底，已有至少 19 个省级行政区域设立了大数据管理机构。该机构一般为政府直属机构、部门管理机构或事业单位，通过重组相关部门职能、在原有职能部门增加职责或加挂牌子三种模式组建，主要关注宏观战略规划和促进数字产业发展，但整合政府数据资源方面较为不足。在系统开展数字政府建设的省份，还成立了数字政府建设领导小组，由省级领导或大数据管理部门牵头统筹，协调各部门开展建设工作。例如，广东省设立数字政府改革建设工作领导小组，由省政务服务数据管理局牵头统筹，各地各部门建立主要领导负责制，确立“全省一盘棋”的工作推进机制。此外，还设有数字政府改革建设专家委员会，对数字政府改革建设工作的顶层设计和总体规划，以及技术层面的设计、论证、指导、评估等方面提供咨询和建议，提升决策科学化水平（中国信息通信研究院，2021）。

4.2.3 建设模式：依托企业力量实施管运分离

打造各主体相互协同、良性互动的治理生态是实现治理能力现代化的重要内容，因此更强调去中心及多主体参与。政府数字化转型中，企业始终扮演着重要的角色。一方面，企业掌握成熟的数字技术、前沿科技创新成果，能够通过公私合作伙伴关系、购买服务等方式向政府输送数字化基础设施、数字化运营能力、数字技术人才等，协助推进政府数字化转型进程；另一方面，企业作为政府重要治理和服务对象，能够通过意见表达、议程参与等方式影响政府治理理念，推动组织流程变革和政社关系重塑（中国信息通信研究院，2021）。

美国许多州已经利用公私合作伙伴关系的模式，鼓励政企合作，采用信息技术“外包”模式将数字政府涉及的部分公共服务或项目外包给互联网巨头公司，如微软（Microsoft）、亚马逊（Amazon）、脸书（Facebook）以及谷歌（Google）等知名互联网企业，这类企业能在规定时间内为政府提供优质的信息技术服务，不仅提升了政务效率，也提供了安全可靠的解决方案。同时,这种模式也为这些互联网巨头公司提供了商业机会,有助于实现使用“无成本”契约模式来进行公私合作。

从国内各地实践来看，企业已成为各地政府进行数字政府运营的普遍选择。例如，广东省成立数字广东网络建设有限公司（以下简称数字广东），负责全省数字政府建设运营。广东省政务服务数据管理局和数字广东分工负责“管”“运”两方面职责。浙江、贵州、河南、广西、山西等省份也都采取了这种模式，由主管政府部门保留数字政府顶层设计、法规制度、督查评估等管理职能，平台建设、日常维护等运营职责则由数字企业负责。“管运分离”模式与美国的公私合作伙伴关系模式类似，既解决了政府技术人员匮乏、技术手段落后等问题，加速了政府数字化转型进程，同时也催生了一大批数字经济产业、壮大了数字产业化。

4.2.4 技术推动：技术进步驱动治理实践的发展

人类正在走进一个以互联网、大数据和人工智能为基本特征的数字时代。“三者共同构成了新的社会时代。互联网描述人类社会乃至与物理社会广泛连接的状态，大数据描述新的社会状态下的内容形态和数字本位状态，人工智能则描述了新的社会创造物和广泛的机器介入的社会状态。”（何哲，2016）20 世纪 40 年代，计算机和存储器的推广，宣告信息时代正式开启。20 世纪 50 年代，网络技术迅速升级，网络时代到来。20 世纪 60 年代，芯片、激光和通信技术获得突破性发展，为互联网络、数据处理和智能机器奠定了坚实的基础。20 世纪 90 年代，互联网开始普及。进入 21 世纪，传感器、云存储、新型通信技术等新兴技术的开发，标志大数据时代随即到来。最近 10 年，人工智能领域的跨越式发展让人始料未及，如数据处理能力的大幅提升、超级运算技术的广泛应用、新式算法的横空出世等。所有的一切都预示着：一个全新的人工智能时代即将到来（庞金友，2020）。

在美国、英国数字治理的历史演进过程中，从电子政务到数字政府，实质上是通过技术手段实现传统公共行政到现代公共治理转变的一种新手段和新的政策工具。为了提升政府政策制定、科学决策、公共服务供给的科学化与智能化水平，提供高质量的公共服务，各国通过多种方式抢占技术发展与应用的制高点。美国运用区块链、大数据等数字技术，研发落地涵盖交通、旅游、教育、医疗等多领域的在线服务平台；新加坡更是不断进行技术创新，以公民为中心开发出了诸多便民服务的数字化项目；英国则主要体现在技术工具对门户网站的建设与优化。

党的十九届四中全会指出，要更加重视运用人工智能、互联网、大数据等现代信息技术手段提升治理能力和治理现代化水平。2017 年，杭州市上线城市大脑交通平台，以人工智能辅助交通治堵为突破口，开启“用数据研判、用数据决策、用数据治理”的城市治理新模式。苏州借助 5G、无人机技术推进“智慧水利”工程，实现对辖区河湖的智能监管，焕新生态治理新模式。此外，国内多地利用大数据平台赋能各行业市场监管，实现对新经济、新业态“放得开、管得住”，有效提升了行业监管效能。

在数字政府的建设过程中，信息技术的引入将在很大程度上重塑政府和社会的关系，中国也应加强政府的智能化建设，提升政府智能治理能力。秉持开放、多元与共享的大数据治理理念，积极进行政府组织模式与运行流程的变革，推动政府行政层级优化与政府组织扁平化，为政务数据的及时有效传递提供保障。加大政府在人工智能、区块链、云计算等领域的人才储备力度，探索与企业、科研机构等共同进行技术研发创新的合作机制。注重人工智能技术伦理问题的审查。人工智能面临从弱人工智能向强人工智能、超人工智能的转变，人类社会可能面临成为超人工智能技术附庸的风险。因此，我国数字政府建设要明确各级政府及工作人员应用人工智能技术的具体职责，防范智能政府治理中的纯技术导向问题，在人工智能技术研判结果与政府工作人员主观能动性相结合的基础上进行科学决策。

4.2.5 数字鸿沟

数字鸿沟是指在全球数字化进程中，不同国家、地区、行业、企业、社区之间，对信息、网络技术的拥有程度、应用程度以及创新能力的差别而造成的信息落差及贫富进一步两极分化的趋势。数字鸿沟现象存在于国与国、地区与地区、产业与产业、社会阶层与社会阶层之间，已经渗透到人们的经济、政治和社会生活当中，成为信息时代凸显的主要社会问题（石磊，2009）。

20 世纪 90 年代末，美国国家远程通信和信息管理局（NTIA）“填平数字鸿沟”工作小组的研究报告指出，美国拥有计算机和接入互联网的人数骤增，数字鸿沟现象日益凸显。因此，从克林顿政府起，便号召与要求弥合数字鸿沟。政府呼吁全社会支持和配合，通过配备地方信息化基础设施、新建社区技术中心、发展贫困偏僻的农村网络、提供各阶层信息技术培训和就业等方式填平数字鸿沟。要做到填平数字鸿沟，重要的是政府与社会的携手合作，各私营企业、民权组织、基金会、慈善机构通过捐赠软件、提供培训服务等方式积极响应政府号召。政府则通过政策杠杆予以调控，如将互联网接入和电子商务的免税期延长 5 年，暂缓对互联网接入费用征税，鼓励私营企业与政府合作；政府筹款资助偏远地区人民接入互联网。

欧盟非常重视成员国之间的数字鸿沟问题，出台一系列引导政策，尽可能缩小成员国之间的差距。例如，欧盟委员会发布《宽带欧洲》以加速推动互联网、5G 等网络基础设施建设；《创建数字社会》中提出以构建智慧城市的方式，加速提升政府治理能力，并提升成员国的整体数字化技能。

在中国，数字鸿沟已不仅仅是一个技术问题，而是正在成为一个社会问题。2020 年 11 月，国务院印发关于切实解决老年人运用智能技术困难实施方案的通知，要求各部门聚焦涉及老年人的高频事项和服务场景，切实解决老年人在运用智能技术方面遇到的突出困难。同时，交通行业将持续提升交通服务水平，推进实行“刷脸”进站，解决老年人出行的数字鸿沟问题。2021 年 3 月，《上海市养老服务条例》提出，通过开展智能手机应用培训和帮办服务，帮助老年人提升运用智能技术的水平，让更多老年人成功跨越数字鸿沟。

4.2.6 信息孤岛

“信息孤岛”是一个普遍存在的问题，指相互之间在功能上不关联互助、信息不共享互换以及信息与业务流程和应用相互脱节的计算机应用系统。在信息化发展的初级阶段，一味地追求“实用快上”的目标必然会导致“信息孤岛”的产生。政府机关之间达到信息互联互通、资源共享，最终实现网上政务协同，使社会大众真正享受到一站式办公服务，才能消除“信息孤岛”的问题，电子政务才能跨过初级阶段得到持续发展。同时，政府与民众之间也亟须加强信息沟通，社会信息资源需要公开，政府公共信息需要透明。

欧盟修改《欧盟互通性框架》，统筹各成员国数据库建设，实现数据跨界共享，避免出现“信息孤岛”。新加坡政府为解决信息孤岛问题，制定《国家科技计划（1991—2000）》《IT200 智慧岛计划（1992—1999）》。英国为了快速实现“政府现代化”，开始大力推进政府门户网站建设。英国中央政府网站在 2006 年已经“膨胀”到 900 多个，而且各地政府网站建设比较分散，“信息孤岛”在所难免。为此，英国政府对政府网站启动了集约化工作，整合所有网站及其服务，创建单一政府门户网站“GOV.UK”。该网站提供了部分地方政府服务的链接，但某些领域的在线服务依然只能在地方政府网站上找到。因此，尽管英国中央政府网站的集约化领先于世界各国，但并没有实现完全集约化。

虽然我国的信息化经过二十几年的发展，已建设起上百个不同种类的信息系统，但是对于电子政务至关重要的互动交流和网上办事功能却处于落后状态。用户在办理一件事情时可能涉及多个部门，各个部门的政务信息系统都是分散、异构、封闭的，各自为政、缺少连接和沟通，互相之间不能信息共享，各部门信息处于一种割裂状态，形成了一个个“信息孤岛”。2016 年 9 月，国务院印发《政务信息资源共享管理暂行办法》，旨在打破“信息孤岛”。该办法对信息共享的权利和义务、范围和责任进行了明晰和界定，同时强化了对信息共享工作的管理、协调、评价和监督并要求建立信息资源目录制度，将有效解决“不敢、不愿、不会共享”等问题。同年 12 月 7 日，国务院常务会议通过了《“十三五”国家信息化规划》。规划重点指出打破“信息孤岛”，构建统一高效、互联互通、安全可靠的数据资源体系，打通各部门信息系统，推动信息跨部门、跨层级共享共用。

4.2.7 数据资源的整合和共享

国外信息产业起步较早，政府数据资源建设成就显著，但也造成了信息中心泛滥、资源分散等问题，在政府数字化转型过程中普遍出现数据整合和共享的问题。各国纷纷利用云技术，进一步推进数据资源整合。

美国联邦政府综合服务管理局（General Services Administration，GSA）的电子邮件系统向云计算平台迁移，减少了17个冗余数据中心，节省了1 500万美元。新加坡政府面对电子政府发展的数据瓶颈，提出了“客户只需提供或更新其个人信息一次，该系统即可在机构之间完成数据交换和信息共享集成服务，实现单点接入和无缝、迅速的服务”的要求。新加坡政府成立了“数据中心委员会”，确定了市民数据中心、土地数据中心和组织机构数据中心的建设，并明确了数据中心的职责：制定公共标准、格式及采集数据的既定方法；为数据交换与共享提供平台；审查和批准数据收集方式；传播有关数据保护处理和程序的信息。

为推进数据资源的整合和共享，2018年，国务院办公厅主办、国务院办公厅电子政务办公室负责运行维护的国家政务服务平台开始试运行，形成了全国一体化政务服务平台，为跨地区、跨部门和跨层级的信息共享与业务协同提供了基础支撑。2019年4月26日，《国务院关于在线政务服务的若干规定》开始施行，为线上服务创新提供了制度保障。但是，跨组织的数据共享和业务协同仍然面临许多体制障碍，还需要加快打通“最后一公里”。例如，一些政务服务大厅看似在前台实现了一窗受理，但是在后台仍然是部门分立和相互割裂的。再如，证照电子化仅在少数省份和城市开通，省际互认仍然面临制度性障碍，亟待建立跨地区、跨部门共享和全国互信互任的电子证照共享服务系统。

4.3 国外数字治理对我国的经验启示

从全球发展来看，人类社会的数字化转型是时代潮流、大势所趋，数字治理将成为各国治理能力竞争的核心指标。从我国来看，政府的数字化转型将成为整个经济社会数字化转型的关键。政府应当顺应并引领这一潮流，加快推进数字政府建设，助力数字时代国家治理体系和治理能力现代化的实现。

4.3.1　坚持以人民为中心推进数字治理

莎士比亚说“城市即人”，数字政府、智慧城市的实质是以人为本的城市，其最终落脚点是为城市中的人们创造更美好的生活，提升他们的幸福感、获得感和满意度。作为政府，要明确服务型政府的角色定位，以便民、利民、惠民为导向，使各项功能贴近用户需求，将人民对美好生活的向往作为奋斗目标，做到民众有需求，政府有回应。

以公民为中心是美国、新加坡、英国等发达国家建设数字政府始终秉持的理念。数字政府公共服务供给的侧重点从满足政府自身政策需要转向回应公众实际需求，利用数字技术为公民提供精准化服务，提升公共服务质量。如美国围绕用户需求加强绩效评估；新加坡政府提出通过建设覆盖全岛的数据收集、连接和分析的基础设施平台，根据所获数据预测公民需求，以提供更好的公共服务；英国从用户角度出发上线“GOV.UK”网站，整合各部门的服务功能。

人民始终是数字化治理的根本着力点，我国幅员辽阔，城市众多，各地文化历史、地理区位、资源禀赋不同，政府部门要因地制宜，探索适合不同城市的发展路径。可鼓励公众积极参与，切实为人民谋福利，为数字治理奠定坚实的群众基础。智慧城市的建设要从民众的需求出发，充分结合教育、医疗卫生、交通出行、文化休闲等公民日常需求，持续拓展数字政务服务项目，始终秉持“以服务对象为中心”的服务理念，注重推进基础智能应用的推广与普及，以群众的需求为导向建设普惠化的智慧城市，让民众都能共享智慧城市所带来的便捷。同时，利用新媒体平台加大对数字治理的宣传力度，提升公民网上办事的知晓度，使政务服务触手可及，提供一周 7 天、一天 24 小时的全天候服务，全方位实现“一网通办”，提升民众的参与度、满意度和获得感。最后，开通网络监督、咨询与举报通道，畅通民众参与渠道，也是提高民众参与积极性的有利途径。

数字政府建设的宗旨是使公民或企业在同政府打交道时不掺杂私人关系，使政民互动建立在正式制度和规则的基础上。公民作为用户使用数字政府的意愿和能力还需要加强，否则数字政府建设所取得的成效将大打折扣。政府进一步加强对政务服务 App 功能、下载与使用方式的宣传，让更多群众知晓和使用政务服务 App 就显得尤为重要。在加强宣传的同时，要不断地优化政务服务建设，以提高公众的满意度为着力点，带动使用率的提高。

4.3.2 数据开放破除“数据孤岛”

在互联网时代背景下，数据已经逐渐成为一个国家发展的关键性基础资源，加快推进政府数据开放，是建设数字政府必不可少的关键一招。随着处理复杂数据集的技术能力不断提高，数据集可以为决策者提供更好的洞察力和预见性，并使电子服务更高效、更可靠、更包容，尤其是在实现复杂的可持续发展目标方面，数据将发挥更大作用。随着政府数据的急剧增加，以及人们对其巨大潜力及随之而来的挑战和风险的认识不断提高，对有效数据治理需求变得更加迫切。

为了满足公众日益增长的对政府开放数据的需求，打造阳光、透明与廉洁政府，世界各国积极探索从信息公开逐步转向数据开放。2009年，美国颁布《开放政府指令》，明确透明、参与、协同三大政府数据开放原则。美国通过整合已经公开的数据，建立政府数据公开网站，涉及六大板块以及多项服务。美国纽约市的“DataBridge”、洛杉矶的“LAOpenData”和全美数据统合平台“Data.Gov”等跨层级数据平台，为激活用户参与带来积极影响。新加坡出台《整合政府2010》，将各部门的信息数据汇集至“Data.gov.sg”网站，为用户提供政府机构、关键字、过滤选项等多种数据查询方法，并在该网站上设立了“开发者专区”，使用户能够享用政府提供的API等资源工具。英国为推进政府数据开放设立了数据战略委员会、公共数据集团、开放数据研究所等组织机构，同时开发“Data.gov.uk”一站式数据开放平台。英国地方政府通过政企研合作，主导“人工智能实验室与开放数据研究所建立‘数据信托’实验点”，促进多集团参与和共享开放数据。

当前，我国政务信息资源共享取得突破性进展，政务信息整合和共享工作基本实现“网络通、数据通”的阶段性目标。公共信息资源开放有效展开，全国多个地区建立了公共信息资源开放平台，开放数据的规模大幅度拓展。在做好平台对接的基础上，推动垂直业务系统与全国一体化政务服务平台对接、各地区各部门业务受理系统和内部审批系统与全国一体化政务服务平台实现对接和互联互通等。以业务需求为导向，加快建立高效的数据共享协调机制，全面梳理数据共享供给需求，更好地满足各地区各部门普遍性高频政务服务事项的数据共享需求，为全国政务服务“一网通办”提供更有力支撑。坚持“联网通办是原则，孤网是例外”的原则，深入推进“用户通、系统通、数据通、证照通、业务通”一体化的“五通”建设，着力破除“数据孤岛”，以数据共享和协同治理支撑系统性、整体性、协同性的一体化服务模式。加快政府数据开放进程，继续扩大政府公共数据资源开放范围，提高开放数据的质量，为社会公众提供有效供给，加快政务数据资源开发利用，助力政府决策科学化、公共服务高效化、社会治理精准化。

4.3.3　绩效评估加快数字政府建设步伐

对数字政府的建设水平进行评估，以此加快政府数字化转型步伐。要发挥绩效评价的指挥作用，以评促建、以评促改，引导政府各级各部门充分重视数字政府建设的薄弱环节和关键问题，并对症下药，解决问题。绩效评价也有利于明确数字政府建设的领先组织和标杆项目，为其他政府部门学习效仿和复制推广提供参考依据。

美国联邦政府通过年度绩效评估推动全体政府数字化转型，引入数字分析项目和客户管理理念，衡量政府业绩和公众满意度来提高政府的服务质量，每周对 4 000 多个网站和 400 个行政部门进行绩效评价，并将结果向全社会公开发布，有效推动了政府数字服务的开发和交付。英国政府为确保所有服务都符合统一要求，分别在服务上线前后对其进行评估。上线前由数字服务局负责，数字服务的提供方应在规定时间内完成答辩，通过评估的服务才可在“GOV.UK”上线，否则需要修改后重新评估直到评估通过。上线后评估即为绩效考核，要求对使用者满意度指标每月测量一次，服务成本、完成率、数字吸纳度以及个性化指标等其他指标至少每季度测量一次，并将考核结果汇报到一个开放的绩效数据平台。

我国在国家治理体系和治理能力现代化的总框架下，随着数字政府建设的持续推进，在各项投入源源不断地流向数字政府硬件和软件的同时，其产出价值也急需科学评估。“十三五”期间，数字政府建设实践在全国各地如火如荼地进行，但有关数字政府绩效评估的研究还处于起步阶段，还存在诸多有待完善的地方。目前，国内数字政府绩效评估主要以评估政府网站为主，以政府网站作为评估重点。然而，政府网站并不能完全涵盖数字政府，导致评估内容单一，无法真实反映数字政府建设的价值全貌。在评估方法上，专注于投资回报、成本降低等经济效益措施，而忽略了政治目标和社会目标。

针对各级数字政府建设状况，多家研究机构进行了评估和排名，其中包括中国软件评测中心发布的《政府网站绩效评估报告》、清华大学国家治理研究院发布的《中国政府网站绩效评估报告》、电子科技大学发布的《中国地方政府互联网服务能力发展报告》、南京大学发布的《电子政务服务能力指数报告》等。在对数字政府进行评估时，特别需要关注经济性、功能性、安全性、适应力等维度。但是，目前的数字政府评估主要关注功能性，而对其他维度重视不够。这些评估都是从政务服务的供给侧进行客观专业评估，但却缺少来自用户的需求侧主观测评，使评估的完整性和全面性受到挑战。与此同时，这些评估都侧重于对外部的电子政务特征进行评估，而没有评估内部的信息系统整合和运行，也无法为数字政府建设提供足够有益的启示。

4.3.4 人才培养增强数字政府建设软实力

重视数字人才培养是各国建设数字政府的关键性举措。美国在《国家人工智能研究和发展战略计划》中提出了更好地了解国家 AI 研发人力需求战略，认为在研发领域拥有强大实力的国家在未来的发展中也必将占据领先地位，而技术专家在其中发挥着重要作用。美国为解决 AI 领域的专业人才不断增长的缺口，提出要了解国家 AI 研发人才的需求数据，测算 AI 人才的供应量和需求量，并制订合理的计划。新加坡 2019 年发起 Tech Skills Accelerator（TESA）和“媒体人力计划”，旨在培养一支面向未来且熟练的通信技术队伍，营造一个持续性的信息通信媒体生态。同时推出了“Artificial Intelligence for Industries（ai4i）”和“Artificial Intelligence for Everyone（ai4e）”两个国家级项目，推进人工智能人才的培养。英国政府侧重培养人工智能领域的专业研发人才，提出要打造世界上数字化程度最高的公务员群体。2014 年，工作与退休金部（DWP）启动数字学院，提供跨政府部门的技能培训。

无论是数字经济发展、数字政府建设，还是智慧城市的推进，都涉及提升政府、企业和公民的数字技能。目前，我国高校陆续成立人工智能学院，建立人工智能学科体系，培养人工智能人才，但人才需求缺口仍然较大。此外，建设数字政府、智慧城市，并非局限于技术领域的发展，还需要结合公共管理、城市管理、经济管理等多元化的人才体系建设，同时提高全社会的数字素养。

案例讨论：全球数字治理发展动向

本章小结

本章梳理了美国、新加坡、英国、欧盟、日本等国家和组织推进数字治理的政策措施及相关实践，简单介绍了美国数字政府测绘计划、新加坡智慧国计划、英国数字战略、欧盟《数字单一市场战略》以及日本超智能社会，对比分析了我国与他国在顶层设计、机制改革、建设模式、技术推动等方面推出的一系列政策措施，以及如何解决推进数字治理过程中面临的数字鸿沟、信息孤岛、数据资源的整合和共享等问题，归纳总结出国外数字治理对我国的经验启示。

即测即练

复习思考题

1. 美国建设数字政府的原则有哪些？
2. 简述智慧国建设计划。
3. 英国数字战略包括哪些内容？
4. 简述《数字单一市场战略》的基本内容。
5. 简述“超智能社会”的基本内容。
6. 什么是数字鸿沟、信息孤岛？为解决数字鸿沟和信息孤岛问题，国内外都采取了哪些举措？
7. 通过对国外数字治理的学习，思考我国应从哪些方面推进数字治理。

第 5 章 数字治理的推进路径与发展趋势

学习目标

1. 熟悉我国数字治理的推进路径。

2. 了解我国未来数字治理的发展方向。

3. 了解智慧城市的发展趋势。

思政目标

1. 培养学员民族自豪感，激发学员对祖国的热爱，进行爱国主义思想教育。

2. 渗透社会主义核心价值观，弘扬主旋律，传播正能量。

3. 加强新发展理念，把“创新、协调、绿色、开放、共享”的五大发展理念融入课程教学，引导学员树立科学的社会发展观和人生发展观。

思维导图

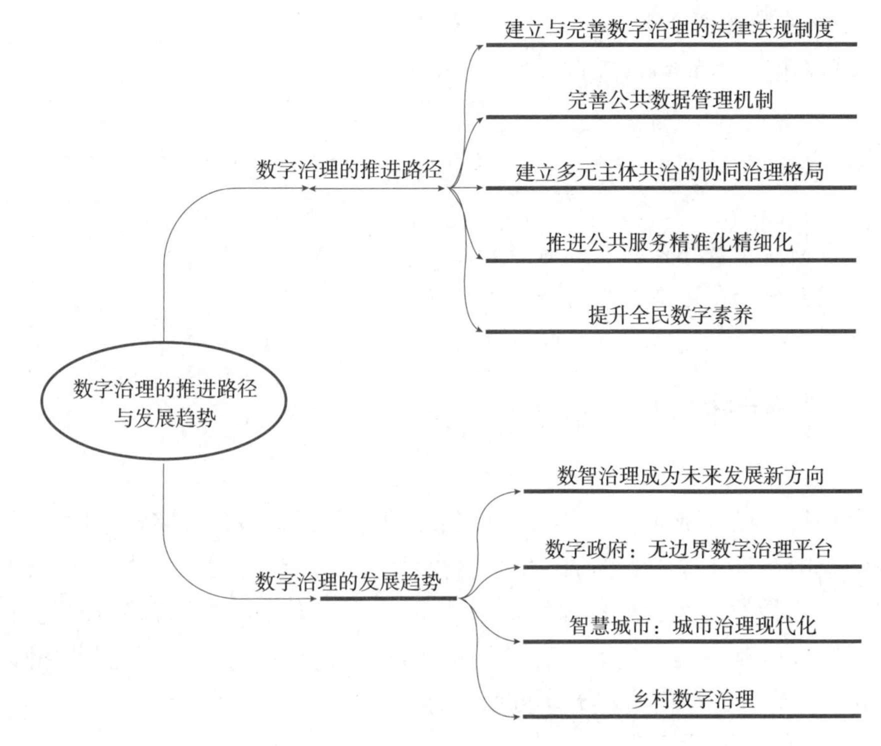

导入案例

智慧城市应用依靠多种ICT技术一体化协同发展，政府、行业、企业等社会主体共同参与建设。同时，这带动上下游产业相互融合，催生更多的新技术、新业态、新场景、新应用，通过探索这些商业应用场景，促进F5G+应用的进一步深化与进化，构筑更大的生态系统平台，将最具确定性的极致网络体验带到更广泛的应用领域中，为每个用户带来前所未有的高品质沉浸式体验，加速千行百业的数字化转型，促进千兆产业的持续健康发展。

以F5G+数字政府的应用场景为例。广东移动建设城市全光专网，助力“智慧中山”打造政务网、城市视频网、城市物联网、工业互联网“四网一体，统一管理”的智慧城市一张网，连接万家政企、万路视频、十万物联终端、十万工业互联，满足差异化业务需求，实现城市治理精细化，打造中型“智慧城市”样板。天津市政务云，建设了骨干带宽高达8个T的“一张网”，改变了原来需要建设多张通信网络，承载多种通信业务的传统建网方式，通过光智能切片的OTN全光承载网，满足全市400多个部门的网络互通和低时延、高带宽等通信要求，实现了一虚多通信网络的统一，支撑了年均流转各类文件约75万件和视频会议200余次的政务需要。

资料来源：《全光智慧城市白皮书》。

思考题

1. 案例对于数字治理有什么经验启示？

2. 联系实际，思考如何打造中国特色的智慧城市。

5.1 数字治理的推进路径

数字技术已经成为推动社会治理创新的核心驱动力，数字治理的推进对于推动我国治理体系和治理能力现代化至关重要。针对我国目前数字治理的现状以及面临的现实困境，加快推进数字治理可以从法制法规建设、完善公共数据管理机制、建立多元主体共治的协同治理格局、推进公共服务精准化精细化和提升公民数字素养五个方面进行。

5.1.1 建立与完善数字治理的法律法规制度

“法者，治之端也。”社会治理“不仅是一个技术问题，而且是一个涉及复杂制度变革过程的问题，我们应该承认其政治性质和社会技术治理的吸引力”。数字治理作为一种全新的治理范式，现有的法律法规制度体系已经跟不上其发展的脚步。推进数字治理的法制化，不仅是提升政府治理水平的内在需求，也是完善我国数字治理体系的根本保障。为摆脱数字时代所面临的各种治理困境、应对各种突发风险，提升数字治理的能力，加强数字立法，完善相关法律法规制度体系，夯实数字治理的法治基础，树牢数字治理思维，构建起一套高效、实用、可操作性强的数字治理法律法规制度体系迫在眉睫。

1. 建立统一规范的数字治理体系

构建适应数字经济社会需要的治理体系，需要政府部门从数字中国建设的全局出发，把握未来改革发展趋势，顺应时代潮流，以更好地服务和管理公众为导向，以效率提升、功能完善为主旨，健全数字治理的法律制度环境。国家和相关政府部门应当结合数字治理探索过程中的成功实践来制定一套具有约束力、规范性和可操作性的法律法规体系。政府要做好数字治理的顶层设计和总体规划，结合我国当前的数字化水平、各主体参与程度、各地区治理现代化进程等，对数字治理进行统筹规划（陈万球等人，2021），构建起中央、省、市、县、乡、村级数字政府建设结构体系，做到职责清晰、权责明确，特别是村一级要建成为民服务的电子政务系统，让最基层的群众能够就近办理相关业务。建立统一的数字治理标准体系，做到文件格式互认互通、数据共享、上下联动、跨区域协调。让数据多跑路，群众少跑腿（彭志刚，2021）。

2. 构建开放的监督评价体系

监督评价社会治理绩效是考核数字治理能力和水平的重要举措。随着数字治理模式不断推进和深入，关于政务和公共服务的评价内容较多涉及财政投入、服务产出和民众抽象化满意度等方面，而在公共服务组织运作过程、手段、方式、流程等组织内容上存在欠缺。在当前数字治理大背景下，要想基于精细化理念的视角，构建一套开放的监督评价体系，不仅要在新时代背景下丰富考核内容，兼容精细化的数字治理理念和内容，还要考虑到多元主体多样化监督评价，根据评价的主体不同进行相对应的调整，针对不同地域条件、不同宗旨、不同发展愿景、不同服务受众群体对象的服务个性化评价，形成社会监督、媒体监督、公众监督合力。建立健全全方位、多层次、立体化、多主体共同参与的监督评价体系，实现事前事中事后全链条全领域全方位多主体监督。

3. 建立健全数字安全保障体系

从政策法规、技术标准、能力建设等方面全方位建立健全新技术应用的安全保障体系。采用安全可靠的数字产品和服务，完善数据管控、属性管理、身份识别、行为追溯、设置黑名单等管理措施，增强防篡改、防泄露、防攻击、防病毒等安全防护能力。坚持积极利用、科学发展、依法管理、确保安全的方针，积极防范安全风险，一手抓发展，一手抓安全，两手同步推进（宋灵恩，2021）。强化对信息数据流动和利用的监管进行立法，保障信息安全，加大对国家、商业、个人隐私和知识产权的保护力度；高度重视政府网站、审批业务系统、公共服务平台等与群众信息安全密切相关的网络系统，加强网络安全监管，特别是部门之间数据信息的采集、更新、共享以及群众信息安全保障，保证网络系统的安全、有效、可靠运行；加强技术保障和监测预警，积极构建网站安全技术防护体系，及时防范和应对意外事故和恶意攻击行为，为数字治理进程的有序推进提供良好安全保障（王少泉，2019）。

5.1.2 完善公共数据管理机制

数据是数字时代的核心和纽带。要实现数字治理，就要切实地实现跨层级、跨地域、跨系统、跨组织、跨业务的数据互联互通，在数据的采集、开放共享、流通的过程中需要建立与之相关的管理机制予以规范。

关于公共数据的范围界定，本书认为公共数据是指各级行政机关以及具有公共管理和服务职能的事业单位，在依法履行职责过程中获得的各类数据资源。公共数据是一种公共资源，按照萨缪尔森发表的《公共支出的纯粹理论》一文中的理解，公共物品是指“每个人对这种物品的消费，都不会导致其他人对该物品消费的减少”。公共资源是具有非排他性特征的公共物品，是“属于人类社会共享的自然资源与社会资源”，可以是有形的自然资源，如矿产、土地等，也可以是无形的社会资源，如科技、文化等。数据可以以极低的成本复制，在经济上具有较强的非竞争性，因此，公共数据也是公共资源的一种。公共数据作为可供公众使用的信息资源，在不妨害他人利用的情形下，公众可以按照公共数据的使用规则，依照目的性用途进行使用。

目前，公共数据的采集、开放、共享和管理规范还存在着很大的漏洞与不足，因此，完善公共数据管理机制是数字治理持续推进的首要课题。建立各个行政区域内部统一的公共数据资源平台和开放共享平台，构建公共数据采集规范，对所有公共数据实行集中统一管理，根据数据的开放和共享属性对外提供开放和共享服务，同时不断完善公共数据使用规范和个人隐私信息保护机制，为公共数据开放共享保驾护航。

1. 构建公共数据采集规范

数据采集是指从数据源得到原始数据，通过简易标准化处理，转化为满足大部分使用需求的过程。

针对公共数据的采集，各地通过立法对公共数据的采集作出了原则性的限制：①数据采集的目的限制，即数据采集须按照使用目的在目的范围内进行。②一数一源，不得重复采集，各公共数据持有者之间可以通过共享获得的数据，不得再向数据主体重复采集。③尊重数据主体意愿，信息主体对个人信息的使用享有同意、拒绝、删除等权利，在采集法定职责范围外的数据时应当征得数据主体的同意。

综合目前各示范性地方的法律以及公共数据的管理办法，本书认为构建公共数据采集规范可以从数据采集范围、数据采集的方式和方法、数据采集的安全三个方面来制定。

1）数据采集范围

公共管理服务机构应当按照法律、法规的规定和公共数据目录编制要求编制本单位公共数据目录，大数据行政主管部门负责目录汇总、审核，形成本行政区域统一的公共数据目录。公共管理服务机构应当按照法律、法规的规定，遵循合法、必要、适度原则，在公共数据的目录范围内采集数据，不得超过公共数据目录范围进行数据采集，并确保数据采集的准确性、完整性、时效性。各职能部门应当按照“一数一源、一源多用”的要求，实现全区公共数据的一次采集、共享使用。可以通过共享方式获得公共数据的，不得通过其他方式重复采集（无锡市人民政府，2020）。

2）数据采集的方式和方法

数据采集方式包括人工手动采集和系统自动采集。人工手动采集通过手动录入、介质拷贝、表格导入等人工录入方式获得数据。系统自动采集利用信息技术设备将信息转化为能满足系统接入要求的数据。随着信息技术的飞速发展，系统自动采集逐渐成为主流的数据采集方式，在不久的将来有望彻底取代人工手动采集，以节省人力、物力、财力，更加高效便捷。

数据采集方法有离线数据采集、实时数据采集、电子政务数据采集、互联网数据采集和其他数据采集。

离线数据采集是指对现有信息系统、数据库和网络中非实时的留存数据进行数据汇聚的一类数据采集方法。例如系统日志数据抽取、历史访问数据等。公共数据采集应具备对离线数据采集的功能。

实时数据采集是对信息系统、数据库和网络中实时数据进行数据汇聚的一类数据采集方法，实时数据采集主要用在考虑流处理的业务场景，如用于记录数据源的执行的各种操作活动、网络监控的实时流量记录与管理、金融应用的股票记账和 Web 服务器记录的用户访问行为等。

电子政务数据采集是指通过网络爬虫技术采集政府网站公开的数据，通过与相关部门合作，采用非嵌入式技术不定时采集政务内部系统数据的一种数据采集方法。其主要包括内部办公信息数据采集和政府网站公开信息数据采集，即包括跨部门的电子公文处理、电子资料交换、电子税务等数据采集。

互联网数据采集是对网页、App等的信息进行数据收集的一类数据采集方法，将非结构化数据从网页中抽取出来，将其存储为统一的本地数据文件，并以结构化的方式存储。该方法支持图片、音频、视频等文件或附件的采集，附件与正文可以自动关联。除了网络中包含的内容之外，对于网络流量的采集可以使用DPI或DFI等宽带管理技术进行处理（贵州省大数据发展促进会，2020）。

其他数据采集。公共数据采集应具备对其他数据采集的功能，对于企业生产经营数据或学科研究数据等保密性要求较高的数据，可以通过与企业或研究机构合作，使用特定系统接口等相关方式采集数据。

3）数据采集的安全

在数据采集的各个环节，为了不被非法冒充、窃取、篡改、抵赖，应对数据采集环境、设施和技术采取必要的安全管控措施，建立数据安全管理制度、应急事件处理机制、审查监督机制，以保障数据采集的安全，保证数据采集过程中个人信息和重要数据不被泄露；应使用数据安全相关技术以保障数据在采集过程中的安全，包括但不限于数据安全监测、安全审计、数字签名、数据加密等技术。其中数据安全监测指的是数据流量异常监测，安全审计指的是数据全流转记录。

其中能够对数据采集过程进行安全监测的方式，包括但不限于：①根据监测指令对流量数据进行监测，对发现的违法信息进行记录，违法信息监测发现形成监测日志，并及时上报。②根据过滤指令对流量数据进行监测，对发现的违法信息进行过滤处置，并进行记录，形成过滤日志，及时上报。③应支持对流量异常等状态进行监测，分析异常产生的原因。④应定期对监测和警报记录进行分析、评审，发现可疑行为，形成分析报告，并采取必要的应对措施。⑤应具备对超大流量数据的监测与过滤能力。

能够对采集的数据进行定位溯源的方式，包括但不限于：①建立数据资源定位溯源技术能力，能准确定位存在信息安全问题的应用或服务的源头，并保存相关记录，及时上报相关管理部门。②启用数据溯源机制，对非溯源数据进行警示。③出现问题之后可以立即启用溯源的技术手段，确保溯源的及时有效（贵州省大数据发展促进会，2020）。

2. 建立公共数据的有序开放共享机制

随着数字经济的发展，数字生活将成为未来公民生活的主要方式，由此，对于公共数据资源的充分使用成为公民生活的必备生存条件和利益诉求。

本书中所称公共数据开放，是指在公共数据范围内，公共管理和服务机构面向社会提供具备原始性、可机器读取、可供社会化再利用的数据集的公共服务。需要特别指出的是，政府数据开放是公共数据开放的重要组成部分。开放公共数据一般具有完整性、原始性、及时性、可获取性、机器可读性、非歧视性、非私有性、开放授权性的特点。通过公共数据开放，有助于提高政府透明度、公信力，提升公众获得感、参与度，激发社会化力量，更好地利用公共数据并发掘数据价值，完善数据要素市场化配置；通过对公共数据资源开发利用，有助于释放和提升公共数据资源价值，推动社会主体对开放数据的创新应用和价值挖掘，引导我国数字产业发展。

数据共享是确保数字治理有效实施的重要前提条件，数据共享能够保证民众对政务的参与度，有效疏通政府部门间的数据交流，改进政务流程，从而提升政府的服务能力和效率。本书所指的数据共享，是指公共管理服务机构因履行行政职责需要，无偿使用其他公共管理服务机构采集和产生的公共数据，或者为其他公共管理服务机构提供公共数据的行为。

公共数据开放是共享的基础和前提，共享是开放的目的和落脚点，二者相辅相成，互为表里，缺一不可。公共数据开放共享有助于推动传统政府向服务型政府转型过渡，助力数字政府对传统组织结构和权责体系的重塑，加速了政府部门间协同联动和服务型政府的建设。

要建立公共数据的有序开放共享机制，可以从建立政策法律保障机制、开创组织协作机制、完善平台建设机制来讨论。

1）建立政策法律保障机制

政策保障机制能够为公共数据开放共享提供法律保障与指导体系，主要以国家层面的法律政策为标杆，地方性政策文件以此为纲领，根据地方实际发展现状逐步下沉细化，构建以核心政策为指导，相关政策法规相配合的协同机制。

从宏观层面提供方向性指导，制定短期目标与长期规划，逐步加大公共数据开放共享力度，以应对社会治理过程中的问题。从微观层面，确立数据开放共享的责任主体与职责权限，确定权责归属，以部门为单位将数据开放共享落到实处；明确数据开放共享中的各个环节，制定数据采集、数据处理、数据标准、数据安全等方面的规范，如明确数据开放领域，将与民生密切相关、社会治理迫切需要、增值潜力较大的数据优先纳入开放范围；以核心政策指导，相关配套措施配合，形成自上而下的公共数据开放共享法制体系，保障公共数据从采集到开放共享再到公众获得智慧服务体验的全过程。

在公共数据开放的探索实践中，浙江省走在了全国前列。浙江省进行了全国首个省域公共数据开放立法，开启了公共数据开放的新时代。2020 年 6 月，浙江省发布《浙江省公共数据开放与安全管理暂行办法》，加快推动数据领域的立法，界定政务数据权属，对数据使用、数据开放、数据运营、数据授权、第三方开发利用等行为的合法性、合规性进行了统一规范。浙江省在公共数据开放立法上开创先河，摸索道路，为其他省份提供了借鉴的范式。

2）开创组织协作机制

公共数据开放的相关利益主体间的协作关乎公共数据是否能有序、持续地开放。组织协作机制包括政府部门间、政府与社会机构间、政府与民众间的合作协同机制。

（1）政府跨部门数据共享。传统的政府各部门之间存在数据壁垒，数据难以在部门间流通与共享，“数据孤岛”问题严重。因此，要打破部门之间的数据壁垒，需要做到：培养公务员的数据素养，深入贯彻落实“开放共享”理念；建立政府部门数据共享平台，打通部门间的数据壁垒，尤其要加强关联部门之间的联通，实现跨部门、跨层级、跨区域的数据共享，形成权责分明、目标一致、分工明确的多部门合作体系。另外，还需注重不同区域间的合作协同，促进多种类数据跨城市互联互通，发展智慧城市群，形成区域智慧协同一体化格局。

（2）鼓励社会机构参与。政府部门可以通过政策引导来鼓励社会机构依法开放自有数据，从而进一步实现不同来源的数据之间的互联互通，达到数据流动再增值的目的。围绕医疗、交通、资源环境、民生服务、应急系统等智慧城市建设重点应用场景，着重收集、整合、开放相关领域数据，为城市治理提供决策支持。北京在与社会机构协作方面提供了宝贵的实践经验，北京各政府部门通过政策引导，分别建立了行业数据库，整合各种社会经济数据，实时产生的各行业大数据，二、三维空间地理信息，为展现城市规划、建筑方案、地下管线等各种数据提供可能。

（3）公众驱动数据开放共享。政府可以通过数据开放平台收集和整合公众对数据开放共享的建议和需求，基于公众视角发现数字治理中遗漏采集的数据资源，创新拓展数据应用场景。我国各省区市陆续开展相关探索实践，如山东省市民在公共数据开放网上提交的“恳请上传全省污水处理厂进出水温、水量信息”“引导企事业单位公共数据资源的开放”“能否开放县级自然资源和规划局的基本农田数据情况”等数据需求为政府部门数据共享领域与开放范围提供了更为明确的完善方向。

3）完善平台建设机制

平台建设机制需要依据国家法律政策指导，依照政府部门规划，以国家统一的数据共享平台为核心，以地方公共数据开放共享平台为支点，建立协调平台内部建设规范、完善平台运行功能、支撑技术协同应用的良好运作机制，以推动城市范围内的数据安全流通、有效整合与再利用增值。

建立不同层级的公共数据平台。公共数据开放共享是国家建设和治理的基础，也是公民享受数字生活的前提条件。建立不同层级的公共数据平台以满足不同社会群体的不同需求，分别建立国家级、省级、市级的公共数据平台，各级人民政府按照职责分工建设公共数据平台、公共数据容灾备份中心等基础设施，数据使用者可以根据自身的数据需求登录不同数据平台获得公共数据。建立国家层级的数据开放平台能够打破城市、区域之间的数据壁垒，让数据自由流动，发挥整体优势，促进整体智治的建设。链接全国各省区市的数据开放平台及开放的数据集，并提供批量数据整合的技术工具，为各级政府部门提供尽可能丰富的数据领域。

加强现有数据开放共享平台建设。①尽可能提供多样的数据格式，提高数据的可用性与可获取性。如香港数据共享平台提供了 CSV、XLS、XLSX、XML、JSON、PDF、GIF、RSS、TIF、ICS、HTML 等多种数据格式，满足公众对于获取多样化数据的需求。②完善平台功能。公布数据目录、数据领域、数据部门、数据统计等基本信息，配备数据预览、数据接口、地理空间、数据可视化、互动交流等完备的平台功能，研发丰富智能的数据分析工具、数据搜索工具与数据可视化工具，方便公众查询、检索并分析城市数据。③依据平台使用体验适时更新功能并开发移动终端，不断优化平台服务。

4）建立公共数据分级分类开放管理机制

公共数据不应该笼统地进行开放，而应该按照其数据类型进行分类。各部门应全面梳理数据种类并编制数据清单，公共数据管理部门进一步梳理可开放数据，除了相关法规、文件要求不予开放的，其余应该列入公共数据开放清单，公共数据开放清单应当标注数据领域、数据摘要、数据项和数据格式等信息，明确数据的开放类型、开放条件和更新频率等。围绕金融普惠、交通出行、医疗健康等领域，编制公共数据开放清单，并进行不定期的更新。公共数据管理部门应当在市场经济信息化部门的指导下建立清单动态调整机制，对尚未开放的公共数据进行定期评估，及时更新公共数据开放清单，不断扩大公共数据的开放范围，以不断适应社会发展和民众的需求。

关于公共数据的分级分类开放，我国多个省份已经进入实践摸索阶段，制定了相应的法规，在实践探索中得到了宝贵的经验。可以参照《上海市普陀区公共数据管理办法》的分类，将公共数据按照开放类型分为无条件开放、有条件开放和非开放三类。涉及商业机密、个人隐私，或者法律、法规规定不得开放的公共数据，列入非开放类；对数据安全和处理能力要求较高、时效性较强或者需要持续获取的公共数据，列入有条件开放类；其他公共数据列为无条件开放类。

对于列入无条件开放类的公共数据，自然人、法人和非法人组织可以通过开放平台以数据下载或者接口调用的方式直接获取，不需要申请即可获取、使用或者传播该类数据。对于列入有条件开放类的公共数据，数据开放主体应当通过开放平台公布利用数据的技术能力和安全保障措施等条件，向符合条件的自然人、法人和非法人组织开放。公共数据开放管理部门应当通过平台公示开放条件，自然人、法人和其他组织通过开放平台向管理部门提交数据开放申请，并说明申请用途、应用场景和安全保障等信息，符合条件的可以获取公共数据。公共数据开放管理部门应当与符合条件的自然人、法人和非法人组织签订数据利用协议，明确数据利用的条件和具体要求，并按照协议约定通过数据下载、接口访问、数据沙箱等方式开放公共数据。数据利用协议示范文本应由市经济信息化部门、市大数据中心和公共数据开放管理部门统一制定。对于列入非开放类的公共数据，暂时不纳入开放范围。经数据脱敏处理后符合开放要求的，可将处理后的数据纳入无条件开放或有条件开放类（上海市普陀区人民政府，2020）。

3. 建立个人隐私信息保护机制

政府数据与城市运行中产生的海量数据不可避免地涉及公民、社会机构的隐私信息，这些信息一旦泄露，将侵犯到公民的隐私权，在很大程度上会影响社会稳定。数据共享与个人隐私保护之间存在矛盾和悖论。目前，对于个人隐私保护的认知和界定还尚待明确，现有法律法规尚未给予公开社交网络中个人数据足够的保护，越来越多的个人数据在没有明确界定隐私的情况下被收集和公开，这样极大地损害了公民的权利和利益。

平衡公共数据开放与个人隐私保护的利益冲突的主要思路是：完善公共数据开放隐私保护相关法律体系，挖掘隐私安全保护先进技术，加强数据流程审查管理，调动公共数据开放利益相关者参与积极性，提高公民隐私安全素养。

1）完善公共数据开放隐私保护相关法律体系

就目前来看，关于数据开放的法律文件中涉及个人隐私保护的条款少之又少，大多数隐私保护条款都散落在其他法律政策中，或者通过部分宪法条文对个人隐私权进行间接保护，操作性不强，规则笼统，缺乏具有针对性、系统性的法律法规，这就迫切需要通过专门立法与分散立法相结合的方式来规范个人隐私保护的法律，填补个人隐私保护法律中关于公共数据开放的个人隐私数据保护的空缺，完善个人隐私保护的法律法规，保护公民的隐私权不受侵犯。关于个人隐私数据保护的法律应包含以下几点：个人隐私数据的定义与范围；个人信息的收集、组织、处理、利用规范；政府数据开放、安全；个人数据归属权限界定；等等。

个人数据归属权是我国公民的合法权利，在公共数据开放访问过程中应强化政府相关部门对个人数据归属权的认可，帮助平台用户了解其具有自由获取、整理、修改、维权、诉讼等信息权利，并在隐私保护政策中明确用户数据归属权应尽的义务。另外，还需在隐私保护法律中引入司法救济制度，明确救济方式与范围，在公民隐私信息受到侵害时，能落实隐私侵权的责任主体，对侵权行为作出处罚问责。从多个角度促进隐私保护研究，使得在公共数据开放过程中，公民的个人隐私保护做到真正的有法可依。

2）挖掘隐私安全保护先进技术

公共数据开放离不开技术的支持，挖掘隐私安全保护先进技术，可以让隐私保护防患于未然。将隐私泄露风险关口前移，依靠技术保护，隐私主体可以实现自我控制和自我保护，许多学者开始进行信息熵、区块链、雾计算、数据沙箱等新兴技术的技术路径研究。

明确公共数据开放的优先顺序，确定敏感数据与非敏感数据的划分标准，并对其分级开放。同时，在平台协议内容的完整度上，需重视补充与完善用户权利和义务、用户信息收集、使用与存储、免责范围、服务终止事由、协议更新通知等方面内容，防止法律内容存在漏洞而引发风险。另外，还需要厘清数据开放方式、范围，对开发利用、安全治理、保障措施等方面作出明确规范，界定数据开放与信息公开对象、概念与形式边界，对隐私泄露、数据窃取、黑客攻击等行为进行有效规制。

需要特别注意，在开放脱敏数据时进行去标识化处理的技术与要求。政府机构应用大数据脱敏平台，对个人隐私进行脱敏或去标识化处理，并利用数据安全网关和数据溯源系统，配合自动化的数据加密、数字水印等，从而通过技术手段来防止数据泄露、篡改并可溯源。此外，还可通过应用加密、匿名化、联邦学习、差分隐私、多方安全计算等隐私保护的计算技术，使获取主体在不“占有”数据的情况下进行合作。

3）加强数据流程审查管理

数据流程管理是个人隐私数据保护的重要保障。数据流程管理主要围绕数据生命周期进行，在数据采集、整合、存储、开放、利用各个阶段应采取不同的管理措施，明确涉及组织机构、公众人员、信息平台的安全边界，利用先进的隐私技术，保护不同领域的用户隐私数据不受侵犯。

在数据采集环节，公众作为数据采集的对象依法享有知情权，因此相关机构在采集数据之前有义务向公众明确采集数据的使用目的、采集方式、数据类别、存储方式及适用范围等；在数据整合环节，需要划分数据类型并进行隐私风险分析，标明开放数据的隐私保护级别；在数据开放环节，可以采用脱敏技术对数据进行脱敏处理，同时明确公开数据的保留期限，以确保隐私数据的安全性和有效性；在数据利用环节，应明确界定数据的利用范围，评估潜在的数据隐私风险并做好防护准备，对技术实施人员、数据维护人员、大众用户的行为进行监测与审计，完善数据利用的授权与利用告知协议。以隐私技术为支撑，对数据流程各个阶段进行监控，保护隐私安全。

4）提高公民隐私安全素养

在公共数据开放过程中个人隐私保护实践工作的有效进行离不开政府以及社会相关机构的努力，更离不开隐私保护客体，即公民的积极配合。公民作为重要的参与者与利益相关者，其隐私安全素养是影响公共数据开放中个人隐私保护的关键因素，不仅影响自身对隐私价值感知、隐私泄露感知，还间接影响公民对隐私的保护意愿。也就是说，用户的安全素养越高，对个人信息的使用、收集和利用的关注度越高，也就更愿意采取相应的保护措施。因此，提升公民隐私安全素养，提高隐私识别、保护能力就显得至关重要。

公民可以通过隐私安全素养教育，包括学习掌握相关隐私保护技术、法律保护知识，了解相关政策等来提升隐私保护与维权能力。此外，将隐私保护工作纳入政府绩效考核、制定利用规范来增强责任主体对公共数据开放平台数据安全的保护意识。媒体作为社会舆论和教育宣传的重要角色，应做好数据安全和隐私保护的宣传教育，鼓励社会组织提高数据质量、监督隐私侵犯，推进数据安全和数据隐私权利社会化。数据开放相关利益主体共同合作，为政府数据开放的快速发展创造良好环境。

4. 建立公共数据使用规范

目前，我国关于公共数据资源使用规则的规定尚不明晰，且存在公共数据资源范畴不清、公众使用公共数据资源的权利性质不明、缺少公共数据资源使用的法律限制等问题。公共数据资源的公物性质及其范畴的厘清，为依托公物制度，构建合理、完善的公共数据资源使用规则提供了法理支撑。据此，未来我国公共数据资源使用规则体系的构建与完善应主要从如下几个层面着手。

1）构建公共数据资源的具体使用机制

根据是否按照公物所承载的公用目的对其进行使用，公物制度将公物的使用分为普通使用与特别使用，前者指按照公物负担的公用目的对其进行使用的行为；后者则指超过公物负担的公用目的对其进行的使用，但此种使用方式与公物的使用目的并不抵触，且不会对公众的一般使用造成妨害。

（1）公共数据资源的一般使用机制。将公共数据资源界定为法律上的公物意味着公众均可在其承载的公用目的范围内对其平等、自由地进行一般使用。对此，应当根据使用者对公共数据资源的依赖程度将其划分为事实使用和依赖使用：在事实使用的场合下，使用者对公共数据资源不存在依赖关系，对公共数据资源的使用不会对其工作和生活造成根本性的影响，其享有的仅是一种单纯反射利益；而对一些与特定公共数据资源间存在依赖性使用关系的主体，则应赋予其使用此种公共数据资源的法律权利（齐英程，2021）。

为确保公众能够有序、合理地在公用目的范围内对公共数据资源进行一般使用，我国立法还应赋予相应主体开放公共数据资源的法定义务，并要求其对公共数据资源进行管理、更新和维护，为公共数据资源的一般使用提供必要的实现条件，如构建统一的公共数据资源开放平台，确保公共数据资源的准确性、完整性、机器可读性和格式统一性，并保证公共数据资源访问、下载渠道的畅通等（齐英程，2021）。

（2）公共数据资源的特别使用机制。随着公物制度的发展与更新，以营利为目的对公物进行使用已得到了法律的允准。由此发展出公物的最佳使用原则和特别使用机制（王名扬，2007）。我国立法应当构建完善的公共数据资源特别使用机制，以激励市场主体和专业机构对公共数据资源价值进行深耕。根据公物制度，对公物的特别使用只有在构成独占性使用时，须征得公物管理者的许可并向其缴纳使用费。而公共数据资源的非竞争性和可重复利用决定了市场主体对公共数据资源的特别使用行为不会对他人使用公共数据资源的自由造成限制。因此,此种使用原则上不需要经过公共数据管理部门的许可,亦不需要向其支付费用。但考虑到数据再识别和数据分析技术的高度成熟及其被用于识别信息主体、窥探企业商业秘密乃至窃取国家机密的可能,公共数据资源的特别使用应当受到一定的法律约束(胡凌,2016)。

此外,立法应当明确公共数据资源特别使用过程中产生的数据产品和数据利益的分配规则。在合作开发的场合,应允许公共数据管理部门与合作开发者间通过合作开发协议对彼此的权利义务以及开发形成的数据产品的权属及数据利益的分配作出协商和约定;而在市场主体或专业机构独立开发和使用公共数据资源的场合,则可基于对公共数据资源的加工获得对作为其劳动成果的数据产品的排他性财产权,但不得排斥他人对同样的公共数据资源进行独立整理和加工并形成新的数据产品和数据权利(齐英程,2021)。

2)明确使用公共数据资源的必要限制

为了公共数据资源的开放共享和民众的有序使用,每个公民都能平等地享受到其应有的权利,在立法上还需要对公共数据资源的使用予以必要的限制。

立法应当对涉及国家机密、商业机密和个人隐私的敏感数据予以必要的限制。目前,《公共信息资源开放试点工作方案》等文件中规定了凡是"涉及国家秘密、商业秘密和个人隐私以及法律法规规定不得开放的公共信息资源",都应被排斥在数据开放范围之外。对于涉及国家机密、国家安全以及商业秘密和个人隐私的数据,应该按照其类型设定其开放的范围和赋予其特定角色的权限,在使用环节中从根源上作出限制。与此同时,使用者应在其可允许的范围内使用涉及商业秘密和个人信息的公共数据,不得损害他人的商业利益和个人权益,并且数据使用者的使用过程被全程跟踪监督,一旦发现任何不正当使用行为,能及时禁用其使用权限并锁定数据使用者,对其不正当使用行为存证,追究其法律责任。

在使用的具体方式上,立法可根据公共数据的敏感程度规定自由使用和申请使用两种形式,对于涉及个人隐私或商业秘密等内容的敏感数据,公共数据管理部门应当明确其使用的条件和限制,对使用者提出的使用申请根据公共利益衡量和损益衡量进行审查(肖卫兵,2018),以决定是否允许其使用。

3)建立监督管理机制

为了更好地提升数据开放程度和数据共享水平,我们需要严格防控数据滥用风险,建立公共数据的监督管理机制。

公共数据的监督管理主要分为主管部门的监督和社会监督。主管部门的监督是指主管部门指导、规范和促进公共数据的开放、利用并定期考核。社会监督是指由公众通过提出建议的方式对公共数据的开放和数据质量进行监督。

数据开放共享平台应开设评估监督模块。在公共数据开放共享的过程中，为避免出现数据不全面、数据安全受到威胁、数据更新不及时等问题，需要加强公共数据从采集、传输到共享、开放利用的过程监督。社会公众既是公共数据的使用者，同样也是公共数据的来源和建设者，有责任和义务对数据开放共享平台进行监督评价。可以在公共数据开放共享平台中开设监督评估模块，构建数据开放共享评估体系，以数据的可用性、及时性、准确性、安全性等评估基准为指标，分别赋予相应的权重。公众通过对数据开放共享平台的评估反馈问题所在，平台对存在的问题采取相应的解决措施。

要完善数字监管手段。利用大数据、人工智能、云计算、区块链等新一代信息技术提升数字监管的效能，增强态势感知、科学决策、风险防控能力，降低监管成本，提高监管效率。建立数字监管标注体系，加快共性标准、关键技术标准的制定和推广（李克强，2021）。

5.1.3　建立多元主体共治的协同治理格局

针对数字治理不断深入发展的问题，要强化各级政府对数字治理的认知，达成数字政府高效治理的目标，需要政府及社会等多元主体的相互协作、共商共建共享，打造多元主体共治的协同治理格局，提升治理效能，推进治理能力现代化。

数字治理是一种以人为本的多元协同治理准范式。这种多元协同治理是通过流程再造和有效的协同机制，形成统筹兼顾、利益共享、协同创新的动态网络系统。政府在多元共治的协同治理格局中处于全面统筹协调的主导地位，是核心主体。通过数据制度安排，调整不同社会主体之间的利益关系，同时激活数字治理参与主体的自治能力，推动社会公众的实质性参与，实现数字治理从“我”到“我们”的转变，充分调动社会各方面的积极性，促进社会治理参与主体由一元化向多元化转变，充分考虑各主体的权益，做到统筹规划，科学决策，实现多元主体共治的协同治理新格局。借助互联网平台，多元主体可以进行对话协商、利益协调、民主决策等，在党建的领导下进行“自治、共治、德治、法治”的一体化推进。

治理主体的多元化是“治理”应有的题中之义，“协同治理”可以理解为

“治理”的一个分支。多元主体共治的协同治理主要强调以下三个方面的内容：①多元治理主体全过程参与治理活动。②多元治理主体展开跨部门合作，共同分享治理权力，承担治理责任。③多元治理主体致力于解决单一组织不能或难以解决的问题。简而言之，政府、企业、社会、个人等多元治理主体之间的“协同合作”是协同治理体系的关键所在。协同治理的实现需要政府、企业、社会组织、民众等多元治理主体通过协商、信息互联互通、权责明确和优势互补，形成治理的最大化协同效应，破解数字治理中的难题，从而更高效地利用数字技术服务于社会治理。

1. 政府处于治理的主导地位

政府作为公共权力的代表，可以利用一切可供利用的条件进行社会治理。因此在多元主体协同治理的格局体系中，政府应当且必须处于主导地位。地方政府在中央政府的指导下，根据当地的情况因地制宜地开展治理活动。政府通过建立数据共享平台和政务处理平台，实现政府内部各部门之间的数据信息共享，可以有效解决“数据孤岛”问题和数据壁垒问题，从而有效应对各种突发状况和及时解决民众的问题。

社会治理不应该只是冰冷的技术与法律制度，还应该秉持以人为本、为人民服务的理念。构建多元主体协同治理的治理新格局，政府应当发挥先行示范作用，打造政府内部的协同治理体系。政府内部各层级、各部门协同一体，打破传统的部门之间各自为政的壁垒，形成高效运转的现代政府治理结构。

2. 市场组织的恰当运用

政府主导的城市精细网格化治理成本高昂，必须有强大的财政预算作为后盾，治理难度的增加及治理层次的差异性导致政府将部分的治理权力让渡给市场组织。其中电子督查系统是基于数字技术实现政府与社会协同治理的典型案例。例如，基于惠企稳企督查系统的“浙里督”设置了政策清单、双随机调查、政策综合评价以及行政绩效督考四大模块，其设计理念便是将惠企政策的评价权交到利益的企业手里，由于企业是惠企政策的直接相关者，其对于政策的评价更加的客观与准确，使得政策能够得到及时的反馈，便于政策的及时调整。

3. 社会公众的实质性参与

城市空间不仅是国家权力支配的政治空间，也是民众生活的社会空间，国家与社会在风险治理中良性相倚的格局，需要对社会公众的影响力进行重塑。党的十九届四中全会提出了“建设人人有责、人人尽责、人人享有的社会治理共同体”。通过人人参与的方式来激发人们的社会责任感和主人公意识。例如国务院办公厅设立的“互联网 + 监督”平台和相应的小程序，群众可以登录平台或小程序反映问题以及提出建议。国务院办公厅可以在后台对收集到的大量数据进行汇总、整合、分析，及时在政策或公共服务上予以回应，快速实现社会公众与政府的协同治理。

5.1.4 推进公共服务精准化精细化

数据及其分析计算是国家治理的基础和前提条件。从古至今，国家治理活动就是基于不断获取的社会事实数据，进而对其进行筛选、分析、预测等的活动。在数字治理时代中，对于公共服务的需求变得越来越多样化与复杂化，进而对公共服务数据的数量、质量及其计算等都提出了更高层次的要求。然而目前的公共服务不能精确及时识别民众的需求，无法在第一时间提供高质量的公共服务。公共服务供给主体、知识和内容等问题，指向的是公共服务不能精确对准民众需求的内容、结构及其质量等，反映的直接问题是公共服务供给不够精确。大数据的发展使得公共服务海量需求和供给数据的获取、分析和应用成为现实，能够推动公共服务需求的精准识别、服务内容的精准供给和服务结果的精准评估，推动了公共服务供给的精准化、精确化和精细化。

1. 服务需求精准识别

服务需求的精准识别是公共服务供给精准化的基础。由于传统公共服务供给对于民众需求的识别机制较为落后，缺乏对于多元化、异质性和个性化服务需求的辨别能力，形成的是政府单向供给、民众被动接受的低效服务供给模式。

传统的数据收集方式效率低，收集到的数据往往格式不一、标准不同，分散在各个职能部门，“数据孤岛”问题严重，这为下一步的数据挖掘与分析工作带来了极大的困难。云计算、大数据、人工智能和交互计算等新一代的数字技术的应用，可以打通不同部门之间的技术壁垒，实现不同格式、标准和时域数据的交互计算，从而对政府存量数据进行深度挖掘与交互计算等，识别其中隐藏的服务需求。

与处理存量数据相比，数字治理优势更体现在全方位、大规模和多层次地收集与处理海量的相关数据，以整体数据代替传统的抽样数据，用全覆盖的个人数据来实时分析个体与个体、个体与群体以及个体与要素之间的关系，从而精准感知民众的公共服务需求的具体内容及其动态变化，为不同需求的民众提供量身定制的公共服务。

针对政府回应陷阱问题，政府部门可以搭建精准识别民众公共服务需求平台，不仅可以融合基层党建、社会治理、行政审批、社区管理和便民服务等不同平台的数据，还可以利用社区智能感应设备、监控和人脸识别等技术动态读取个人数据，获得数量更多、质量更高的社区数据，实现采集数据全覆盖，从而可以精准计算和识别民众的公共服务需求。

2. 服务内容精准供给

服务内容精准供给是公共服务精准化的核心。不同地区的传统公共服务供给在内容、结构、数量等方面相差无几，无法因地制宜地精准匹配当地民众的个性化需求，不仅无法满足民众对于高质量公共服务的需求，还费时费力，造成了严重的资源浪费。造成服务内容的粗放供给的原因，一方面是公共资源和资金有限，不能全面地照顾到每个群体的利益；另一方面是技术和制度体系的桎梏，各部门之间收集的数据无法自由流动共享。

大数据技术的应用可以解决公共服务精准供给的难题，大数据可以精准识别公共服务需求，还为推动政府公共服务精准供给带来新的破解思路。可以通过数字平台的建设，向不同的用户提供满足其具体化需求的服务。数字政府拥有覆盖整个社会公共事业的政务服务的开放性平台，丰富的服务内容，使不同社会群体，尤其是弱势群体也能享受均等的服务。同时，随着部门间数字壁垒的打通，部门、层级间数据流通和共享能力的提高，数字政府依靠大数据技术的挖掘分析能力，通过数据信息的挖掘，分析公众的社会需求，同时在其中识别不同群体、不同个体的需求，作为决策依据，为用户提供与需求相对应的精准服务（吴克昌等人，2020）。

3. 服务结果精准评估

对公共服务结果的测量是改进公共服务精准化的前提。因此需要应用科学的评估模型来构建公共服务评估体系，对公共服务的投入产出和满意度等数据进行数据分析与预测。和传统的结果导向评估、主观评估或模糊等级评估等不同，数字治理可以充分发挥技术优势，实现对公共服务效率的实时评估、开放评估、全面评估和多维评估，极大提高了评估结果的精确性。

大数据技术可以实时收集服务对象感受度、投诉率、体验感和综合得分，以及服务项目资金使用情况、人员安排等诸多信息，实现对公共服务的实时动态评估，从而及时发现和纠正存在的问题，极大地提高了服务结果评估的精确度。

公共服务数据资源的开放性赋予社会其他主体参与公共服务评价的机会。每个参与主体都可以根据自身角色相应的权限，使用公共服务大数据平台的数据，对具体公共服务效果进行评价，确保结果的准确性。这种灵活的评估方式对数据的开放性及其质量也提出了更高的要求，需要进一步对公共服务数据的格式、技术接口进行标准化处理等。

5.1.5　提升全民数字素养

数字素养是指利用数字技术确定、组织和分析、评价信息的相关能力，在数字环境下，充分利用现代化技术手段和方法，能够快速地对信息进行分析、解决、处理、评价、整合和交流，分辨信息的适应性，会批判性地思考。在数字经济时代，数字素养已成为公民参与经济和社会生活的必备“生存技能”，提升全民数字素养对推动数字中国建设意义重大。但公民数字素养的提高不能一蹴而就，需要从全局出发、系统谋划，关注不同群体的数字需求，采取不同的培养方案。以下从加快培养数字专业人才、加大对公职人员数字技能的培训力度、提升公民数字技能三个方面来推进全民数字素养提升。

1. 加大对公职人员数字技能的培训力度

公职人员是推进数字中国建设的引导者和实施者，必须高度重视公职人员的数字素养水平的提升，这事关数字中国建设的成功。构建科学合理的数字知识课程培训体系，把数字知识培训课题纳入各级党校日常教学课程体系，并邀请数字信息专家名师来讲学。与此同时，坚持理论与实践相结合，开展数字治理实践教学，激发创新活力（杜健航，2021）。要重视数字治理在职人员培训工作，每年可选拔一批在岗人员到省外、国外进行交流进修，学习先进的数字技术和数字治理经验，不断提升在职人员的专业能力与职业素养。特别地，由于基层干部深入人民群众内部，与人民群众接触最为密切，所以他们数字素养的提升更是重中之重。要着重加强基层公职人员的数字技能、数字治理能力的培训，以便更好地服务于人民群众。

2. 加快培养数字专业人才

数字治理人才是推进数字治理工作的关键。2020年7月23日，人力资源和社会保障部中国就业培训技术指导中心联合阿里钉钉发布的《新职业在线学习平台发展报告》显示，预计未来5年与数字技能相关的人才需求缺口达到近千万，其中数字化管理师从业人员将超过200万。人才成为影响数字治理的重要因素。要加快推进素质教育改革，培养学生正确运用数字信息技术来表达自己思想和观点的意识和能力。创新数字人才培养机制，要坚持以高校为主体，进行数字素养课程改革，开设数字技术相关专业，对文献检索这一课程的具体理念进行更新，融入数字素养相关内容，并加大师资和教材方面的建设力度。可以以图书馆为核心，对相关数字化支援进行针对性的建设和优化，建立丰富多元的数字化资源信息库，同时提供各种设备、建设实验室和实训基地。与此同时，在财政上给予一定的倾斜，鼓励数字创新、数字应用，完善人才激励机制，对于数字人才在聘用、招录、职称评定等方面给予适度的倾斜，提升其福利待遇。

（1）强化政府部门与国内高校合作。为政府部门定向培养一批数字治理专业人才。创新数字人才培养机制，要坚持以高校为主体，开设数字技术相关专业，在财政上给予一定的倾斜。要科学合理地设置课程，融贯统计学、信息技术、公共管理等学科，培养出具备社会治理理念、熟悉政府运作流程和数字技术应用的复合型人才。

（2）加大数字治理人才的引进力度。对于数字治理专业人才，政府部门可以通过提升数字治理人才的薪资福利等吸引人才。要准确把握全球人才竞争的新态势，探索新冠肺炎疫情和逆全球化双重冲击下引进数字人才的新路径，破除人才流动“中梗阻”；就地引进优秀的数字治理相关专业的博士、博士后，开辟后疫情时期高端人才绿色通道；推出高端人才引进计划加强版，进一步探索建立人才服务保障体系试点，形成“统一领导，多方参与”的社会融入促进系统（陈程，2021）。

（3）完善激励机制和评价考核机制。鼓励数字创新、数字应用，完善人才激励机制，对于数字人才在聘用、招录、职称评定等方面给予适度的倾斜，提升其福利待遇。合理有效的激励机制是吸引人才和留住人才的重要手段，对于在工作岗位上有突出表现及创新成果的人员，必须给予物质激励与精神激励。同时政府要重视对数字治理人才的考核评估工作，科学制定考核细则，将考核标准、过程、结果透明公开化，切实推进人才队伍不断优化，使其更好地服务于人民群众（陈万球等人，2021）。

3. 提升公民数字技能

在数字治理时代，数字治理目标的实现需要得到公众的支持和拥护，他们对数字技术的使用和掌握能力直接关系到数字治理的有效推进，加强公众数字技能培训势在必行。要倡导有教无类，面对不同家庭背景、不同学历层次、不同工作岗位的群体，将数字素养培养融入家庭教育、学校教育、职业教育和社会教育之中，打造全方位的数字素养培育模式（马述忠等人，2020）。要构建起“线上＋线下”培训体系：社区定时开展数字信息技能培训，邀请当地高校的信息专家授课；充分利用网络培训渠道,开发培训 App 及网络直播授课模式，实现全时段、全时空覆盖。在数字治理的浪潮下，我们要抓紧抢占数字治理制高点，消除“数字鸿沟”，为数字治理营造良好的环境（彭志刚，2021）。

5.2　数字治理的发展趋势

5.2.1　数智治理成为未来发展新方向

数智治理时代已经悄然来临。数智治理通过技术创新推动城市的有序发展、社会的公平正义，实现数据纵深层面的赋能再造，维护城市系统的演变与均衡。“数据”是数字治理时代的核心。通过数据的全面获取，实现对数据事实的分析和逻辑推理，推动治理的有序运行。“数智化”治理能够充分发挥数据的价值，从数据生成、数据挖掘到数据决策，提供精准的公共服务。当治理数量、治理范围和其复杂程度以数据分析作为基础时，治理的规模就能得到有效计算、管理和控制。随着政府资源、部门智能和“数智化”对接，零散的实体开始变成虚拟整体，大多数改革在技术推动下逐步深化，形成了横向贯穿、线上线下联合的格局。“数智化”标准高效的在线虚拟服务，值得政府大力推广。

数据开放与协同理念深层融合，促进城市多元共治与持续发展。在“数智化”的作用下，智能识别、实时跟踪收集城市发展动态和民众的意见，及时掌握民众的需求和诉求，民众参与性得到充分调动。智能技术通过数据的可视化和标准化，实现信息的点对点输送，数据开放和民众参与得到更大程度的发挥，形成一个共同体，治理效果事半功倍。和技术融合相比，知识聚集更为关键，数智治理强调参与过程公开透明，应增强内生型民主参与和外部领导。在数智化治理的实践探索中，杭州走在了全国前列。

拓展阅读 5.1

由“数字化”治理向“数智化”治理的转变中，杭州将继续发挥“头雁”作用，将来也会有越来越多的城市加入数智化转型的队伍中来，通过“数智化”让城市系统更“智慧”，促进城市治理实现“可持续智慧”。

5.2.2 数字政府：无边界数字治理平台

随着人类进入大数据时代，新技术、新事件和新政策层出不穷，信息交互、人员交互和部门交互正逐渐消融机构之间的刚性边界，无边界化治理的发展趋势日益显著，推进无边界化智慧政务的关键在于技术支撑、法律保障、政策鼓励等的相互协同作用，打破智慧政务垂直信息协同边界、智慧政务水平信息协同边界、智慧政务内外信息协同边界与智慧政务地域信息协同边界这四种阻碍无边界化智慧政务推进的边界。

关于无边界治理，是指联合政府、互联网企业、第三方平台等多主体统筹整合各类信息系统的统一数字平台——无边界治理云平台，将成为使内部管理与对外服务有机统一的新型数字治理平台（王彬等人，2020）。这一平台通过在数字空间创建由多主体组成的各种“工作组”，打破政府机构之间、政府机构与市场主体之间的界限，实现更广泛的协同共治和自主治理。这不仅是一种新型治理形态，也将发展形成新型组织文化。在信息技术不断地更新换代的背景下，无边界治理平台构成数字时代政府治理的网络平台，这一平台以大数据为基础，运用互联网、物联网、云计算、大数据和人工智能等信息技术实现部门机构内部、府际间和区域之间协同对接，为公民提供无缝隙公共服务（汪波等人，2019）。

无边界数字治理平台是电子政务的高级形态，正在形成新的发展方向，大数据技术的应用消除了政府部门间的“数据孤岛”现象，将不同部门的信息整合到统一的数字平台上，形成统一项目信息库、统一项目审批管理平台、统一信息交换平台和统一对外交流平台，从而形成了更加灵活便捷的系统治理格局。当无边界数字治理平台提出动态的任务、使命与目标时，各部门的公共人才便可以通过无边界数字治理平台进行任务部署，在数字空间中创建工作组，形成更加高效的办公模式。无边界治理平台不仅是治理形态的变革，同时也带动了新型组织文化形成，即不求人才所有，但求人才所用。

5.2.3　智慧城市：城市治理现代化

城市成为数字治理建设的主要领域。对于智慧城市的定义，《关于促进智慧城市健康发展的指导意见》指出："智慧城市是运用物联网、云计算、大数据、空间地理信息集成等新一代信息技术，促进城市规划、建设、管理和服务智慧化的新理念和新模式。"由此可见，智慧城市的核心是技术与城市治理的有机融合，重点仍然是技术、业务和数据三者的整合。

中国城市的数字化转型不仅在改善民生、缓解"大城市病"、提升服务效率、优化营商环境中发挥着重要作用，而且在今后的疫情常态化局面中将起到关键作用。城市数字化转型还有利于推进城市治理体系和治理能力现代化，提升城市治理绩效和民众的生活品质，而且有可能倒逼数字技术发展和推动组织与社会数字化转型。

在城市治理的数字化转型中，北京、上海、深圳、杭州等城市分别根据城市大脑、数字政府、智慧城市等不同道路探索实践，开启了中国特色的城市数字治理的新时代。由于不同地区所面临的城市治理任务和重点不同，则要求城市大脑建设的重点和方向不同。事实上，即便在同一个城市内部，不同地区和不同部门对于城市大脑可能存在不同需求，这些都需要城市大脑适应不同的层级、任务和领域，才能够真正实现城市大脑服务人类多样性治理需求。如何精准识别当地的需求，这就需要城市大脑具备良好的交互性，良好的交互性强调城市大脑与环境之间的有效交互，这也符合互动治理的逻辑和思想，代表了治理研究的新方向。

1. 基于数字孪生的智慧城市建设

数字孪生智慧城市是智慧城市物理实体精准在数字虚拟空间的数字化映射。数字孪生是通过数字化的方式来表达和描述城市中物理对象的全要素（人员、资源、设备、结构、空间、行为、活动等）。通过建模、仿真、模拟等数字技术手段构建智慧城市孪生模型，并对智慧城市中物理对象的全业务流程、全要素以及全生命周期进行数据融合，最终实现数字化表达以及可视化操控。在数字化映射的帮助下，智慧城市可以在数字信息空间最大限度地应用城市大数据，实现智慧城市管理及服务业务流程的优化闭环。在数据驱动下利用相关信息技术，在信息空间中完成数字化映射，可视化反映相对应实体的全生命周期过程的同时，实现业务流程的闭环优化，对智慧城市的全要素建构数字孪生体系（AUSTIN M，2020）。建设数字孪生智慧城市，以推动智慧城市向更高智慧阶段演进，在实践和理论维度得到了必要性确认。在应用上，可以将数字孪生智慧城市分为面向用户、面向管理者以及面向服务的应用场景。

1）面向用户的应用场景设计

智慧城市的建设就是为了打造智慧化、便捷化的现代宜居城市，通过数据收集、挖掘以及整合来分析用户的需求，及时响应日新月异的需求变化，开发满足个性化需求的智慧业务。数字孪生技术和信息技术驱动城市服务的范围更加广泛，突破了以往城市治理的时间与空间的桎梏。在数字孪生技术的支撑下，对公众用户构建数字孪生体，画像其需求领域、需求事项以及需求深度，并对城市资源配置、服务供给进行仿真模拟，以检验与用户服务需求之间的适配度，并通过个性化定制、优化迭代、人机交互等为公众提供精品内容和优质服务（佟林杰等人，2021）。数字孪生智慧城市的目标是成为一个开放共建共享共治的现代化新型智慧城市。

2）面向管理者的应用场景设计

数字孪生智慧城市可以凭借生物识别、模拟仿真以及人工智能等技术，整合城市中各模块、要素、资源及功能，优化城市的管理活动。通过城市物理空间在虚拟空间的关联映射以及交互融合，建立城市物理实体在虚拟数字孪生体中共生融合的智慧管理模式。虚拟数字孪生体可以对城市物理空间及其实时运行状态进行模拟与仿真，对数字虚拟空间及其相关虚拟实体的仿真模拟，以此来预判城市物理空间和物理实体的运行状态是否存在异常，并对城市基础设施和智能设备进行监控、故障监测排查、维护及远程控制，有效提升智慧城市管理水平，健全城市现代化管理体系（佟林杰等人，2021）。

3）面向服务的应用场景设计

由于智慧城市可以实时智能地获取城市运行过程中的数据，不仅可以重塑城市管理生态，还可以不断推动城市公共服务供给的智慧转型。在智能感应、数字孪生、移动智能终端的应用下，城市物理空间及对象的动态数据能够被实时采集，自动评估城市运行和发展状况并对其进行诊断，形成大数据驱动决策、以城市用户需求为导向、自动供给的智慧城市服务（佟林杰等人，2021）。

2. 城市大脑构建新型智慧城市

从 21 世纪科技发展趋势看，互联网正从网状结构向类脑模型演化。城市大脑正是基于互联网大脑的基础发展而来，是互联网大脑架构与智慧城市建设结合的产物，是城市级的“类脑复杂智能巨系统”，在人类智慧和机器智能的共同参与下，在物联网、大数据、人工智能、边缘计算、5G、云机器人和数字孪生等前沿技术的支撑下，城市神经元网络和城市云反射弧将是城市大脑建设的重点。城市大脑不仅可以提高城市的运行效率，解决城市治理中面临的复杂多样的问题，还能更好地满足城市中各成员的不同需求。

城市大脑涉及庞大数量的因素和技术，如何建设城市大脑，不同企业和城市提出了不同的建设重点，譬如以大数据为核心、以 5G 为核心、以超级计算为核心、以人工智能技术为核心等。城市大脑应针对不同城市现状，智能识别其面临的城市治理问题和民众需求，制定相应的策略方案。

我国在利用城市大脑治理城市的实践方面已经取得了一定的成果。如杭州在国内首次提出探索城市大脑建设，在 2016 年 4 月以交通领域为突破口，利用大数据、人工智能等数字技术改善城市治理。经过不断摸索，杭州已经实现了从“治堵”到“治城”的跨越，从单一场景到综合治理的转变，特别是在新冠肺炎疫情的防控工作中起到了重要的作用。杭州城市大脑的成功为今后智慧城市建设提供了案例借鉴，为今后推进城市现代化治理指引了方向。

未来城市大脑的发展不只是局限于一个城市的内部系统，更是国家范围乃至世界范围内不同城市之间相互关联的复杂智能巨系统。新一代城市大脑建设方案的最终目标是实现能够为人类社会协同发展提供支撑的世界神经系统。城市大脑的发展阶段见表 5-1。

表 5-1　城市大脑的发展阶段

序号	发展阶段	时间	主要内容
一	城市大脑的萌芽阶段	2015—2021 年	学术、产业和城市提出城市大脑概念，这个时期重点发展了城市 AI 巨型神经元
二	城市大脑的连接阶段	2021—2045 年	城市大脑开始形成统一的城市神经标准，实现对城市内和城市间的人、设备、物和系统的连接
三	城市大脑的分权阶段	2023—2045 年	城市大脑围绕人和人、人和机器（系统）、机器和机器（系统），进行权限和责任的划分
四	城市大脑的反射弧阶段	2025—2045 年	城市大脑的城市云反射弧开始被大规模梳理和验证，不断满足城市的各类需求
五	城市大脑的世界脑阶段	2045 年后	世界范围的城市大脑通过互联网类脑架构最终形成世界脑（world wide brain），高效地解决人类社会面临的各领域问题

资料来源：《城市大脑全球标准研究报告》。

3. 区块链技术赋能城市治理

关于区块链的内涵，我国工信部发布的《中国区块链技术和应用发展白皮书（2016）》明确指出，区块链是一种“集分布式数据存储、点对点传输、共识机制、加密算法等计算机技术为一体的新型应用技术”。2020年3月31日，习近平在浙江考察时指出，要运用区块链等技术促进我国城市管理手段、管理模式、管理理念的创新发展。

1）区块链技术与社会治理的适配性

党的十九届四中全会对国家治理提出了总体架构要求，明确把坚持和完善共建共治共享的社会治理制度作为推进国家治理体系和治理能力现代化的关键性举措。共建共治共享已成为社会治理的基本原则。区块链技术是新一代互联网技术发展的最新成果之一，其技术的价值理念和结构特征与共建共治共享原则具有内在的一致性（王雪竹，2020）。区块链技术所具有的去中心化、去信任化和难篡改性的核心技术特征为解决社会治理中的治理效率低下、数据孤岛等问题提供了新的思路和方法，结合国内在社会治理方面的实践探索，区块链技术与社会治理具有较好的适配性。

区块链技术具有去中心特性，所谓“去中心”，就是任何人在理论上都可以成为“中心”，并且“中心”对网络中的任何人不具有强制性。“去中心”意味着全体网络参与者都可以就某一问题发表自己的观点和看法，这为多元主体协同治理提供了技术的可能性。例如，浙江省在大数据政务服务模式构建中推行的“最多跑一次”改革，即通过政府各部门信息互联互通的“加法”来换取群众负担降低的“减法”，致力于实现“信息多跑路、群众少跑腿”。

区块链具有可追溯性和透明性，能够在技术上消除社会治理中的信任困境。当前我国社会治理正面临着“社会信任和政府信任较低或缺失的双重困境”。区块链能够实现不依赖第三方的点对点信任，通过算法将从前的信任关系转变为对机器的信任，实现交易的实时记录，还可以追溯过去的记录，能有效推动政府数据的开放、透明，在技术上实现“权力在阳光下运行”。在实践中，一些地区也开始引入区块链技术优化治理方式。例如，2019年3月，上海市静安区引入经认证的区块链系统到体育公益配送服务项目中，建立起“静安体育公益配送”平台，大幅度增加了配送资金的安全性和透明度。

区块链具有难篡改性。区块链的难篡改性有利于遏制社会治理中的失范行为。在社会治理领域，通过“社会个体和机构数字化、编程化，并在去除匿名性后纳入区块链系统，将有效地预防和减少社会失范行为的发生”（张佳星等人，2020）。一方面，区块链的难篡改性和不可追溯性使得任何个体在区块链上的行为都会被记录，任何的失范行为会被记录且不可更改，在很大程度上约束了不良行为；另一方面，区块链的难篡改性在确权、身份验证等领域也有十分广阔的应用空间。例如，在身份验证方面，深圳市利用区块链技术推出了全市统一的政务 App——“i 深圳”，构建区块链电子卡证平台，有效解决了个人身份认证复杂烦琐的难题。

2）应用场景

区块链在推进数字治理中的天然适配性使得其在大多数治理领域中应用场景日趋丰富，尤其对于疫情防控大有助益，对提升数字治理水平有着巨大的潜能。区块链技术在政务服务、营商环境、公共安全、舆情治理以及公益慈善等领域具有广泛的应用场景（王雪竹，2020）。

（1）政务服务领域的应用场景。各方通过共识机制构建一个多方参与的信任网络，区块链结构中的每一个节点都可以对应一项政务服务或服务流程的某一环节，通过科学划分每一项政务服务工作流程，实现政务服务办理业务整体上链以及点对点的直接连接，进而解决办事入口不统一、平台功能不完善、事项上网不同步、服务信息不准确等诸多痛点问题，促进业务协同办理，提升政务服务效率，乃至实现无接触政务办理，带来更好的政务服务体验（王雪竹，2020）。例如，2020 年 2 月，北京市海淀区市场监督管理局采取“以大数据中心沉淀全量数据、电子证照库归档证照数据、区块链平台共享关键审批信息”的轻记账方式，利用区块链技术实现了“区块链 + 企业登记”的“零见面”服务新模式，打通了各部门数据壁垒，助力企业和群众通过网上申报的方式办理政务服务事项，减少往来大厅现场办事频率，降低交叉感染风险。

区块链技术一旦实现在政务领域的广泛应用，可以建构起政务全流程责任细化的技术架构，进而精确地区分每个政务环节的责任并确定相关责任归属对象，实现有效监管。

（2）优化营商环境的应用场景。2018 年 8 月，深圳市开出了全国首张区块链电子发票，大大提高了企业的开票速度，其方便快捷的特性受到众多企业的热烈欢迎，开票场景急速扩大，上链企业越发增多。在疫情防控常态化的情况下，企业复工复产复商的金融支持需求也可以通过区块链实现。

2020 年 2 月，北京市提出“建设基于区块链的供应链债权债务平台，为参与政府采购和国企采购的中小微企业提供确权融资服务”。这正是政府关注到中小微企业在疫情期间面临资金链紧张问题，通过区块链技术公开透明、链上数据难篡改、数据可追溯的特性，助力缓解中小企业融资难、银行风控难问题（王雪竹，2020）。2月7日，北京市海淀区启用基于区块链的中小企业供应链金融服务平台，并对开展确权融资业务的企业给予基准利率50%的贴息。2月11日，该平台完成上线后的首笔确权和贷款，帮助一家支援新冠肺炎疫情和保障学校远程教育的公司获得72万元贷款额度，并获得44万元首笔贷款。区块链贷款的应用落地，无疑为受到疫情冲击、面临生存压力的中小企业带来了曙光。可见，区块链技术的应用在优化营商环境方面潜能巨大，如果能在营商环境多个领域广泛应用，其效能的提升将是数量级的。

（3）公共安全监测的应用场景。在疫情防控常态化下，公共卫生安全监测可借助区块链的分布式存储、难篡改、加密性和可追溯性等特征，在保护患者隐私、规避数据灰色交易的前提下实现不同级别卫生组织间安全数据的共享和存储，加快卫生系统的响应速度；利用地理位置等相关信息快速定位感染者的活动位置，保持信息透明，防止相关造假，从而在一定程度上缩短疾病防控的时间，提高救治效果（王雪竹，2020）。

在公共安全领域，国内尚无区块链成熟应用案例。但国际上已有先例，如全球健康安全组织（GHSA）基于区块链的公共安全监测系统和基于区块链的埃博拉病毒追踪系统SERIS，二者都是利用区块链分布式、难篡改等特性，通过采集各级信息，将数据上链存证，打通信息交流和调用的各个关卡，实现了数据追踪和全生命周期的管理。

（4）舆情治理领域的应用场景。舆情监测难以溯源追踪信息的真实性，亟须依托区块链技术的可溯源、难篡改和多节点辅助验证等特点构建真实可信且有约束力的舆情治理系统，从而有效引导群众科学面对、防控疫情。这一舆情治理系统具有多节点内容验证、传播过程不可逆等特点，能够实现对舆情信息的溯源追踪，从而有效打击虚假信息。同时，由于区块链技术可以实现对信息产生时间、流转过程等细节的全节点记录，支撑多维度信息的交叉验证，从而提高舆情研判的科学性和预见性。例如，依托区块链技术搭建并投入运营的社交内容分享平台，构建了新型网络舆情传播生态系统（王雪竹，2020）。

（5）慈善捐赠领域的应用场景。2020年2月10日，由中国雄安集团数字城市科技有限公司和杭州趣链科技有限公司牵头的多家企业联合倡议发起的一款基于区块链技术的慈善捐赠平台上线。该区块链慈善捐赠溯源平台利用联盟区块链网络，可以实现捐赠流程全部上链公开，防篡改、可追溯，接受公众监督。

4. 全光智慧城市赋能数字政府建设

全光智慧城市是以千兆光纤网络为基础，融合 5G、人工智能等信息技术，构筑立体感知、全域协同、精确判断和持续进化、开放的智慧城市系统。

伴随政府治理能力现代化和数字化转型，利用各种信息通信技术提升资源运用的效率，优化城市管理和服务能力是转型的关键。在数字政府建设中，各省区市地方政府部门之间面临着从中央到地方纵向数据与各级政府横向数据打通和业务的统一承载的考验，大量的业务数据与办事系统的打通，势必带来网络拥挤、安全风险等一系列的问题，如数据丢失、系统卡顿等。加快千兆光纤建设，能够在支撑各部门业务统一承载的前提下，利用网络的物理隔离特性保障业务数据的绝对安全。

当前，各城市在“城市大脑”“综合中心”“应急智慧中心”“数字孪生城市”“物联网 IoT 中心”等方面建设持续发力，“一网通办”“一网统管”“一号服务”“一码通行”“一机走全程”“一屏窥天下”等越来越多的管理和服务加速落地。全国多个城市基于千兆网以毫秒级的超低时延、微秒级超低抖动、超低丢包率，以及高带宽、高可靠、高可用、高智能的承载能力，提升一体化政务服务平台的运作效率，提升政府治理能力现代化。数据显示，截至 2020 年底，全国一体化政务服务平台为各地区各部门提供共享调用服务达 540 余亿次，支撑身份认证核验 15.6 亿次、电子证照共享交换 4.6 亿次。同时，“粤省事”“浙里办”等各地一体化政务服务平台频频上线，并不断推出高频套餐式服务、实时发布“好差评”结果等，打造政务服务全渠道服务矩阵（国家信息中心，2020）。

拓展阅读 5.2

《全光智慧城市白皮书》指出智慧城市的发展呈现出两大趋势。

智能的联接化：智慧城市将加速信息网络空间与实体空间的结合，并融合数字孪生构建一个立体化的城市载体，连接城市每个人、每个家庭、每个组织，构建“光联万物”新时代。

联接的智能化：通过更高品质的连接解决数据关联性被割裂的问题，基于联接支撑城市数据融合，实现城市智能化能力的提升，已经成为智慧城市发展的主流趋势。

数字决定命运，智慧引领未来。全光智慧城市将通过强大的网络运力和计算能力，汇聚更多的数据，包括经验汇聚、方法汇聚，赋能智慧城市各领域智慧化场景，实现更好的感知、协同、洞察和创新，实现城市治理模式突破、产业模式突破、服务模式突破和发展理念突破，发挥智慧的真正价值。

（国家信息中心，2020）

5.2.4 乡村数字治理

从发展机会看，乡村数字基础设施不完善、专业技术人员缺乏等，难以发展人工智能、大数据、云计算等相关产业，错失发展数字经济的重要机遇，从而导致数字治理陷入困境；从发展结果看，乡村相比于城市，数字产业化、产业数字化的程度低，数字化治理进程缓慢。

数字治理是提高乡村基层治理能力、推进乡村治理体系现代化的重要途径，亦是建设数字政府、实现乡村数字化转型的重要保障。乡村数字治理是在乡村治理过程中运用以信息技术为主的数字技术，使得乡村社会管理更加智能、多元沟通更加充分、公共决策更加开放、综合调控更加精确和公共服务更加便捷。这不仅可以满足乡村运行对于公平正义的需求，还能兼顾乡村社会建设发展的效率与效益要求，以应对当前乡村社会治理面临的社会结构分散化、多元化、复杂化的挑战，实现乡村社会公共利益最大化，使乡村社会运行和谐稳定、可持续发展（高其才，2019）。以电子政务发展为基础，推动“互联网＋党建”、“互联网＋社区”、“互联网＋政务服务”，深化平安乡村建设，不断完善基层党建信息平台、提高村级综合服务的信息化水平和群众享受公共服务的便捷程度（苏岚岚等人，2021）。

在乡村数字治理探索方面，宁波走在全国城市前列，像鄞州的“掌上智村”、宁海的“村民e点通”、余姚谢家路村的“智慧板凳”等，形成了一批典型模式，有效提升了宁波乡村治理现代化水平，为我国今后乡村数字治理深入发展提供了借鉴经验和前进方向（韦棋，2021）。

拓展阅读 5.3

根据目前的发展现状以及先进示范乡村的治理来看，在未来的数字乡村治理发展中，主要有如下五个发展趋势。

1. 数字乡村治理的制度体系逐渐完备

制度体系不仅包括宏观层面上的中央顶层体系的设计，还包括地方制度支持体系。党组织领导的自治、法治、德治相结合的乡村治理体系逐渐完善，构建起共建共治共享的乡村治理格局，形成稳定的制度框架，不同组织内部和组织之间的关系得到调整，关于数字社会的新的行为准则逐渐形成，满足村民需要的自上而下的乡村治理体系逐渐形成并完善，治理供需的协调平衡不断改善。

2. 乡村新型基础设施建设更加完善

乡村数字化治理必须注重大数据、区块链和人工智能等数字技术的应用，促进管理主体的任务执行、资源分配和责任承担。新型基础设施建设包括 5G 基站建设、大数据中心、工业物联网、人工智能等，以新发展为理念，技术创新为驱动，提供数字转型、智能升级、融合创新等服务的基础设施体系。数字基础设施可以构建新一代乡村治理模式，实现敏捷感知、数据资源采集与整合、智能分析计算、全面决策以及对突发状况预测。数字基础设施建设能有效缩小城乡数字鸿沟，为村民提供更多可选择的信息渠道，提供更加精细化、智能化的治理环境和精准化的公共服务，吸引更多的村民参与到乡村数字治理中，开启现代化数字乡村治理新篇章。

3. 村民对数字治理的认知日益提升

加大数字化生活、生产方式宣传力度。良好的乡村数字氛围、农民较高的数字素养是实现乡村数字治理的不可或缺的条件。因此，不仅要注重数字知识技能的传授，还要通过广泛宣传和正确引导，提高村民的数字素养。

增强村民的参与意识：①培养村民的主体意识，转变以往村民乡村治理的客体观念，村民是乡村治理和乡村自治的重要参与者，深入贯彻落实“共建共治共享”的理念，让村民积极地参与到乡村治理中来。②培养村民的责任意识，村民承担着为乡村建设和治理建言献策的责任。乡村不是一个人的乡村，是每个村民共同生产生活的家园，村民应自觉担负起对乡村建设和治理的责任。③培养村民的平等意识，村民是平等的权利主体，依法享有权利和承担义务。

4. 服务乡村的数字人才队伍日趋壮大

向乡村派遣的人才规模逐渐扩大。政府制定相关政策有计划、有目的地向乡村派遣人才，指导和管理乡村的信息技术建设，通过政产学研合作来助力数字乡村建设。加大乡村自主引进人才力度，当地政府根据发展现状和未来的发展计划，引进符合当地数字产业发展特色的专业人才。此外，详细的人才选拔、招聘和考核程序未来逐步制定并完善，对数字产业资金的投入日趋增多，助力当地特色产业的数字化转型升级，人才薪资问题得到很好的解决，人才激励机制不断完善。

乡村本土人才质量逐渐提升，乡村本土的人才培养体系逐渐形成并且日益成熟：①当地的学校开设培训数字能力的特色课程。通过聘请基层专家学者定期授课，帮助当地基层政府人员掌握和更新相关知识和技术，让其更好地参与乡村数字治理，提高数字治理能力，打造一支既了解乡村治理工作又具备一定数字化技术理念的专业人才队伍。②培养高数字素养的村民，在乡镇开设专业知识班，普及数字知识和提高数字能力，着重于传授信息技术知识，使村民熟悉数字农业的发展规律，成为真正具有信息和数据素养的新农民。

5. 数据鸿沟逐渐弥合

大数据技术的应用打破了数据壁垒和体制壁垒，共享大数据资源促成了“一核多元”的乡村治理格局逐步形成。可以通过层级部门之间的合作来实现不同部门之间的信息交换和资源共享，从而建立共建共治共享的乡村治理体系。

构建乡村统一的产业数据标准体系。分阶段推进乡村公共数据信息开放，逐步实现乡村农业、畜牧业和工业等产业的数字化转型，建立和完善农业大数据共享开放和开发研究的机制，加强数据标准化体系建设，完善乡村信息共享服务体系。推动数据跨地区、跨部门、跨层级实现共享，打破数据孤岛的局面。

通过乡村数据共享交换平台体系可以实现乡村数字治理。乡镇政府通过对行政村信息系统平台数据的整合与分析,得出解决问题的对策思路。一方面，打通信息传递和政情民意双向互动的通道；另一方面，政府工作公开透明化，借助数字化平台，民意的传递更为便捷高效，减少了人为干预下治理需求的扭曲，进而有效提升民意的可见度和准确性。

乡村治理数字化转型势必加快，农村政务管理在线化、智能化将成为趋势。数字化发展的不断深入，极大地促进了乡村全方位的数字化应用和转型，促使各地利用数字化手段对乡村的经济、社会、文化进行全方位治理。乡村基层治理将由传统的单一治理模式走向数字技术赋能下的村民全员参与的多元主体治理模式，数字化管理服务平台将成为未来乡村获取外部资源的创新手段，村民的主体地位更加凸显，村民在乡村治理中从单向参与到双向互动，乡村治理活力将会极大激发，形成多元主体共同参与的良性治理格局。可以预见的是，未来乡村治理数字化转型势必加快，农村政务管理在线化、智能化将成为趋势，乡村治理将基于科技手段和技术条件，运用先进的智能设备为乡村治理创造技术基础，不仅可以通过数字技术将政府、村两委和村民都纳入乡村治理当中，用创新的思路、新的办法解决当前村务公开、村民参与不畅等治理难题，而且将出现县域统一管控与乡村节点“智治”并存的场景，推进村务善治，实现乡村有效治理。

案例讨论：综合性城市大脑服务城市治理应用创新——海口

本章小结

数字化技术已经成为推动社会治理创新的核心驱动力，数字治理进程的推进对于推动我国治理体系和治理能力现代化至关重要。针对我国目前数字治理的现状以及面临的现实困境，加快推进数字治理可以从法制法规建设、完善公共数据管理机制、建立多元主体共治的协同治理格局、推进公共服务精准化精细化和提升全民数字素养五个方面进行。我国数字治理的发展趋势也逐步明朗，数智治理成为数字治理新的发展方向，无边界数字治理平台为数字政府建设提供新思路，智慧城市推动城市治理现代化，乡村数字治理提高乡村基层治理能力、推进乡村治理体系现代化。

即测即练

复习思考题

1. 结合所学知识，谈谈如何完善公共数据管理机制。
2. 简述多元主体共治的协同治理格局。
3. 联系现实生活，谈谈如何提高全民数字素养。
4. 阅读案例讨论，简述海口城市数字治理的创新之处。
5. 联系现实和本章所学，阐述未来数字治理的图景。

第 6 章
我国数字治理的探索与实践

学习目标

1. 了解我国城市与乡村目前数字治理的发展概况。
2. 熟悉目前数字治理实践的现实困境。
3. 掌握数字治理的发展路径。

思政目标

1. 了解数字素养已逐步成为数字化社会公民的核心素养之一。

2. 熟悉信息革命和生产方式数字化的必然趋势以及数字时代促进人的全面发展的现实需求。

3. 掌握以数字化赋能我国高质量发展，打造数字经济、数字城区、数字治理有机统一的“数字中国”。

思维导图

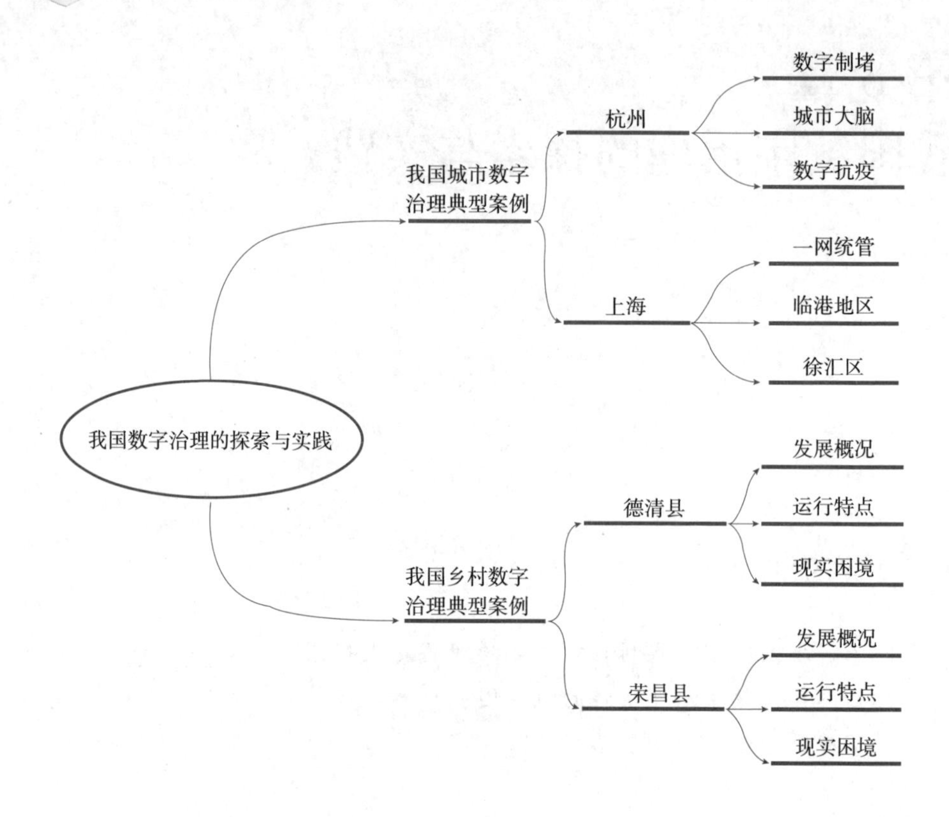

6.1 我国城市数字治理典型案例

党的十九届五中全会通过的《中共中央关于制定国民经济和社会发展第十四个五年规划和二〇三五年远景目标的建议》指出，要“以数字化助推城乡发展和治理模式创新”，还提出鼓励社会力量参与“互联网+公共服务”，创新提供服务模式和产品。基层治理现代化是国家治理体系和治理能力现代化的基础，在数字治理应用如火如荼的今天，如何充分利用技术手段优化资源配置，破解城市基层治理难题，提高基层治理效能，形成稳定健康、安全有序、共建共治、公众参与和社会协同的城市基层治理格局，是需要探讨的重要问题。针对城市基层治理难题，一些地方探索了将数字治理技术与整体性理念相结合的治理创新。

6.1.1　杭州：从“治堵”到“治城”，中国智慧城市的引领者

2010—2015 年是改革开放以来杭州市城市规模快速扩大的 5 年，常住人口由 300 多万迅速扩张到 600 多万，狭小的空间还要承载大量旅游观光和农村就业的流动人口，给城市治理者和市民都带来巨大的压抑感。特别是随着杭州城市由“西湖时代”向“钱塘江时代”转移，杭州市城市建设快速推进，城市规模也由原来的小城市跨入大型城市序列。在城市规模日益扩大的同时，城市问题不断出现，城市治理面临的风险挑战也越来越多。对于一个资源少、工业薄弱、人口密集的新型城市来说，不仅面临着更为复杂的政治、经济、文化问题，而且长期存在的行路难、停车难、就业难、看病难、入学难、入托难等瓶颈问题越发突出，给城市综合治理也带来巨大的压力。因此如何推进城市治理体系建设和治理能力现代化尤显迫切。杭州在全国率先提出建设“城市大脑”，并以交通治理为突破口，带动打通政务、社会数据资源，并以数据运用驱动城市治理。

如今，杭州城市大脑已实现从“治堵”向“治城”的实质性跨越，更是在抗击新冠肺炎疫情的过程中发挥了重要的作用。从信息化到智能化再到智慧化，杭州一直坚持探索，勇于创新，加快智慧城市建设的步伐，为推进国家数字化治理和治理能力现代化提供了案例借鉴。

1. 杭州“城市大脑”之路的起点——“数字治堵”

交通拥堵一直以来都是现代大城市的通病。随着机动车用户越来越多，“治堵”成为城市治理一个亟须解决的问题。杭州城市大脑的应用就是从交通治理开始的，这也是许多人认识它的原因。

2015 年杭州为打好交通治堵攻坚战，启动了城市快速轨道交通建设规划，以完善“四纵五横”城市快速路网体系为重点工作。2016 年以实施综合交通畅通工程、推进交通重点项目建设、加强城市交通治理、提高综合交通管理智能化水平、完善城市慢行系统和绿道网为重点工作。2016 年 9 月初，杭州城市大脑交通模块率先在萧山区投用。该模块通过摄像头获取即时交通流量，让交通信号灯可以根据即时流量来优化路口红绿灯的时间分配，提高交通效率。同时，杭州在全国率先提出建设“城市大脑”，并以交通治理为突破口，带动打通政务、社会数据资源，并以数据运用驱动城市治理。

2017 年杭州“城市大脑”1.0 版正式发布，接管杭州 128 个信号灯路口，试点区域通行时间减少 15.3%，市内高架的通行时间节省 4.6 分钟，在主城区

实现视频实时报警，准确率达95%以上。2018年，杭州“城市大脑”2.0版将管辖范围扩大了28倍，信号灯优化1 300个，每2分钟便可完成一次区域扫描，处置效率提高了9倍，车辆在试点的高架道路上的出行时间比之前节省了4.6分钟。2019年，城市大脑3.0版发布，扩容至公共交通、城市管理、卫生健康、基层治理等11大系统48个应用场景。

运用大数据进行治理，使得杭州一举摘掉交通最拥堵城市全国前5名的“称号”。杭州城市治理是以交通领域为突破口，开启的一场利用大数据技术改善城市交通的探索实践，杭州“城市大脑”概念也由雏形慢慢成熟，实现了从治堵向治城再到治理的跨越式发展，取得了令人刮目相看的巨大成果。

2. 杭州新型现代治理模式——“城市大脑”

在人们的日常生活中，从购物到出行，每天都会产生大量的数据。城市治理应该如何利用好这些海量数据，建设一个真正的智慧城市？

2016年，杭州在全国率先提出建设“城市大脑”的构想。在此之前，各地早有智慧城市建设的各种尝试，如智慧交通、智慧医疗、智慧社区等。然而，由于各部门之间的横向联系较弱，信息共享的程度不足，难以实现跨部门、跨层级的协同运作。在这种情况下，各种民生类应用往往停留在初级水平，重复建设所造成的浪费也在所难免。

与之相比，杭州“城市大脑”的特点在于系统集成，这是一个横向跨部门、纵向跨层级的集约化数字工程，坐落于云栖小镇，由杭州城市大脑运营指挥中心负责全局调度。这样，城市有望在物理空间上、在大数据使用方面，集约化地打造一个系统工程——“城市大脑”（城市CPU）。在大数据、人工智能、物联网等多重技术的赋能下，“城市大脑”能够自主收集信息，并进行处理反馈。“城市大脑”的应用场景包括疫情防控、交通管理、治安防控、生态环境保护、社区治理、政务便民服务等。市民凭借它可以触摸城市脉搏、感受城市温度、享受城市服务，城市管理者通过它能够配置公共资源、作出科学决策、提高治理效能。

2020年3月底，习近平总书记在杭州城市大脑运营指挥中心考察时指出：“让城市更聪明一些、更智慧一些，是推动城市治理体系和治理能力现代化的必由之路，前景广阔。”运用大数据推动城市治理体系和治理能力现代化的“杭州经验”引起了各方的强烈兴趣。目前已有不少城市提出要打造自己的“城市大脑”。2020年12月，中国科学院虚拟经济与数据科学研究中心等多个研究团队联合发布了《城市大脑全球标准研究报告》，其中列举了杭州“城市大脑”、上海“城市大脑”、北京海淀区“城市大脑”、加拿大多伦多“谷歌超级智慧城市”、福州“城市大脑”、铜陵“城市超脑”等多个典型案例。

“治堵”显示成效后，杭州进而推出了与城市管理和服务全面对接的“城市大脑”升级版本，也就是杭州“城市大脑”综合版。截至 2021 年 1 月，“城市大脑”已形成 11 个重点领域的 48 个应用场景、390 个数字驾驶舱。新冠肺炎疫情出现后，杭州迅速建成新冠肺炎疫情防控数字驾驶舱，首创了追踪人员行动轨迹的健康码、助力企业复工复产的数字平台“亲清在线”，实现防疫和复工复产两手抓，为公共卫生危机下的城市治理提供了破解方案。经过不断的实践探索和优化改进，杭州通过城市大脑“治城”获得了显著的成效和丰富的成果。例如，上线全省首个“杭州社区智治在线平台”，打造社区治理的“智治云”、实时在线的“民情通”，进一步拓宽居民参与基层治理路径；根据各街道实际情况、资源禀赋，个性化开发“出租房五色管理”“武林店小二”“健康码智能门禁系统”“安心堂食”等各具特色的街道驾驶舱模块，在实际应用中取得良好成效；全力打造新天地活力街区数字驾驶舱，实现“吃、住、行、游、购、娱”一屏全掌握、一站全体验等。

杭州首创的“城市大脑”是智慧城市建设的实践性工程，也是以往分散化的电子政务工程的系统集成。城市大脑本质上并不是一项技术、一个项目或一个产品，而是政府通过挖掘、利用数据资源，进入数字化发展阶段的入口，是基于数字治理的新治理理念的具体呈现，其核心目标是达到城市治理的“众治、共治和智治”，推动实现城市治理的现代化。

1）现代化城市治理的新范式

（1）政企合作，打造集约化平台。“城市大脑”是一项数字基础设施建设，是对至今为止各种零散的应用平台的集成和升级。为此，杭州成立了国有控股的杭州城市大脑有限公司，负责“城市大脑”项目运营，并以云栖小镇作为城市大脑产业协同创新基地，打造智慧城市必需的“城市 CPU”。政府各部门在云栖小镇派驻政府专班，协调大数据的统筹运用，充分展现了政企合作的特色。

（2）双轮驱动，提升城市竞争力。“城市大脑”是杭州因地制宜将数字经济的优势应用于城市治理的实践性工程。公共服务的拓展升级和数字经济的快速发展相辅相成、双 a 轮驱动，形成“乘数效应”，有效提升了城市治理现代化水平。

2）杭州“城市大脑”的理论意义和实践意义

（1）它是一种新型产业政策，丰富了传统产业政策的内涵，解决了现有已知的问题。比如停车难、看病难、办事难等，都是老百姓多年饱受其苦的问题。针对这样的问题，城市大脑通过数据智能和相应的配套机制，已经形成了很多优秀实践和解决办法，给老百姓带来了幸福感，小小的改变大大地提高了居民的幸福指数。

（2）它是对“企业家型政府”的实践和考验。杭州“城市大脑”体现了新公共管理的理念。2019 年，杭州明确提出打造“全国数字治理第一城”。从“治堵”起步的杭州“城市大脑”走向“治城”。“城市大脑”是数字经济和公共服务的结合，有望提升城市公共服务水平，打通治理瓶颈，同时为市场赋能，激活市场的投资和创新意愿。治理现代化是一项极其复杂而艰巨的长期任务，如今的问题和挑战只是冰山一角，当前城市大脑只是在不到三分之一的城市治理领域做了初步的尝试，还有更广大的未知空间等待着我们去主动探索。

（3）它是对“无缝隙政府”的实践。打造“城市大脑”，必须打破条块分割，进行流程再造，实现信息共享，即打造一个“无缝隙政府”。21 世纪是一个工业社会向知识社会、信息社会全面转型的世纪，构建数字政府成为世界性潮流。其中的难点是：如何破除“信息孤岛”，协调不同部门间的关系与利益。

过去，政府内部各个职能部门“单兵作战”，在寻求其他部门协作时，往往会碰钉子；现在，作为“一号工程”，“城市大脑”致力于打造统一的城市大脑运营指挥中心，客观上倒逼各部门提供数据和信息，形成共享机制。从“治堵”向“治城”迈进，杭州推出的所有公共服务项目都需要多部门、多层级政府的合作，实现信息共享。

杭州城市大脑运营指挥中心在承担中枢运维、指挥应用、成果展示等职能的同时，也搭建了“城市大脑”研发开放平台，构建了由志愿者、政府专班人员、创业团队组成的研发生态。与此同时，杭州“城市大脑”还纵向连接了市、区、县、街道等多层级的治理主体。

“城市大脑”将分散的数据汇聚共享，逐步实现数字治理。随着“城市大脑”智能化水平的提升，一体化的数字平台能够进行自动感知并处置各类信息，从而隔离各种人为干扰，平台统一进行数据存储、智能计算、数据共享、应用集成，减少部门间利益博弈，逐渐破解信息壁垒。

“城市大脑”这样的城市治理范式，由点及面、由面及体地推动了全社会的发展和进步。面向未来，数字技术的“核聚变”仍在进行，城市大脑作为城市治理能力的底座，必须要不断发展以解决未知世界的未知问题。

3. 从“杭州之智”到“杭州之治”

1）杭州智慧城市发展历程

杭州智慧城市发展历程可以划分为四个阶段：探索阶段（2000—2015

年）、集成阶段（2016—2018 年）、成熟阶段（2019—2020 年初）和蝶变阶段（2020 年 2 月以来）。在探索阶段，杭州相继提出“构筑数字杭州，建设天堂硅谷”和“智慧杭州”建设，开展了国家数字城管等试点建设，一条线式发展的数字化治理能力逐渐处于全国领先水平；在集成阶段，杭州率先提出建设城市大脑，实现了由城市大脑 1.0 到城市大脑 2.0 升级，2018 年杭州城市大脑项目获评中国十大创新治理案例之一；在成熟阶段，“中枢系统 + 部门 [区、县（市）] 平台 + 数字驾驶舱 + 应用场景”的城市大脑核心架构基本形成，杭州城市大脑模式开始对外输出。

在蝶变阶段，以城市大脑为核心的城市数字治理解决方案已经成熟，杭州利用城市大脑开展“数字战疫”，“智慧城市”治理水平得到充分展示。在 2020 年 8 月国家相关机构发布的《中国城市数字治理报告（2020）》中，杭州城市数字治理水平位居全国第一。杭州深耕互联网先发优势，成为国家新型智慧城市建设的典型和标杆，持续为城市数字治理输出新理念、新技术。

2）数字赋能，构建“亲”“清”新型政商关系

政商关系是具有历史性且复杂性的议题。2016 年 3 月 4 日，在全国政协十二届四次会议民建、工商联委员联组会上，习近平总书记首次用“亲”“清”二字精辟概括并系统阐述新型政商关系的内涵；2017 年，党的十九大报告中又再次强调要“构建亲清新型政商关系，促进非公有制经济健康发展和非公有制经济人士健康成长”。所谓“亲”即亲近，强调政府和民营企业家双方真诚交流、平等沟通，政府切实帮助企业解决实际困难，支持民营经济发展；“清”即清白，要求政府官员在与民营企业家交往过程中不以权谋私，不搞权钱交易。在互联网时代，新型政商关系以多领域统筹参与、多主体协调联动为基础，着眼于优化政府公共服务，增进政府与企业间的协作。因此，构建新型政商关系需要政府与市场、政府与企业“共治”，而要实现多主体的共同参与，须构建更加高效开放、智能普惠的治理平台。

在开发“健康码”的同时，杭州还上线了面向政商服务的“亲清在线”数字平台。该平台通过杭州城市大脑中枢系统，与部门及区、县（市）业务系统进行数据协同，实现政策服务、在线互动和决策支持等功能，打造政企服务“一键达”模式；在企业端，企业只需通过一个入口，便可实现政府服务“最多点一次”；在政府端，政府采用首处责任制满足企业诉求，从而实现政府服务的精准滴灌。通过“亲清在线”数字平台，数十万名杭州企业员工借助企业信用担保和公共数据比对，不用提交任何资料，就能享受到防疫补贴。

2020 年 7 月，通过流程再造、数据协同、全程在线，“亲清在线”数字平台正式上线了线上行政服务中心，包含企业商事登记、投资审批、员工管理、经贸服务、资质认证等子板块，将“无感”智慧审批纳入城市智慧治理体系，政务服务效能实现了新的跨越式升级。

杭州的“一码一图一指数”助力精密智控防疫和复工复产，“亲清在线”平台由政府牵头、企业开发为在杭企业提供线上办事和政策补助，钉钉平台助推云上办公、云上教育，这都体现出政府和企业之间的目标耦合与利益契合。显然，互联网时代的政府很难仅依靠内部力量来实现治理能力现代化，寻求来自企业的技术支持成为政府变革的必然选择。在疫情背景下，这一逻辑已进一步演化为政府与企业发挥各自在资源配置、技术升级等方面的不同优势，共同应对公共危机。在此种模式下，政府借助企业提供的技术支撑实现精准化、网格化社会治理，企业则依托产业政策、行业准入等外部环境优势实现更高质量发展。

作为首个提出并探索城市大脑建设的中国城市，杭州通过城市大脑实现了从“治堵”到“治城”,从“单一场景”到“综合治理”的转变。从治堵“工具”到治城“利器”,杭州城市大脑成为支撑杭州可持续发展的重要基础设施，在智慧城市建设发展的现阶段，杭州城市大脑的成功为今后智慧城市的建设和发展指引了方向。相信在未来会有更多的便民应用场景在杭州城市大脑上不断“生长”，让城市变得更聪明、更智慧。

6.1.2 上海：从“感知一栋楼”到“温暖一座城”，超大城市治理新模式的引领者

上海是全球超大城市，无论是广度、深度，还是复杂度、不确定性都异常突出。2019 年 GDP 规模达 3.8 万亿元，常住人口超过 2 400 万人，轨道交通运营里程超过 700 千米，建筑总面积达 13 亿多平方米。目前，上海市有 600 多万辆动车、480 万栋建筑物、4.75 万幢高层建筑、24 万台电梯等，这些都是城市运行管理中的最小单元。将城市管理的触角覆盖城市空间的各个区域，效果体现在每时每刻，服务城市中的就业人口、游客、学生、老年人等各类人群，是一项极为困难的工作。不仅如此，对于上海这座超大城市来说，每一天都会遇到不计其数的“新情况”和“小问题”，而这些“新情况”和“小问题”,不仅规模庞大,而且彼此之间交叉又会产生更加错综复杂的问题，将上海的城市治理难度推向一个高峰。作为全国“一网统管”建设的引领者，

上海一直在积极探索超大城市数字化转型的治理新理念与新方法，并致力于让更多的政府资源和社会资源有效集成、共享和融合。

习近平总书记在参加十二届全国人大五次会议上海代表团审议时对上海提出要求："上海这种超大城市，管理应该像绣花一样精细。"要想实现上海这个超大规模城市的精细化管理，这就需要上海摒弃传统城市治理方式，放弃人海战术，依靠科技、互联网和数据实现超大城市治理的整体改革，以精细化治理的思路去解决，从细节入手，改变过去"粗颗粒""一刀切"的管理方式。

上海不断深化"一网通办""一网统管"，依靠以大数据、人工智能、云计算、物联网、5G 为代表的新兴数字技术，通过"技术升级、数据赋能"形成从传统治理到数字治理的转变，超大城市数字治理从区域到全局正在形成共同治理的新局面，企业与公民的幸福感与获得感正在不断提升。

1. "一网统管"：从数据整合到能力整合，让数据决策化，让城市智能化

2019 年，在上海市委、市政府部署下，上海市公安、住建、应急管理、大数据中心等多个部门联合建设上海城市运行管理和应急处置系统（以下简称"城运系统"）。城运系统充分利用智慧公安和大数据、人工智能、云计算、物联网等技术，成为上海城市大脑的重要组成部分。作为上海城市运行"一网统管"的基本载体，城运系统整合接入了公共安全、绿化市容、卫生健康、气象、水务等 30 多个部门的 100 多项基础数据，围绕城市动态、城市环境、城市交通、城市保障供应、城市基础设施五个维度，整合提炼了 86 个一级指标，初步实现"一屏观天下"。

为了更好地为"一网统管"夯实数据基础，从 2019 年开始，上海市大数据中心就依托大数据资源平台推动公共安全、城市管理、社会治理等领域的主题数据库建设，并根据各部门需求，向主题库提供库表及接口服务。其数据来源除法人库、人口库两大基础库外，还包括上海市公安局、上海市规划和自然资源局、上海市交通委员会、上海市水务局等 16 家单位。由此，"一网统管"共享数据总计 25.8 亿条。

在数据融通共享的基础上，为了实现"一网统管"的城市运行保障职能，上海市大数据中心将已接入的城运系统的体征指标类数据归集形成了服务接口资源。仅以建设城市管理这个主题库为例，上海市大数据中心已提供关于城市管理方面的库表 140 张、城市体征相关接口服务 44 个，共享数据达 10 亿条，指标类接口调用量快速突破 160 万次。

同时，针对城市管理难点、堵点、痛点、盲点，“一网统管”通过智能预警手段，结合无人机、高清摄像头等先进设备、智能感知端，依靠水、陆、空等88万个“神经元”，形成客流监测分析、套牌车核查、渣土车未盖顶预警等一系列智能化城市应用场景，实现从预警到处置的闭环管理。同时，城运系统聚焦提升行动能力，整合接入22家单位的33个专题应用，初步实现“一网管全城”。

以“一网统管”城运系统为基础，上海市水务局将防汛防台指挥系统升级为2.0版，重点建设完善灾情直报、积水发现、汛情回溯等8个业务模块。在2020年4月12日的大雨之夜，该系统成为上海防汛的一把利器。

随着上海市民的手机上收到2020年以来首个雷电、大风“双黄”预警，上海市城市运行管理中心的大屏上实时更新防汛中央地圈汇集的157个水位监测点、550个雨量监测点和26个气象采集点的数据信息，实现公安、交建等部门的视频监控信息实时汇聚。

信息的实时汇聚只是第一步，城运系统在汇聚数据的基础上，实现了能力的汇聚。在城运系统强大的“物”的连接能力的支持下，上海防汛中的人、车、物都在迅速连接：1 418个排水泵站、近2.8万公里的地下排水管网、736个疏散点、64个易积水点、1.4万个小区、100多个防汛队伍和车辆，都通过物联网相互连接。借助“一网统管”的城运系统，上海不仅可以在易积水地区提前部署泵车，还可以根据预警实时响应，以最优路线调度泵车。此外，积水监测数据会实时推送到公安、路政部门，便于相关部门及时采取封路等措施。

为了更好地应对夏季降水汛情，汛情回溯模块收集整理了从1921年起对上海造成较重影响的台风的数据，重点分析近10年上海的主要灾害事件（台风、暴雨等）及其关联的气象、雨情、水情、灾情等要素，构建历史汛情智能回溯数据集。当台风来袭时，上海可以将实时汛情与历史数据进行智能比对分析，模拟汛情可能的发展趋势和灾害影响程度，从而作出更科学的防汛决策。

从汇聚数据到汇聚能力，从汇聚能力到产生行动，再到以预测性的防汛决策应对未来上海可能遭遇的极端天气，防汛防台指挥系统2.0版本的升级，已经摆脱了等到所有的问题都发生再去被动解决的模式，能够针对尚未发生的问题（降水汛情），以“上医治未病”的态度补齐城市治理的短板。

“一网统管”的城运系统成了上海各市辖区提升城市治理水平的赋能平台，2020年5月，浦东新区发布上海首个用于文明创建的智能体系——“一网统管－城市大脑－智慧文明智能化应用体系”（以下简称“应用体系”），应用体系被称为浦东新区的“城市大脑 3.0”。浦东新区借助智能化、全员化的数字技术，依托城市大脑系统，将智慧文明指挥调度系统、专项场景应用、市居巡访应用相结合，以精细化治理创建第六届全国文明城区。应用体系成了一个将中心化的“大脑”和高度分散的“神经网络”相结合，按照有机体的生理特征构建的超大型、深触达的协同平台。

在应用体系的支撑下，城市中居民反馈或工作人员在巡查中发现的“新情况”和“小问题”，都可以通过城市治理一线人员的“智慧创城”小程序，上报到浦东城运中心的城市大脑——智慧文明指挥中心，该中心能够快速将城市治理、服务需求分配、下发至一线责任人，一线责任人对“新情况”和“小问题”进行及时处置，并在完成处置后及时上报情况。

“新情况”和“小问题”从发现到处置、解决的全过程都展现在城市大脑智慧文明指挥中心的大屏幕上。应用体系实现毛细血管层面的全程可见、全程可控、全程可信，既加大了处置的力度、加快了处置的速度，又让城市居民感受到了应用体系发挥出的强大作用，形成了城市管理者和城市居民在城市治理问题处置上的双向互信。

从防台防汛、创建文明城区，到查处无证船违法捕捞，“一网统管”让上海多年来沉淀的数据有了洞察力、决策力，让上海这座城市变得更智能。根据规划，2020 年上海“一网统管”体系将升级至 2.0 版。新版本明确了三级平台、五级应用的基本构架，小到社区、单位都能运用。

随着智慧触角延伸到城市治理末端，上海不仅实现了“高效处置一件事”的目标，其各市辖区在创新中，也找到了利用数据和科技解决特有问题的数字治理新路径。

2. 临港地区：三大场景、六能贯穿，人工智能穿透城市治理难题

上海在大治河以南、金汇港以东，以及小洋山岛、浦东国际机场南侧区域设置上海自由贸易试验区临港新片区（以下简称“临港地区”）。按照整体规划，临港地区需要建设着眼未来、智能高效的“未来之城”。但是临港地区的城市建设和管理存在以下几个方面的情况。

（1）地广人稀，人工管理困难。临港地区的面积为 315 平方千米，地广人稀，导致该地区存在较多的管理盲区。临港地区土地面积是上海内环的 2.5 倍，管理人员数量不到内环的十分之一。在 315 平方千米的土地上仅有 30 个监督员，人均管理面积 105 平方千米，管理人员严重不足。临港地区地广人稀的特点导致管理人员对于重点区域、重点人员、车辆、垃圾倾倒等社会综合治

理事件发现不及时，巡查人员投入多，事件处理效率低。

（2）数据共享难。临港地区各管理部门已建成的项目平台及信息化系统的功能未得到有效整合，系统之间数据不互通，系统功能不联动，数据共享机制不完善，产生了多个“信息孤岛”。管理部门内部的数据不通导致不同部门的管理人员获取信息不及时或不准确，无法通过全局视角进行多维数据分析。

（3）大客流管理压力大。随着环湖景观带、海昌公园等景点的逐步开放，越来越多的游客选择在周末或节假日开车到临港地区。游客和车辆的蜂拥而至引发的停车场爆满、道路交通拥堵、黑车出没、停车引导系统较弱等问题给临港地区带来了极大的考验。

如何全面保障游客的出行安全，如何在高人流、高车流、高外来人口的环境下，切实稳固并维护城市公共秩序，成了临港地区管理人员的新难题。为此，临港地区启动了城市大脑建设，实现“三大场景、六能贯穿”，让人工智能穿透城市治理难题。

（1）构建临港地区城市大脑的三个支撑平台（数据资源平台、物联网平台、BM&GIS 平台）。临港地区通过城市大脑的统一基础能力体系，打破数据孤岛、业务烟囱，将业务沉淀为数据，让数据服务于业务。

（2）实现三大覆盖区域。临港地区通过人工智能赋能城区、景区、园区三个区域的精细化管理，实现城区乱点、景区大客流和园区安全事件的预警与协同管理。

（3）提升 6 个基础能力。①图能：临港地区通过“全域三维建模＋卫星地图＋无人机航拍 +BIM”，实现地理信息识别，还原物理世界的空间位置信息。②视能：临港地区通过接入 700 多路摄像头和 10 多种视觉算法，实现机器视觉实时反映人车事件。③感能：临港地区通过设置 10 大类传感器、46 种神经元，构建临港物联感知传感网络，实现设备及环境的感知识别。④数能：临港地区通过“交警＋公安＋票务＋高德地图＋政务”的系统对接，实现数据共享与交换。⑤算能：临港地区通过配置“GPU 集群＋云平台”，获得大规模计算、实时情境仿真和自动优化能力。⑥管能：临港地区通过设置 7 组“无人机＋自动化机库”，实现自动化现场处置管理，提升管理效率。

以临港地区城市大脑建设为基础，临港地区建立起了一套全新的智慧城市精细化管理模式，可实现交通仿真推演、无人机自动巡查、建筑工地污染防控、海岸线巡逻预警、旅游趋势预测等。7 架无人机每周飞行 4 次，实现海岸线自动巡飞，已完成对超过 1 万人次的游客人群的巡视和守护，保障了海昌海洋公园和西岛音乐节活动，支持 89 个业务场景发现，累计识别事件 1 万起以上，准确率达 90% 以上。临港地区的智慧园区 SaaS 服务，支持招商、租赁、营收、税务等园区 ERP 管理云化，并与停车、访客、能耗、消防等智慧园区业务实现对接。

临港地区从 2018 年 10 月起就形成了云调度无人机自动巡查的城市管理模式，无人机能够在 5 分钟内出勤，日飞行里程达到 100 千米以上；如果智能窨井盖破损遗失，报警信息会快速发送到城区“12345”平台；对建筑工地周边的垃圾污染监测可以精确到形状、大小；全区一张图数字模型可推演出未来旅游趋势变化；等等。

3. 徐汇区：智慧化城运平台打造“智慧网格 2.0”

为全面推进城市治理体系及治理能力现代化，提升区政府城市治理水平，徐汇区“智慧网格 2.0”项目坚持问题导向、需求导向、效果导向，充分利用人工智能、大数据、云计算等数字技术，力求建立“全域感知、全息智研、全程协同、全时响应”的现代化城市治理体系。

与此同时，徐汇区作为全国“互联网＋政务服务”示范区及上海市“一网统管”先行区，在推进城市治理现代化过程中，促进部门间信息共享，推进部门间业务联动，打破信息孤岛，实现数据“按需采集”，推进城市“智能感知、智能分析、智能应用”，推进城市智慧化建设中，亟须解决以下几个业务重点问题。

（1）智慧城市精细化管理顶层设计不足。从全区层面看，徐汇区各部门在城市治理工作中自成体系，协同联动性不足，欠缺统筹管理，尚未形成合力。中长期规划的缺失导致各部门、街镇的智慧城市应用建设缺乏连贯性，水平差异较大，发展不均衡。在推进城市网格管理的工作中，各街镇、部门间的业务流程工作职责的边界不清晰，亟须推进业务流程再造，建立网格工作权责清单。

（2）网格中心统一指挥协调缺乏力度。城市智慧网格管理工作涉及城市建管、公共安全、市场监管、民生服务等多个跨部门的领域，在日常的管理指挥协调过程中，涉及的部门及街镇职责交叉、边界不清，目前徐汇区网格中心、街镇网格中心的日常指挥协调能力难以适应工作要求。

（3）部门之间数据共享不够。徐汇区现有的各部门的业务系统数据未完全完成对接，各地、各部门需要按照“谁的系统谁负责对接”的原则，完成自有业务系统与综合服务平台的对接，实现所有业务全部通过综合服务平台统一受理，除涉及安全的数据资源外，其他数据资源要实现100%共享，杜绝“二次录入”，真正做到“单点登录、一网统管”。

（4）信息化建设水平有待提升。随着云计算、大数据、人工智能、物联网等数字技术的发展，以及管理手段的改进，徐汇区各部门的信息系统已无法适应新时期的发展要求，亟须更新换代。同时，各部门间系统对接、信息共享、数据共用程度不高，信息系统与业务应用脱节，融合度不高，数字技术对业务推进的支撑作用未完全发挥。

为了解决上述问题，徐汇区智慧化城运平台进行了以下三方面的构建。

（1）构建可视化大屏。徐汇区基于“一梁四柱”的体系架构，完成“大平安”“大市场”“大建管”“大民生”四大城市治理领域的城市运行体征指标设计、闭环应用场景开发及3D城市建模；通过DataV共设计页面城市运行体征指标3 208个，其中一级页面指标共计632个、二级页面指标共计1 944个、三级页面指标共计632个。

（2）建设数据共享交换平台。徐汇区向下对接数据治理平台、数据仓库，用于数据采集、转换、抽取及向“四柱”各个委办局的应用提供数据。徐汇区大数据中心通过共享交换平台累计归集数据3.8亿条，数据量近3PB，其中智慧网格化2.0（一期）共归集市大数据中心及全区30多个委办局增量数据1.7亿条，数据量达100多GB。

（3）建设人工智能平台。徐汇区向下对接非结构化数仓、数据湖，实现直接抽取图片、文字、视频等相关数据，并利用阿里人工智能算法进行相关分析应用。例如，在“12345”热线分析上，徐汇区从弱势群体来电、精神异常人员来电、群体性事件、多次来电、重复来电、非理性来电、热点事件七个维度出发，开发预警指标，实现来电信息智能判别；在人工智能平台部署上，完成数据探索、标准中心、画像分析三个通用模型及“立体数字魔方”部署，可根据各部门具体业务需求完成相应算法匹配；在业务模型设计上，现已初步完成“企业外迁预警”智能分析模型的开发，并针对“特殊人员行为风险预警”进行模型适配，后续还将推进“民生政策应享未享人群智能发现”“基于企业画像的智能监管”等模型的开发工作。

“智慧网格2.0”将徐汇区的一草一木、一人一事、一房一企化为数据流汇入城市大脑，形成基础数据库。相较于1.0版的智慧网格，2.0版的智慧网格对政府部门的工作要求和城市运行状态的感知能力都有不同程度的提升，城市运行管理更加高效；政府部门之间业务协同更多；基层办事人员数据输入更加便捷，工作压力大大减轻；老百姓对城市管理更加满意。

同时，徐汇区建立起可高效运营、持续发展的四大板块。“大平安”通过智能摄像头、边缘计算等设备和技术对重点路段、场所的人员和事件实时跟踪、预警，形成全区风险分色地图，实时掌握区域平安态势。“大市场”把餐饮企业按照餐饮服务经营主体经营风险的“高风险、中风险、一般风险”和经营反馈的“良好、一般、较差”两个维度交叉划分为九类，实时更新企业监管数据。“大建管”借助智能感知设备监控徐汇区城市体征，推动问题的智能发现、闭环处置。“大民生”围绕社区、家庭、个人三方面，做到对老人、困难人群的需求早感知、早解决。

6.2　我国乡村数字治理典型案例

2021 年中央 1 号文件明确提出全面推进乡村振兴，加快农业农村现代化、加强乡村公共服务、社会治理等数字化、智能化建设，构建现代乡村产业体系。国家乡村振兴局正式挂牌，已开始全面实施乡村振兴战略，随着我国农业规模的持续扩大，基于我国数字经济、数字技术的发展现状，不断出现一批用数字化赋能乡村治理的典型案例。

6.2.1　德清：数字赋能加快县域治理

浙江省湖州市德清县位于浙江北部，东望上海、南接杭州、北连太湖、西枕天目山麓，位于长三角腹地，多年来位列全国百强县。多年以来，德清县致力于全面推进全域数字化治理试验区的建设，持续提升县域治理现代化水平，同时提升人民对于高品质生活的体验感与获得感。德清县是浙江省首批美丽乡村示范县之一，同时又作为联合国世界地理信息大会的举办地，拥有杰出的美丽乡村和数字技术发展基础。近年来，德清县始终坚持把以地理信息技术为基础而引申出来的数字技术广泛运用到社会生活中的方方面面，特别是融入乡村振兴、乡村治理工作之中，在全省率先构建“数字乡村一张图”，建成了全国首个渔业尾水治理全域智能监管平台，并在全县的 141 个行政村进行数字化治理，有效推动了县域农村生产、生态、生活的全面数字化转型。德清县始终坚持发展数字经济，聚焦数字产业和智能制造业，有序推进产业数字化和数字产业化的建设，培育融合应用新动能、推广数字治理新模式，全方位构筑一流的数字经济创业创新生态系统。

1. 德清县数字治理发展概况

数字乡村治理的基础在基层，实施数字乡村战略对于推进农村基层基础工作进程、提升乡村治理体系和治理能力现代化水平等方面意义重大。德清县在实施数字治理过程中，分别立足管理高效化、场景数字化、生活服务在线化和应用快捷化，运用人工智能等信息技术，对焦乡村治理体系中的人、财、地三要素，致力于以发现问题的智能化、处理过程的自动化、事件管理全流程为核心，构建涵盖乡村规划、经营、环境、服务等乡村治理的数字化平台，统筹协调推动数据资源资产的整合汇聚和辅助决策，实时动态化掌握乡村生产、生活、生态发展状况，加速推进实现"数字乡村一张图"新愿景。

德清数字赋能乡村发展方面有三大要点：智能转型、农旅结合、电商销售特色农产品。在乡村治理方面，积极探索"一图全面感知"的乡村治理模式，着力构建乡村数字治理框架体系，构建全领域的数字化空间规划建设管控体系，基本实现了县域乡村治理数字化平台全覆盖。在乡村服务方面，深入推进信息惠民工程，打造线上线下连通的服务平台，不断提升乡村数字服务水平，优化服务渠道建设。

德清县充分发挥独有的"地理信息＋人工智能"基础设施优势，将数字技术、数字经济运用到了社会发展、社区治理的每一环节，实现了县、镇、村三级联动数据和资源之间的共享，政府和服务机构无偿使用公共数据，为乡村数字治理的发展探索出了新方向，进一步加快德清全域数字治理试验区建设和治理现代化步伐。

德清县全力打造乡村治理数字化平台，探索构建乡村数字治理"135"框架体系。"1"即打造一个统一的乡村治理"数据底座"。充分利用"城市大脑"的建设数据作为支撑，实施"数据治理沃土计划"。通过对政务数据的接入、现场数据搜集和物联感知设备推送等渠道，加快乡村治理数据统计，提升处理环节运行效率，构建专题数据库，打造德清乡村治理数据库，推进乡村治理数据资源共建共享。通过"数字乡村一张图"把历年投入的公共基础设施设备等数据接入"城市大脑"，实现数据资源利用最大化。目前已打通58个部门，归集垃圾分类、智能出行等282类基础数据，为乡村数字化治理提供基础的数据支持。"3"即构建"一图一端一中心"的应用支撑体系。"数字乡村一张图"用于实时动态呈现、分析乡村运行状况，及时为乡村治理提供辅助决策；"一端"包括面向居民提供日常服务的"浙里办"和本地数字生活服务的"我德清"小程序，以及面向政务办公的"浙政钉"小程序；"一中心”就是建设一个“数据融通、跨域联动、平战结合”的乡村数字治理中心。“5”即推动乡村经营、乡村服务、乡村监管、乡村治理、基层设施五大治理模块数字化。目前已建立了城乡三维地图建模、人口动态迁移感知系统、乡村治理多规合一应用等 20 个重点实施项目，在全县 137 个行政村实现“数字乡村一张图”全覆盖，各类平台应用为乡村数字治理提供了信息技术的支持。

德清设立了多个线上讨论平台，建立高效、便捷的线上民情反馈渠道，通过手机小程序，村民可以快速反映身边各类生活服务问题，如乡贤议事厅、微改革、社区共享、微公益、清廉乡村等。通过这些线上平台，打通线上线下综合治理，实现反映—响应—处理—反馈—评价的全流程闭环，为社会治理增速增效。不断增强居民参与乡镇治理的意识，村民通过手机 App 就可以参与村里事务管理，管理者在后台可以及时发现和解决村民所反映的问题，并将各类诉求总结提交到基层治理平台，实现线上线下互通，各方协同解决乡村治理中各项事务，形成全区域的数据治理闭环体系。例如，新市镇宋市村的“幸福云”，通过微信发布以“幸福指数”为核心的指标体系，将垃圾分类、环境整治、美丽庭院、村规民约的执行效果列为考核对象，量化分值。当地居民可以在线上对村级事务进行管理、讨论、决策和监督，使日常生活服务变得更加方便快捷。例如，通过平台实时反馈的服务进程行走轨迹，让每一次服务都留底，随时记录过程中发现的各类问题，通过现场定位，缩短问题报送、问题交办流程，真正做到让群众参与、让群众监督、让群众发声。

“最多跑一次”“一次都不跑”的政务办事改革逐步向村级延伸，在各村安装政务服务一体机，设立乡村“跑小二”，涉及养老服务、社会救助、社会事务三类共 34 个事项，结合“浙里办”便民服务平台，方便群众网上办事，实现居民的全生命周期管理服务。整合了乡村基础设施大数据，如道路维护、公共厕所、各类应急电话、停车位等，将信息定向推送到线上平台，让群众及时掌握最新消息动态。如“逝者身后一件事”实施后，家属只要拨打“12345”热线电话后，后续一系列工作都可交由相关部门进行办理，真正实现民政为民的服务理念。以“最多跑一次”改革为牵引，创新推出“企业码”应用，大力推进个人和企业事项“一件事”全流程办理，实现了全县政务服务事项 100% 的“一证通办”“网上办”“掌上办”。搭建“我德清”数字生活平台，村民足不出户即可享受挂号就诊、求职招聘以及养老等便捷服务。推动“数字残联”建设，建设无障碍智能公交，建立“无障碍在线地图”和阳光服务平台，残障人士等特殊人群基本实现小至日常生活配送、大到康复器械申领的“一键送达”。

在“我德清”平台上，设立便利商城、幸福邻里、在线查档、挂号就诊、12349 热线等便民板块。推出“德清人买德清菜”“德清人买德清货”线上系列活动，通过盒马鲜生、京东、淘宝等线上平台销售德清本地农产品，实现销售额 3 000 余万元。推进“互联网 + 医疗健康”，建立“数字家医”服务平台，开展签约医生线上问诊、线下配药的惠民服务，解决了乡村医疗服务“最后一公里”问题，有效满足了城乡居民日渐增多的多元化需求。

德清县一直以来着力于建设促进城乡融合发展的数字乡村，逐步完善数字治理、数字乡村建设的整体规划设计，在数字化、智能化深入推进的同时，通过实施数字乡村战略，推进城乡基础设施建设、互联互通和城乡之间要素的合理流动，消除城乡之间由地理位置、环境、交通、人才、技术资源等因素差异造成的信息不对称，提升乡村发展整体水平，加快缩小城乡基本公共服务和收入水平差距，运用信息化引领驱动产业兴旺、生态宜居、乡风文明、治理有效、生活富裕，加速推进德清的全面振兴。

近年来，德清县一方面通过加大财政投入，整合各种资源，以地理信息技术为基础，围绕农村全域和农业生产全产业链，开展着一场大规模的“数字革命”。另一方面全面推进全域数字治理试验区建设，推动着县域农村生产、生态、生活加快转型和升级。通过数字赋能乡村发展，数字赋能乡村治理，数字赋能乡村服务，在开展数字乡村建设过程中，推进了数字技术与农业产业的深度融合，不断优化乡村数字服务。

2. 德清县数字治理运行特点

1）以地理信息技术产业推动县域治理

在 2012 年，德清县开始结合县域实际地理位置、信息技术的发展等状况，初步选择了以地理信息为主要发展产业，并出台了《地理信息企业培大育强三年行动计划》，围绕测绘、软件开发和卫星遥感等项目进行整个县域的全产业链布局，逐步打造地理信息小镇。

近年来，德清县始终坚持以推动“地理信息 +”的发展为牵引，紧密围绕卫星导航、航天航空遥感、地理信息系统开发和装备制造领域，探索地理信息大数据的开放共享以及与各领域融合应用，逐步构建国内领先的地理信息小镇。

（1）以高品质要求建设地理信息小镇。德清县始终坚持打造国际一流的地理信息小镇，累计投入 50 多亿元开展小镇基础设施建设，总计 52 幢产业大楼和近 2 000 套人才公寓投入使用，科教文化生活等配套功能也在逐步建立完善。2018 年，地信小镇的总营业收入达到 102 亿元，财政收入超 8 亿元，成功实现连续五年翻倍增长，被命名为省特色小镇。德清地信大会的召开更进一步催化了小镇的发展，共有全球 108 个国家和地区的 1 300 余名嘉宾，ESRI、京东、百度等 218 家行业龙头及知名企业出席。近年来，德清地理信息小镇品牌名声持续扩张，全国特色小镇现场经验交流会在当地举办，地信小镇精致大气的场馆设施成为德清县新地标。

（2）稳步发展地信小镇核心产业。坚持“抓龙头、铸链条、建集群”，制订出台全国首个《地理信息企业培大育强三年行动计划》，250 余家地理信息相关企业、近万人的创业团队等逐步聚集地信小镇，初步形成了一条集成地理信息搜集、处理、使用、服务的完整产业生态链，成功签约 4 个百亿元级大项目和 1 个世界 500 强直接投资项目，逐步高质量发展核心产业。

2）持续提升全域数字化治理水平

德清始终坚持以推进“城市大脑”的建设为牵引，逐步提升数字化治理管理服务水平，构建“一图全面感知、一号走遍德清、一键可知全局、一体运行联动、一屏智享生活”的线上德清智慧治理局面。

德清目前数据计算模块的资源使用率已达到 60% 以上，其中，经济监测、社会治理、民生服务等领域的应用较为广泛，成效初显。并且正逐渐扩大数字治理“覆盖面”，完成“城市大脑”的基础平台建设，已实现总体县域面积 60% 以上的 5G 网络覆盖率，在全省范围内率先建成县域工业企业大数据管理平台，全面绘制县域产业和工业企业数字地图，实现了工业经济实时精准掌握和产业发展精准引导。建成智慧化“一窗受理”监管系统以及智能化同城通办服务，智慧城管、智慧交通、智慧停车、垃圾分类等智能系统逐步投入使用。

德清的大数据管理平台汇集了 56 个部门 3 270 万条基础数据，先后完成了人口、婚姻、户籍等 296 项数据接口赋权，为智能化公共数据平台建设打下了坚实基础。与此同时，德清县计划向公众有序开放数据信息，真正实现数据共享，建立数据资源确权、开放、流通、交易等制度，重点对电子政务、数字金融、智慧医疗等领域进行数据共享。

3）打造全国智能制造应用标杆区

德清率先出台《德清县智能工业发展规划（2017—2022 年）》和《德清县智能工厂和智能车间认定管理暂行办法及评分细则》。确定了一批以德华、泰普森、欧诗漫、鼎力机械为代表的重点培育企业名单和重点智能化技改项目清单，并积极组织召开服务商对接会、专家问诊等活动，有效加快企业智能化数字化转型升级的步伐。在全省率先建成、启用自动驾驶封闭测试场，精度10厘米的自动驾驶地图在德清全域覆盖，并打造出一批未来工厂、智能车间，重点企业装备数控化率、工业设备联网率分别达到70%、55%以上，有效塑造未来产业赋能智能工业的现代化产业格局。持续探索深化新一代信息技术在装备制造、智能家居、医疗卫生等制造领域的应用。

3. 德清县数字治理现实困境

1）乡村地区信息基础设施建设较为薄弱

德清的县域数字化治理需要以数字技术为支撑，而数字技术的广泛应用，离不开互联网的支持。在德清的部分农村地区特别是偏远地区，数字基础设施建设还是较为薄弱，光纤网络、5G网络等信息基础设施还未实现全覆盖，甚至一些偏远地区的通信网络信号较弱。

2）对于数据的收集和处理存在困难

在德清目前的日常工作中，镇村两级在乡村治理、地理信息、数字治理、公共服务等方面所需要统计的数据日益增多。但在数据的采集和统计过程中，由于设备的硬件条件限制和数据搜集人员素质限制，往往存在数据不全面和出现错误等情况；数据收集完成后，在接下来的数据传输过程中，也不免会存在处理不及时导致时间滞后或传输错误的情况；最后在使用过程中，又会由于信息获取平台的缺乏，需要数据的相关部门或人员无法及时获取到所需要的数据，给数据共享带来困难。在德清的数字治理过程中，要不断完善数据获取方式，加快数据共享平台的建设进程，促进各个领域的治理数据协同发展，确保及时收集和传输各类数据信息资源，实现各方数据的有效对接。

3）数字人才较为缺乏

在数字经济的背景之下，从短期来看，乡村地区迫切需要提升人才的数字技术能力，在乡村地区，人们普遍缺乏对数字技术和数字经济的认知，许多乡村人员由于思维和视角的局限，数字化发展意识不强，未能跟上德清数字治理的步伐，数字人才是目前德清较为稀缺的资源，要想解决这个问题，还需要各方人员的不断努力。首先要完善人才引进机制，落实人才优惠政策。根据县域产业链、创新链、资金链整体部署，集中力量重点引进拥有国内外领先技术和科研成果、能推动重点产业技术突破和能带动高新技术产业发展的科研人才。增强对中高层次人才、复合型人才的吸引力和凝聚力，以更加开放的视野引进、使用人才，把积极引进培养人才作为提升德清人才总体水平的有效途径，充分发挥高层次人才在各领域中的引领作用。其次需要加强培训交流，健全培养机制。分类分层次，加快工业和信息化复合型人才的培养，对工作人员定期进行考核培训，大力开展岗位技能提升培训，全面提高德清人员专业技术水平，对专业技能人才实行定点培养、定向分配。

4）人民群众的数字思维不足

在德清进行数字治理的过程中，最大的问题还是人民群众的不配合，有很多人对于电子政务、电子商务、数字化服务嗤之以鼻，不愿去学习这些新产品新服务，所以需要大家培养良好的数字思维，促进数字乡村的发展。

5）乡村地区对数字技术的后端支持不够

数字技术嵌入乡村发展离不开大数据、物联网等数字技术的支撑，特别是需要用到数据挖掘、数据分析、数据安全等技术，将隐藏在海量数据中的有价值的信息分析挖掘出来。而事实上在乡村地区，数字技术的应用等方面暂时还比较落后。

6.2.2　荣昌：把“数字荣昌”建设作为推动区域发展的突破口

重庆市荣昌区位于重庆西部和四川省接壤处，是重庆西部的门户，辐射渝西川东区域的中心城市，是成渝地区双城经济圈新兴战略支点，是重庆主城都市区桥头堡城市。荣昌区古称昌州，因宋代诗句“天下海棠本无香，独昌州海棠香气扑鼻”故有“海棠香国”之称。2015 年 6 月，荣昌撤县设区。全区幅员面积 1 077 平方千米，辖 21 个镇街，其中有 15 个镇、6 个街道，文化底蕴深厚，生态环境优美，自然资源丰富，产业特色鲜明，荣昌区以荣昌猪、安陶、夏布作为支柱产业，其中荣昌猪为其特色农业。在中央“一号文件”关于数字乡村试点的战略引导下，荣昌区确立了大力发展农业农村数字经济，构建乡村数字治理体系，推动农业农村高质量发展，抢占了全国数字乡村建设制高点的发展思路，农村产业不断发展，农村经济趋势向好，现代农业发展迅速。被誉为国家畜牧科技城，世界优良猪种“荣昌猪”原产地，全国首个农牧特色国家高新区、国家生猪大数据中心建设地，国家现代农业示范区，也是每两年一届的“中国畜牧科技论坛”定点举办地，拥有重庆市畜牧科学院和西南大学荣昌校区等高校及科研机构。

1. 荣昌区数字治理发展概况

近年来，重庆市荣昌区积极推动高质量发展新动能向农业农村地区延展，加快5G网络等新型基础设施建设，引导企业走数字化转型之路，推动企业实施智能化改造、建设数字化车间和智能工厂。依托重庆市畜牧科学院、重庆天兆优质种猪繁殖场、国家级生猪交易市场、国家级生猪大数据中心建设，加快智慧畜牧建设，串联起科研、饲养、销售和大数据“一条线”的智慧畜牧产业新格局，促进了信息技术与农业农村全面深度融合。在推进数字乡村建设方面，抢抓入选国家数字乡村试点建设机遇，统筹发展数字乡村与智慧城市，加快数字技术对农村地区生产、生活、治理等全面渗透，加快信息化服务普及，一大批以数字化、智能化为招牌的“智囊中心”正在荣昌区加快建设。

1）社会治理平台推动荣昌数字治理

荣昌区的社会治安综合治理中心拥有矛盾纠纷联调、社会治安联防、重点工作联动、突出问题联治、基层平安联创、服务管理联抓等功能，将智慧荣昌治理数据大平台、社会治理大数据中心、网格化服务管理中心、法院诉非对接中心、矛盾纠纷多元化解处置中心、研判指挥中心六个治理中心合为一体。全区的人口、交通、生产、生活等数据信息，通过视频监控大屏展示在综治中心内，同时运用AI行为识别技术、人工智能、大数据、物联网等技术进行科学精准有效的识别和分析，推动荣昌区管理工作的数字化发展。

荣昌区的社会治安综合治理中心利用“雪亮”工程已建设的视频监控资源，接入公安“应指工程”视频监控资源和前端监控点位，通过人工智能、大数据、物联网技术，构建社会治理专用的视频图像感知网，实现对违规行为进行有效识别和管理，24小时不间断自动识别和采集机动车违停、非机动车违停、沿街晾晒、违规宣传物、人群异常聚集等行为，实现了执法、商家、居民共治，社会治理的自循环，解决了基层治理发现及时性、取证有效性和治理成本较高三个难题。同时，能够实现精准执法、管理，优化城市环境、提升文明程度。通过数字技术的应用，加强数据利用能力，实现数据融合，提高荣昌区科学化、智能化管理水平，成功实现社会治理先进管理新模式的探索，提升精细化管理水平和基层社会治理水平，打造全区政法综治维稳的“前线指挥部”。

如今，社会治安综合治理中心已正式上线近两年，已然成为荣昌区科学高效发展的推动力，自2019年11月试运行以来，通过人工智能、大数据、物联网技术，识别上报城市管理有效事件，并进行协调处理，处置率高达91%，助推了荣昌区域社会治理现代化建设新进程，荣昌区社会治理能力的提升，恰恰也展现出数字荣昌建设的深远意义。

2）打造荣昌区特色治理模式

在社会治安综合治理中心的基础上，荣昌区不断以数字赋能提升治理能力，构建了三级综治中心智慧调度体系，建立了“昌州管家”城市管理 App 信息系统平台，着力打造社会治理现代化的荣昌模式。

三级综治中心智慧调度体系整合了荣昌区各方资源，打造信息归集的平台，被用来支撑前端的综合指挥以及后台的实时研判考评，发挥“中枢平台”的指挥功能。利用 187 路视频监控和网格员的手持终端“智慧综治 App”平台，构成社会治理专用的“大眼睛 + 小眼睛”，智能识别 11 种城市管理场景，加快推进 21 个镇街、156 个村（社区）综治中心标准化、实体化建设，镇（街道）综治中心拥有社会治理、公共服务、综合行政、便民服务功能，村（社区）综治中心发挥着矛盾排查化解、问题发现、民生服务第一线阵地作用，荣昌区一直着力于构建三级综治中心指挥调度体系，实现“一地调度、一地统管、一网通办”目标。

与中国移动荣昌分公司合作开发的“昌州管家”App，由“街道管家”“社区管家”“网格管家”“小区管家”“楼栋管家”“门店管家”六大部分组成，各“管家”分别由街道领导、专职网格员、业主委员会或物管公司负责人、门店负责人等担任。将“网格管家”作为“昌州管家”的核心组成部分，聘请 366 名专职网格员担任，通过不定时巡查片区、联系走访社区居民，联络网格内的小区管家、楼栋管家、门店管家及居民，及时发现问题、反馈问题，协调处理社区居民关心的热点、难点问题。

如今在荣昌区，无论是路边缺失的井盖、小区外露的电线、居民家中积水等各类居民生活问题，还是商业咨询、投资管理等经济商业类问题，只要民众有所反映，就会有相关负责部门在第一时间响应，社会公众诉求全面畅通的“绿色通道”在荣昌区已然形成，实现了问题处置交办全域覆盖，全力打造后发崛起的荣昌样板、绿色美丽的城市名片、民生幸福的温暖家园、社会治理的“智治”典范。

3）抢占数字乡村建设制高点

近年来，荣昌区在深入推进乡村振兴战略中，大力推进了荣昌猪的数字化管理，为建设数字荣昌打下了坚实的产业基础。为实现从传统农业大区向现代农业强区的转变，荣昌区坚持抓数字赋能、抓产业富农，确立了抢占全国数字乡村建设制高点的发展目标。

荣昌猪是世界八大优良种猪、全国三大地方良种猪之一，荣昌猪以其适应性强、杂交配合力好、遗传性能稳定、瘦肉率较高、肉质优良、鬃白质好等优良特性而驰名中外。2021年，荣昌区家禽出栏783.6万只，肉类总产6.4万吨，蛋类总产1.2万吨，拥有西南畜牧生产资料最集中的供应加工企业66家，荣昌区畜牧产业规模达到200亿元，创下历史新高。荣昌区生猪大数据中心借助大数据、物联网、云计算、区块链技术，创新打造了“容易管”“容易养”“容易卖”“容易贷”四大平台，打造全区生猪产业的“数字大脑”。有效解决了生猪交易链条过长、公平缺失、质量难溯、成本难降等一系列问题，确保生猪养殖、贩运、屠宰一站式实时监管，实现了生猪活体线上交易+线下交收，以及生猪养殖、贩运、屠宰一网式实时监控，成功开创了中国生猪活体网络市场。目前，荣昌猪已形成链条完整、融合度较深、科技含量较高、富有特色的产业集群。

在生猪大数据中心新馆中，通过智能猪场养殖监测大屏可以看到实时交易、存栏情况、智慧猪场、养猪机器人等数据流，这些宝贵的数据资产，能够持续为生猪大数据中心以及养殖商户赋能，不同的数据接收进来后，可以将其打包放到不同的数据池里，每个池子装满数据可以形成一个数据模块，根据不同需要，这些数据模块可以独立，也可以结合，为养猪个体户、科研单位及上下游供应链提供实验模型和决策依据。

（1）“容易管”平台实现猪肉全链条溯源监管。食品安全问题一直是消费者及社会各界都密切关注的重要问题，生猪产业监管的难点在于活体流动性大、养殖基数统计、生猪运输监管、猪肉产品溯源这几个方面，荣昌区为实现猪肉全链条溯源监管，利用区块链技术实现猪肉产品全程溯源，研发“荣易管”电子签章平台，形成集生猪养殖、贩运、屠宰、销售于一体的生猪产业区块链数字监管平台。

2021年9月，“荣易管”平台研发完成，在全区内全面启用，并规定5个群体必须在“荣易管”微信小程序上注册，包括农业综合执法部门、市场监管部门、区内生猪定点屠宰企业、猪肉经营户（含批发和零售）、猪肉使用单位（含食品生产企业、餐饮服务单位、学校和机关企事业食堂、建筑工地食堂、养老机构食堂等）。“荣易管”电子签章平台通过手机端微信小程序和电脑端后台系统进行操作，可以实现开具电子检疫证明、电子检疫证明信息流转溯源和查阅、猪肉分销信息填报、核销、公众查询检疫信息功能。

这是荣昌猪在监管上的重大创新，“荣易管”以生猪全生命周期数字监管逻辑，通过大数据分析和建模，打通生猪溯源卡点，提高监管流通效率。“荣易管”对各环节市场主体、监管主体行为进行痕迹化管理和风险预警，将生猪免疫、产地检疫、屠宰检疫、无害化处理、车辆洗消5个印章电子化、溯源化、无纸化管理。最终，“荣易管”实现了章章关联、证章关联、人章关联，确保生猪养殖、贩运、屠宰环节全程精细化、数字化监管。

如今，荣昌区每个猪肉经营户摊位都有一个二维码，市民通过扫描这个猪肉销售商户溯源码，能够实时查询猪肉产品来源去向。目前，“容易管”生猪养殖、贩运、屠宰、销售环环相扣的信息链条，已实现 3.2 万余养殖户、412 名猪贩、235 个猪肉摊户及各大餐饮企业的信息上链，对 12.2 万余头生猪开展了全程溯源监管，保障猪肉食品安全，确保全区群众“舌尖上的安全”，实现食品安全社会监督、社会共治。

“荣易管”App 的使用有效解决了传统食品安全监管效率低下的问题，破解了畜牧产业监管难问题，提高了生猪食品安全管理、产业调控和动物疫病防控能力。

（2）“容易养”平台降低养殖户养殖成本和养殖风险。生猪大数据中心可通过全区范围内的数据采集、数据筛选、数据分析，就各生猪品种的生长性能、各年龄段生猪存栏数量、价格变化等数据进行实时采集和分析，养殖户在养殖前可登录大数据服务门户获取数据，确定自己的养殖品种和养殖规模。通过物联网与各个养殖场相连，实时采集生猪养殖过程数据。养殖户仅凭一台智能手机就可在养殖全过程中享受智能化服务。借助大数据中心的猪脸识别技术，养殖户用手机扫描猪脸后，大数据中心后台就可以实时展示出这头生猪的活动轨迹，一旦这头猪生病了，其活动轨迹就会出现反常，并及时向养殖户发出警报。大数据中心还通过语音技术采集、分析生猪的各种声音，如在母猪产仔后，一旦仔猪被踩、被压，大数据中心就可根据它们的叫声，及时提醒养殖户。

（3）“容易卖”开设生猪线上交易平台。生猪活体网上交易市场运用“农业互联网 +”模式打造国内最大的生猪现货交易电子平台，在电子交易屏上，实时显示全国生猪价格指数和交易情况，每 5 秒钟更新一次。为全社会提供生猪市场价格信息，构建起生猪价格波动的避风港，促进养猪产业持续、健康发展。生猪活体网上交易可以实现 365 天交易不停歇，随时随地进行交易，并覆盖全国的生猪无形市场，真正实现“卖猪却不见猪”的线上交易模式。养殖户能够参考市场行情，合理安排自己的养殖规模及周期，生猪屠宰加工企业能够与养殖户直接在线沟通，市场充足的货源为生猪屠宰加工企业合理安排生产加工提供了保障，健全的保证金制度为在线信息发布、订立电子合同、实现线上交易提供了安全保障。数字化市场交易平台的搭建，减少了生猪交易的买卖环节，借助移动互联网的先进技术，解决了线上交易标准、疫病防控及实物交收三大难题。

（4）“容易贷”开设生猪金融服务平台。通过生猪大数据中心为各养殖户建立的信用评价体系，养殖户还可快捷获得银行信用贷款和农业保险支持，大幅降低了生猪养殖智能化服务成本，只需一部智能手机就可全部搞定，哪怕是规模很小的散养户也能从中获益。

2. 荣昌区数字治理运行特点

近年来，随着荣昌区城乡通信设备的不断建设完善，互联网、计算机技术在农业生产经营和乡村综合治理中快速发展，数字技术衍生出的各项数字化应用，正为荣昌区的数字化发展注入新的力量。荣昌区的数字乡村建设发展历程，既是我国现代农业发展的要求，也是数字经济大背景下乡村振兴的发展方向。

荣昌区在建设数字乡村时，第一步，缩小了城市与乡村之间的信息鸿沟，搭建社会治理数字化平台，让荣昌区的社会管理更智能，加快了城乡一体化的进程；第二步，使更多的信息资源从城镇流向农村，激活了乡村经济高质量发展的内生动力；第三步，通过搭建的生猪大数据中心平台，不断提升人民群众的获得感、幸福感、安全感，展现出了具有荣昌区特色的乡村振兴发展路径。

1）数字化城管系统提升农村居民生活幸福感

路上井盖缺失，线上反馈后30分钟便有人来处理；上午贴的小广告，下午便没了踪影，数字化城管信息采集员在外出巡逻时，会将发现的问题第一时间拍照记录，上传至数字化城管指挥中心系统中。通过“城管通”App，采集员可以对随时发现的问题进行GPS定位和拍照取证，发送到系统平台后，平台工作人员根据问题类别派遣到相关责任单位，并督促责任单位进行处理。信息采集深入荣昌的大街小巷，让传统管理模式从被动受理变为主动发现，并通过数字城管系统及时有效处理问题，有力推进了城市管理网格化、精细化、数字化进程。荣昌数字化城管系统自2016年8月升级更新至今，有效上报案件85 564件，立案79 063件，派遣79 062件，已结案归档73 225件，结案率92.62%。

在2019年9月“荣昌城管”微信公众号开通后，共收到关系民生的夜间施工、私搭乱建、夜市噪声和门市占道等市民反映强烈的城市问题1 168条，均得到了有效解决。数字化城管系统彻底改变了过去城市管理传统模式和手段，使粗放型管理向精细长效管理转变，由“小城管”向“大城管”转变，为城市的有序运行充当最前沿的“观察哨”。

2）互联网 + 调解 · 司法确认平台

建立“互联网 + 调解 · 司法确认中心”，延伸智能终端实现在线联调、在线立案、在线司法确认。依托综合调处信息平台，按照“多口受理、分流办理、反馈结案”优化再造矛盾纠纷调处的闭环管理流程，打造“呼、转、应”线上全周期 链条。整合 12345 热线、信访、综调等平台诉求反映入口，全天候、零门槛在线接收群众报事、网上信访和调解诉求。搭建案件过滤筛查模型，按照信访、调解、诉讼、执法四类分流派送至责任部门或镇街、村（社区），以网格化管理建立线上“连心团队”协同应答，定制“信息二维码”，矛盾当事人、调解员及关系人等“一码跟进”矛盾纠纷进度、流转进程和调处结果，真正实现“让群众少跑路，让数据多跑腿”目标。

3）推进互联网在医疗行业的创新应用

荣昌区依托人民医院建立了区域影像远程诊疗中心，推进远程诊疗，推动远程会诊、远程诊断、远程查房、远程培训等。荣昌区内 21 家医共体分院已经全部开通远程诊疗。2019 年以来，累计完成远程会诊 90 589 例 、远程查房 3 429 人次、远程培训 21 268 人次。

4）数字平台完善数字化治理

2018 年，荣昌区与中卫慧通合作，上线“村务云 · 在村头”数字乡村综合管理平台，提供基层大数据服务及基层党建、政务等基层治理方面的智能化综合服务。旨在推进荣昌区基层工作的现代化，提高基层办事效能，切实把信息化、大数据、云服务等现代技术融入区乡村振兴的工作中。

“村务云”智慧信息平台，是基于中卫慧通自主研发的“数字乡村与基层治理服务云平台”，为荣昌区各部门提供基础信息化服务和数据服务。整合了基层工作资源，涵盖基层党建、基层办公、基层组织、阳光公开、人居环境、法律综治、便民服务七大板块，为基层工作人员提供党员管理、党费缴纳、村集体经济、脱贫攻坚、特殊人群管理等信息化管理功能，通过统一的管理平台，解决基层组织重复性、机械性的工作及部门间数据开放共享不足等问题，为荣昌区乡村基层工作资源的合理分配和科学决策提供大数据决策支持，推进基层治理向“一网共治”积极转变，真正实现让数据多跑路，让群众少跑腿。

从“村务云 · 在村头”上线运营开始，已整合全区 85 万居民数据、3 万党员数据、2 000+ 条村干部数据、3 000+ 精神病患数据以及 7 个区级业务部门的业务数据、完成村干部在线联审 300+ 人次、随访探视 5 000+ 次，累计采集数据表单 16 000+ 条。“村务云·在村头”平台大幅提高荣昌区基层工作效率，积累数据资产，创新基层数据价值，为基层工作资源的合理分配、科学决策赋能。

在该平台内，可以实现居民信息管理、网格管理、路面巡查、政务宣传、民意调查、政策发布和新闻咨询七大功能。居民可以通过民情反馈功能，上报环境卫生问题等诉求，在村民自愿的情况下，平台按照就近原则，将附近一个区域的村民、村干部、乡村医生等组成虚拟网，形成10~15人的“平安家园”互助小组。如果遇上盗窃、火灾等突发事件，可直接拨打6995向群组内其他成员发起语音请求，就近的村民、村干部、治安室便能立即收到求救信息并马上参与救助。

3. 荣昌区数字治理现实困境

荣昌区基层治理目前主要面临着三大困境：①各类系统平台互不兼容，数据整合共享难度较大，难以高度融合。②基层矛盾纠纷、安全隐患等问题难以得到及时发现。③乡村人才振兴能力发挥不够。

社会治理现代化是一项需要持续探索和实践的系统工程，未来荣昌区还需持续完善社会治理现代化架构，不断提升治理能力和治理体系现代化水平，不断输出“数字荣昌”建设经验。

本章小结

本章从城市和乡村两个角度，分别阐述其数字治理的发展历程。每个地区的地理位置和发展现状不同，所采取的数字治理实现路径也各不相同，通过运用信息技术，实现信息的全方位流动和全方位整合，形成了新的治理结构。城市的数字治理对于提升城市自身服务水平，促进城市发展、满足居民日常生活需求具有重要意义。农村地区数字治理有助于提升村民参与村级治理的有效性，提高公共事务透明度，有利于实现农村社区治理体系和治理能力现代化，具有重要的现实意义。

复习思考题

1. 如何看待数字治理在城市与乡村中实践的意义？本章案例中各地区数字治理的措施分别是什么？

2. 杭州市“城市大脑”是如何建设的？具体有哪些建设举措？

3. 抓好上海“一网统管”系统的关键是什么？

4. 德清县基于乡村治理数字化平台是如何实施数字治理的？

5. 荣昌区在未来应当如何改善当前存在的现实困境？

参考文献

1. 图书

[1] 廖小平，孙欢 . 国家治理与生态伦理 [M]. 长沙：湖南大学出版社，2018.
[2] 胡宏力，张蕾 . 电子商务理论与实务 [M].2 版 . 北京：中国人民大学出版社，2016.
[3] 张建锋 . 数字治理：数字时代的治理现代化 [M]. 北京：电子工业出版社，2021.
[4] 梅宏，杜小勇，吴志刚，等 . 数据治理之论 [M]. 北京：中国人民大学出版社，2020.
[5] 钱志新 . 数字新经济 [M]. 南京：南京大学出版社，2018.
[6] 朱建良，王廷才，李成，等 . 数字经济 [M]. 北京：人民邮电出版社，2017.
[7] 刘冬冬，鲁四海 . 赋能数字经济 [M]. 北京：人民邮电出版社，2017.
[8] 俞可平 . 治理与善治 [M]. 北京：社会科学文献出版社，2000.
[9] 王益民 . 数字政府 [M]. 北京：中共中央党校出版社，2020.
[10] 樊博 .G2G 电子政务的协同效率改进研究 [M]. 北京：清华大学出版社，2013.
[11] 田显俊. 变革时期社会治安治理体系研究 [M]. 成都：电子科技大学出版社，2016.
[12] 李习彬 . 电子政务与政府管理创新 [M]. 北京：科学出版社，2004.
[13] 竺乾威 . 公共行政理论 [M]. 上海：复旦大学出版社，2008.
[14] 杨志芳 . 信息管理基础 [M]. 西安：西安交通大学出版社，2008.
[15] 徐继华，冯启娜，陈贞汝. 智慧政府：大数据治国时代的来临 [M]. 北京：中信出版社，2014.
[16] 芳汀 . 构建虚拟政府：信息技术与制度创新 [M]. 邵国松，译 . 北京：中国人民大学出版社，2004.
[17] 桑斯坦 . 网络共和国：网络社会中的民主问题 [M]. 黄维明，译 . 上海：上海人民出版社，2003.
[18] 韦斯特 . 数字政府：技术与公共领域绩效 [M]. 郑钟扬，译 . 北京：科学出版社，2011.
[19] 卡斯特 . 网络社会的崛起 [M].3 版 . 北京：社会科学文献出版社，2006.
[20] 戈德史密斯，埃格斯 . 网络化治理：公共部门的新形态 [M]. 孙迎春，译 . 北京：北京大学出版社，2008.
[21] 郁建兴 . “最多跑一次” 改革：浙江经验，中国方案 [M]. 北京：中国人民大学出版社，2019.

[22] DUNLEAVY P. Digital era governance: IT corporations, the state, and e-government[M]. Oxford: Oxford University Press, 2006.

[23] VEBLEN T, BELL D. The engineers and the price system[M]. New York: Routledge, 1982.

[24] PAVLICHEV A, DAVID GARSON G. Digital government: principles and best practices [M]. London: Idea Group Publishing, 2004.

[25] MILAKOVICH M E. Digital governance: new technologies for improving public service and participation[M]. New York: Routledge, 2012.

[26] Perri 6, et al. Towards holistic government: the new reform agenda[M].New York: Palgrave, 2002.

2. 期刊

[1] 何哲．通向人工智能时代：兼论美国人工智能战略方向及对中国人工智能战略的借鉴[J]. 电子政务，2016（12）：2-10.

[2] 储宵，郭高晶．基于GBCP和谐三角管理模型的政府数据开放与利用研究[J]. 理论建设，2018（1）：34-37.

[3] 薄贵利．推进政府治理现代化[J]. 中国行政管理，2014（5）：52-57.

[4] 唐皇凤．数字利维坦的内在风险与数据治理[J]. 探索与争鸣，2018（5）：42-45.

[5] 赵敬丹，李志明．从基于经验到基于数据：大数据时代乡村治理的现代化转型[J]. 中共中央党校（国家行政学院）学报，2020，24（1）：130-135.

[6] 佟林杰，牛朝文．基于数字孪生的智慧城市建设研究[J]. 四川行政学院学报，2021（5）：18-26.

[7] 丁波．数字治理：数字乡村下村庄治理新模式[J]. 西北农林科技大学学报（社会科学版），2022，22（2）：9-15.

[8] 郑磊．数字治理的效度、温度和尺度[J]. 治理研究，2021，37（2）：2，5-16.

[9] 黄建伟，陈玲玲．国内数字治理研究进展与未来展望[J]. 理论与改革，2019（1）：86-95.

[10] 黄建伟，陈玲玲．我国数字治理的历程、特征与成效[J]. 国家治理现代化研究，2019（2）：61-75，244.

[11] 贺建风．新形势下数字经济的发展与治理[J]. 人民论坛·学术前沿，2020（17）：40-47.

[12] 樊博，王妍．数字治理的发展逻辑解析[J]. 吉首大学学报（社会科学版），2021，42（4）：89-96.

[13] 陈万球，廖慧知．新时代我国数字治理的机制创新探析[J]. 长沙理工大学学报（社会科学版），2021，36（5）：63-68.

[14] 王放，姚敏．新形势下提升数字治理能力的有效路径[J]. 人民论坛，2021（18）：79-81.

[15] 李赟，冯贺霞，何立军 . 提升社会治理的数字化智能化水平：中国社会治理研究会数字治理分会成立暨数字治理座谈会观点综述 [J]. 社会治理，2021（6）：93-96.
[16] 邵春堡 . 新时代数字技术、数字转型与数字治理 [J]. 中国井冈山干部学院学报，2020，13（6）：55-64.
[17] 孟天广 . 数字治理全方位赋能数字化转型 [J]. 政策瞭望，2021（3）：33-35.
[18] 赵娟，孟天广 . 数字政府的纵向治理逻辑：分层体系与协同治理 [J]. 学海，2021（2）：90-99.
[19] 孟天广 . 政府数字化转型的要素、机制与路径：兼论“技术赋能”与“技术赋权”的双向驱动 [J]. 治理研究，2021，37（1）：2，5-14.
[20] 宋灵恩 . 以数字治理助推国家治理现代化 [J]. 信息通信技术与政策，2021，47（8）：12-16.
[21] 陈端 . 数字治理推进国家治理现代化 [J]. 前线，2019（9）：76-79.
[22] 彭志刚 . 数字治理时代政府治理面临的现实困境与对策 [J]. 辽宁行政学院学报，2021（4）：59-62.
[23] 朱玲 . 我国数字政府治理的现实困境与突破路径 [J]. 人民论坛，2019（32）：72-73.
[24] 刘建新，徐焕然 . 我国政府数据开放共享保障机制研究：现状、问题与对策 [J]. 电子知识产权，2021（4）：65-77.
[25] 王健 . 深化数字赋能城市治理现代化的路径 [J]. 党政干部论坛，2021（2）：38-40.
[26] 朱耿 . 数字治理驱动城市治理能力现代化的机理、路径和对策 [J]. 改革与战略，2020，36（12）：32-39.
[27] 许竹青，骆艾荣 . 数字城市的理念演化、主要类别及未来趋势研究 [J]. 中国科技论坛，2021（8）：101-107，144.
[28] 姚尚建 . 被计算的权利：数字城市的新贫困及其治理 [J]. 理论与改革，2021（3）：80-89，155.
[29] 褚敏 . 透视新冠肺炎疫情下的城市治理 [J]. 上海城市管理，2020，29（3）：2-3.
[30] 汪玉凯 . 提高数字治理能力是城市治理现代化的关键 [J]. 国家治理，2020（43）：32-37.
[31] 傅荣校 . 基层数字治理的“智治”逻辑 [J]. 小康，2021（24）：59-61.
[32] 顾仲阳 . 让数字化更好赋能乡村治理 [J]. 农村·农业·农民（A 版），2021（9）：12.
[33] 沈费伟，叶温馨 . 数字乡村建设：实现高质量乡村振兴的策略选择 [J]. 南京农业大学学报（社会科学版），2021，21（5）：41-53.
[34] 沈费伟，叶温馨 . 基层政府数字治理的运作逻辑、现实困境与优化策略：基于“农事通”“社区通”“龙游通”数字治理平台的考察 [J]. 管理学刊，2020，33（6）：26-35.
[35] 刘淑春 . 数字政府战略意蕴、技术构架与路径设计：基于浙江改革的实践与探索 [J]. 中国行政管理，2018（9）：37-45.

[36] 于君博，戴鹏飞．打开中国地方政府的数字治理能力“黑箱”—— 一个比较案例分析 [J]. 中国行政管理，2021（1）：36-41，78.
[37] 汪雪芬，江婷，王国勤．数字治理时代的政治共识凝聚机制研究：以杭州市政协网络信息技术平台建设为例 [J]. 中共天津市委党校学报，2021，23（2）：86-95.
[38] 沈费伟，诸靖文．数据赋能：数字政府治理的运作机理与创新路径 [J]. 政治学研究，2021（1）：104-115，158.
[39] 陈涛，郜啊龙．政府数字化转型驱动下优化营商环境研究：以东莞市为例 [J]. 电子政务，2021（3）：83-93.
[40] 汪雷，王昊．乡村振兴视域下的数字乡村治理：困境与出路 [J]. 邵阳学院学报（社会科学版），2021，20（4）：32-37.
[41] 杨东霞，韩洁，郭威．党建引领强村善治和数字赋能乡村治理研讨综述两篇 [J]. 农业农村部管理干部学院学报，2021（1）：89-95.
[42] 冯献，李瑾，崔凯．乡村治理数字化：现状、需求与对策研究 [J]. 电子政务，2020（6）：73-85.
[43] 赵琨，苏昕．嵌入“智治”：乡村数字化治理的趋向与探索 [J]. 领导科学，2021（18）：86-89.
[44] 韦棋．乡村数字治理要做到“四个新”[J]. 宁波通讯，2021（15）：59.
[45] 彭志刚．数字化技术助推乡村振兴的现实困境及路径思考 [J]. 中国农村科技，2021（8）：60-63.
[46] 江维国，胡敏，李立清．数字化技术促进乡村治理体系现代化建设研究 [J]. 电子政务，2021（7）：72-79.
[47] 韩瑞波．敏捷治理驱动的乡村数字治理 [J]. 华南农业大学学报（社会科学版），2021，20（4）：132-140.
[48] 郑永兰，信莹莹．乡村治理“技术赋能”：运作逻辑、行动困境与路径优化：以浙江F镇“四个平台”为例 [J]. 湖南农业大学学报（社会科学版），2021，22（3）：60-68.
[49] 黄莉莉．推进农业农村数字化改革的若干建议：德清打造数字乡村赋能乡村振兴的实践及启示 [J]. 浙江经济，2021（3）：56-57.
[50] 卢志朋，陈新．乡贤理事会：乡村治理模式的新探索——以广东云浮、浙江德清为例的比较分析 [J]. 云南行政学院学报，2018，20（2）：96-102.
[51] 杨解君．政府治理体系的构建：特色、过程与角色 [J]. 现代法学，2020，42（1）：15-30.
[52] 吴慧娴，付光伟．数字政府概念的社会史考察 [J]. 河南科技学院学报，2021，41（5）：18-22，29.
[53] 王洛忠，闫倩倩，陈宇．数字治理研究十五年：从概念体系到治理实践——基于CiteSpace 的可视化分析 [J]. 电子政务，2018（4）：67-77.

[54] 李月，曹海军 . 省级政府数字治理影响因素与实施路径：基于 30 省健康码应用的定性比较分析 [J]. 电子政务，2020（10）：39-48.
[55] 王少泉 . 美国数字政府治理经验在我国的应用分析 [J]. 天中学刊,2018,33(5)：5-11.
[56] 王少泉 . 我国数字政府治理：现实与前景 [J]. 贵州省党校学报，2019（3）：87-95.
[57] 王少泉 . 数字时代治理理论：背景、内容与简评 [J]. 国外社会科学，2019（2）：96-104.
[58] 王少泉 . 我国数字政府治理的现状、问题及推进途径 [J]. 重庆三峡学院学报，2018，34（6）：32-37.
[59] 王少泉 . 系统权变视域下数字政府治理结构演进分析 [J]. 中共福建省委党校学报，2018（1）：76-83.
[60] 王少泉 . 德国数字治理镜鉴下的中国国家治理现代化 [J]. 重庆行政，2019，20（6）：6-9.
[61] 陈少威，贾开 . 数字化转型背景下中国环境治理研究：理论基础的反思与创新 [J]. 电子政务，2020（10）：20-28.
[62] 何圣东，杨大鹏 . 数字政府建设的内涵及路径：基于浙江“最多跑一次”改革的经验分析 [J]. 浙江学刊，2018（5）：45-53.
[63] 路清琳，满雪 . 制约数字政府治理整合的制度逻辑 [J]. 才智，2020（29）：126-127.
[64] 陈少威，俞晗之，贾开 . 互联网全球治理体系的演进及重构研究 [J]. 中国行政管理，2018（6）：68-74.
[65] 黄璜 . 中国“数字政府”的政策演变：兼论“数字政府”与“电子政务”的关系 [J]. 行政论坛，2020，27（3）：47-55.
[66] 黄璜 . 数字政府：政策、特征与概念 [J]. 治理研究，2020，36（3）：2，6-15.
[67] 刘密霞，朱锐勋 . 数字政府演化进路及其驱动模式分析 [J]. 行政与法，2019（10）：22-28.
[68] 陈小华，潘宇航 . 数字政府：演进阶段、整体形态与治理意蕴 [J]. 观察与思考，2021（1）：97-106.
[69] 于跃 . 智慧政府的生成与演进逻辑 [J]. 电子政务，2019（7）：93-100.
[70] 戴长征，鲍静 . 数字政府治理：基于社会形态演变进程的考察 [J]. 中国行政管理，2017（9）：21-27.
[71] 马亮 . 数字政府建设：文献述评与研究展望 [J]. 党政研究，2021（3）：99-111.
[72] 曾智洪，游晨，陈煜超 . 积极型政府数字化危机治理：动员策略与理论源流——以抗击新冠肺炎疫情为例 [J]. 电子政务，2021（3）：61-72.
[73] 郑跃平，SCHACHTER H L. 电子政务到数字治理的转型：政治、行政与全球化——评 Digital Governance：New Technologies for Improving Public Service and Participation [J]. 公共行政评论，2014，7（1）：170-177.
[74] 杨国栋 . 数字政府治理的理论逻辑与实践路径 [J]. 长白学刊，2018（6）：73-79.

[75] 韩兆柱，马文娟 . 数字治理理论及其应用的探索 [J]. 公共管理评论，2016（1）：92-109.
[76] 韩兆柱，马文娟 . 数字治理理论研究综述 [J]. 甘肃行政学院学报，2016（1）：23-35.
[77] 韩兆柱，李亚鹏 . 数字化治理、网络化治理与网格化管理理论的比较研究 [J]. 学习论坛，2017，33（3）：41-46.
[78] 韩兆柱，翟文康 . 西方公共治理理论体系的构建及对我国的启示 [J]. 河北大学学报（哲学社会科学版），2016，41（6）：96-104.
[79] 韩兆柱，翟文康 . 西方公共治理前沿理论述评 [J]. 甘肃行政学院学报，2016（4）：23-39，126-127.
[80] 韩兆柱，单婷婷 . 网络化治理、整体性治理和数字治理理论的比较研究 [J]. 学习论坛，2015，31（7）：44-49.
[81] 孙志建 . 数字政府发展的国际新趋势：理论预判和评估引领的综合 [J]. 甘肃行政学院学报，2011（3）：32-42，127.
[82] 曾凡军，王宝成 . 西方政府治理图式差异较析 [J]. 湖北社会科学，2010（10）：48-51.
[83] 曾维和 . 当代西方政府治理的理论化系谱：整体政府改革时代政府治理模式创新解析及启示 [J]. 湖北经济学院学报，2010，8（1）：72-78.
[84] 陈水生 . 新公共管理的终结与数字时代治理的兴起 [J]. 理论导刊，2009（4）：98-101.
[85] 王文凯，肖伟 . 论数字治理模式及在我国的运用 [J]. 成都行政学院学报，2007（6）：26-28.
[86] 杨雁斌 . 千年之交的社会形态：《网络社会的崛起》一书评介 [J]. 国外社会科学，2001（6）：62-66.
[87] 蓝志勇 . 公共利益意识是建设和谐社会的文化核心 [J]. 中国行政管理，2006（6）：21-22.
[88] 陈振明，薛澜 . 中国公共管理理论研究的重点领域和主题 [J]. 中国社会科学，2007（3）：140-152，206.
[89] 陈振明 . 评西方的“新公共管理”范式 [J]. 中国社会科学，2000（6）：73-82，207.
[90] 魏娜，韩芳 . 邻避冲突中的新公民参与：基于框架建构的过程 [J]. 浙江大学学报（人文社会科学版），2015（4）：157-173.
[91] 杨楠 . 大国“数据战”与全球数据治理的前景 [J]. 社会科学，2021（7）：44-58.
[92] 邓念国 . 整体智治：城市基层数字治理的理论逻辑与运行机制：基于杭州市 S 镇的考察 [J]. 理论与改革，2021（4）：58-69，155-156.
[93] 鲍静，贾开 . 数字治理体系和治理能力现代化研究：原则、框架与要素 [J]. 政治学研究，2019（3）：23-32，125-126.

[94] 孟庆国，崔萌，吴晶妹，等 . 政府公信力的伦理解释与建构：数字治理价值实现的基础理论 [J]. 中国行政管理，2021（2）：14-20.
[95] 徐雅倩，王刚 . 数据治理研究：进程与争鸣 [J]. 电子政务，2018（8）：38-51.
[96] 沈逸 . 数字时代均衡治理的新需求与新框架 [J]. 人民论坛，2021（1）：42-44.
[97] 杨学敏，刘特，郑跃平 . 数字治理领域公私合作研究述评：实践、议题与展望 [J]. 公共管理与政策评论，2020，9（5）：3-18.
[98] 蒋敏娟 . 地方数字政府建设模式比较：以广东、浙江、贵州三省为例 [J]. 行政管理改革，2021（6）：51-60.
[99] 卢晓蕊 . 数字政府建设：概念、框架及实践 [J]. 行政科学论坛，2020（12）：10-13.
[100] 李军鹏 . 面向基本现代化的数字政府建设方略 [J]. 改革，2020（12）：16-27.
[101] 潘志安，陶明，邬丹华 . 国外数字政府建设经验及对我国的启示与建议 [J]. 科技广场，2019（3）：35-41.
[102] 王孟嘉 . 数字政府建设的价值、困境与出路 [J]. 改革，2021（4）：136-145.
[103] 林梦瑶，李重照，黄璜 . 英国数字政府：战略、工具与治理结构 [J]. 电子政务，2019（8）：91-102.
[104] 姚水琼，齐胤植 . 美国数字政府建设的实践研究与经验借鉴 [J]. 治理研究，2019，35（6）：60-65.
[105] 吕美璇 . 中国数字政府治理困境与解决路径研究 [J]. 改革与开放，2020（16）：31-35.
[106] 罗强强 . 中国数字政府研究：现状、演化及启示 [J]. 辽宁行政学院学报，2021（1）：22-27.
[107] 单斐，孙亮，郭中梅 . 数字政府建设研究与思考 [J]. 邮电设计技术，2020（2）：13-16.
[108] 陶勇 . 如何打造“数字政府”[J]. 小康，2018（24）：28-30.
[109] 王伟玲 . 加快实施数字政府战略：现实困境与破解路径 [J]. 电子政务，2019（12）：86-94.
[110] 冯媛媛，黄其松 . 大数据驱动的数字政府治理：发展历程与研究议题 [J]. 贵州大学学报（社会科学版），2020，38（6）：44-53.
[111] 黄其松，刘强强 . 大数据与政府治理革命 [J]. 行政论坛，2019，26（1）：56-64.
[112] 谭必勇，刘芮 . 数字政府建设的理论逻辑与结构要素：基于上海市“一网通办”的实践与探索 [J]. 电子政务，2020（8）：60-70.
[113] 陈娟 . 数字政府建设的内在逻辑与路径构建研究 [J]. 国外社会科学，2021（2）：74-83.
[114] 贾开 . 数字治理的反思与改革研究：三重分离、计算性争论与治理融合创新 [J]. 电子政务，2020（5）：40-48.
[115] 鲍静，范梓腾，贾开 . 数字政府治理形态研究：概念辨析与层次框架 [J]. 电子政务，

2020（11）：2–13.
[116] 张晓，鲍静 . 数字政府即平台：英国政府数字化转型战略研究及其启示 [J]. 中国行政管理，2018（3）：27–32.
[117] 陈玲，段尧清，王冰清 . 数字政府建设和政府开放数据的耦合协调性分析 [J]. 情报科学，2020，38（1）：162–168.
[118] 黄未，陈加友 . 创新行政管理和服务方式 推进数字政府建设 [J]. 贵州社会科学，2019（11）：16–19.
[119] 白志华 . 以数字政府建设提升政府治理能力 [J]. 中共石家庄市委党校学报，2020，22（9）：45–48.
[120] 曾盛聪，卞思瑶 . 走向大数据治理：地方治理的政策工具创新趋势——基于多个经验性案例的考察 [J]. 社会主义研究，2018（5）：86–95.
[121] 徐晓林，明承瀚，陈涛 . 数字政府环境下政务服务数据共享研究 [J]. 行政论坛，2018，25（1）：50–59.
[122] 王谦 . 数字治理：信息社会的国家治理新模式——基于突发公共卫生事件应对的思考 [J]. 国家治理，2020（15）：31–37.
[123] 刘昱婷，吴畏 . 关于推进“数字政府”建设的若干建议 [J]. 信息通信技术与政策，2018（7）：74–77.
[124] 吴田，张帆 . 机关事务管理与数字政府建设：美国联邦总务署（GSA）实践研究及启示 [J]. 江苏师范大学学报（哲学社会科学版），2020，46（3）：90–101，124.
[125] 邵晓红，李旭 .“数字政府”背景下领先政府网站的发展趋势 [J]. 通信与信息技术，2020（4）：56–59.
[126] 吴磊 . 政府治理数字化转型的探索与创新：以广东数字政府建设为例 [J]. 学术研究，2020（11）：56–60.
[127] 张鸣 . 数字时代政府治理改革的实践与深化 [J]. 理论视野，2019（4）：54–58.
[128] 钟伟军 . 公民即用户：政府数字化转型的逻辑、路径与反思 [J]. 中国行政管理，2019（10）：51–55.
[129] 曹雨佳 . 政府数据开放中的个人隐私保护：国外经验及启示 [J]. 厦门特区党校学报，2021（4）：63–68.
[130] 窦悦 . 数据开放共享与个人隐私保护对策研究：层次数据与算法问责 [J]. 现代情报，2021，41（7）：146–153.
[131] 陈家宁 . 大数据时代公共数据的公用性实现机制研究 [J]. 北京城市学院学报，2021（1）：79–84.
[132] 周林兴，崔云萍 . 智慧城市视域下政府数据开放共享机制研究 [J]. 现代情报，2021，41（8）：147–159.
[133] 王新明，桓德铭，邹敏，等 . 我国公共数据开放现状及对策研究 [J]. 江苏科技信息，2021，38（25）：40–43.

[134] 商希雪，韩海庭．政府数据开放中个人信息保护路径研究 [J]. 电子政务，2021（6）：113–124.

[135] 本刊编辑部，闫薇．联结多元主体　走向协同共治 [J]. 中国社会工作，2021（10）：20.

[136] 宋宪萍．当前我国城市社会风险的多元协同治理 [J]. 甘肃社会科学，2021（4）：22–29.

[137] 陈瑞，梁若男．协同治理理论视角下多元主体参与社区公共安全治理研究 [J]. 法制与社会，2021（21）：125–126.

[138] 吴克昌，闫心瑶．数字治理驱动与公共服务供给模式变革：基于广东省的实践 [J]. 电子政务，2020（1）：76–83.

[139] 何继新，郁琭．城市精细化治理中基层公共服务供给重构与转变创新 [J]. 理论与现代化，2020（3）：56–64.

[140] 马闯．城市治理的“数智化”路径探索 [J]. 人民论坛・学术前沿，2020（20）：116–119.

[141] 刘俊英．区块链技术之于社会治理创新的影响分析：基于多中心治理理论的视角 [J]. 社会科学战线，2021（6）：209–216.

[142] 刘锋．“城市大脑”：构建智慧未来 [J]. 中国建设信息化，2021（15）：36–39.

[143] 于江，魏崇辉．多元主体协同治理：国家治理现代化之逻辑理路 [J]. 求实，2015（4）：63–69.

[144] 韦棋．乡村数字治理要跨越“表面数字化”陷阱 [J]. 宁波通讯，2021（11）：59.

[145] 苏岚岚，张航宇，彭艳玲．农民数字素养驱动数字乡村发展的机理研究 [J]. 电子政务，2021（10）：42–56.

[146] 高其才．以智慧治理助推乡村“善治”目标实现 [J]. 国家治理，2019（19）：29–33.

[147] 王雪竹．区块链技术对首都社会治理的应用场景解析 [J]. 前线，2020（6）：75–78.

[148] 张佳星，谢熠，彭凯平．区块链与社会治理：契合、优势与风险 [J]. 社会发展研究，2020，7（1）：23–37，242.

[149] 杜健航．政府数字化转型下基层干部行动策略研究：基于数字素养全球框架研究 [J]. 经济研究导刊，2021（25）：106–109.

[150] 李志强．以高质量立法强化数字监管 [J]. 中国质量监管，2021（3）：13.

[151] 陈程．数字人才的发展现状与应对策略：基于德国和加拿大等 6 国的比较 [J]. 中国科技人才，2021（4）：25–35.

[152] 王彬，刘磊鑫．新冠疫情防控下的数字治理实践 [J]. 青海科技，2020，27（2）：15–17.

[153] 汪波，郭雨欣．当代中国数字治理：主题、动态与发展趋向 [J]. 武汉科技大学学报（社会科学版），2019，21（4）：412–418.

[154] 刘丹 . 国内外数字政府研究现状及启示 [J]. 江苏商论，2021（10）：30-32，43.
[155] 齐英程 . 作为公物的公共数据资源之使用规则构建 [J]. 行政法学研究，2021（5）：138-147.
[156] 胡税根，杨竞楠 . 新加坡数字政府建设的实践与经验借鉴 [J]. 治理研究，2019，35（6）：53-59.
[157] 胡税根，杨竞楠 . 发达国家数字政府建设的探索与经验借鉴 [J]. 探索，2021，217（1）：77-86.
[158] 孙珠峰，胡伟 . 后新公共管理时代钟摆现象 [J]. 南京社会科学，2013（9）：68-75.
[159] 孙珠峰，胡伟 . 后新公共管理主要特征研究 [J]. 理论月刊，2015（6）：140-145.
[160] 于春永 . 跨越的碰撞，飞跃的构想：《构建虚拟政府：信息技术与制度创新》评析 [J]. 电子政务，2012（5）：58-61.
[161] 刘红芹，汤志伟，崔茜，等 . 中国建设智慧社会的国外经验借鉴 [J]. 电子政务，2019（4）：9-17.
[162] 章燕华，王力平 . 国外政府数字化转型战略研究及启示 [J]. 电子政务，2020，215（11）：14-22.
[163] 杨巧云，梁诗露，杨丹 . 国外政府数字化转型政策比较研究 [J]. 情报杂志，2021，40（10）：128-138.
[164] 黄建伟，刘军 . 欧美数字治理的发展及其对中国的启示 [J]. 中国行政管理，2019，408（6）：36-41.
[165] 代佳欣 . 英美新三国政府开放数据用户参与的经验与启示 [J]. 图书情报工作，2021，65（6）：23-31.
[166] 庞金友 . 大变局时代国家治理能力的谱系与方略 [J]. 人民论坛 · 学术前沿，2020，206（22）：76-83.
[167] 向小雪，黄勇 . 电子政务中“信息孤岛”问题的思考 [J]. 中国质量与标准导报，2018（1）：63-67.
[168] 崔成，蒋钦云 . 日本超智能社会 5.0：大变革时代的科技创新战略 [J]. 中国经贸导刊，2016（36）：34-36.
[169] 董一凡，李超 . 欧盟《数字单一市场战略》解读 [J]. 国际研究参考，2016（3）：5-9.
[170] 闫德利 . 欧盟：建设数字单一市场 [J]. 互联网天地，2019（4）：34-42.
[171] 于晓，叶申南 . 欧日韩数字经济政策、发展趋势及中国策略 [J]. 财政科学，2021（6）：135-141.
[172] 周利敏，钟海欣 . 社会 5.0、超智能社会及未来图景 [J]. 社会科学研究，2019（6）：1-9.
[173] 朱启超，王姝 . 日本“超智能社会”建设构想：内涵、挑战与影响 [J]. 日本学刊，2018（2）：60-86.
[174] 闫德利 . 数字英国：打造世界数字之都 [J]. 新经济导刊，2018（10）：28-33.
[175] 王喜文 .《数字英国》：力图打造世界“数字之都”[J]. 信息化建设，2010（11）：

47–48.

[176] 曲鹏飞 . 全球数字治理的中国方案：背景、内涵及路径 [J]. 中国井冈山干部学院学报，2021（4）：99–107.

[177] 翟崑 . 数字全球化的战略博弈态势及中国应对 [J]. 人民论坛，2021（17）：86–88.

[178] 山田直史，高島洋典，木村康則 . 超スマート社会（Society5.0）実現に向けて：CPS/IoT とその後 [J]. 情報管理，2017（5）：325–334.

[179] 陈辰 . "解剖"百年历史建筑：上海城市智能体迈出关键一步 [J]. 信息系统工程，2021（3）：177.

[180] 陈云 . 杭州"城市大脑"的治理模式创新与实践启示 [J]. 国家治理，2021（17）：16–21.

[181] 胡税喜 . 数字化改革背景下杭州城市治理现代化的探索与实践 [J]. 城乡建设，2021（13）：28–31.

[182] 徐越倩，宋淑溶 . 数字技术对政商关系的影响机制研究：以杭州市"亲清在线"平台为例 [J]. 电子政务，2021（7）：43–56.

[183] 刘天慧 . 数字经济发展路径比较研究与政策分析：以天津市为例 [J]. 北方经济，2021（7）：49–52.

[184] 徐晓林,周立新 . 数字治理在城市政府善治中的体系构建 [J]. 管理世界,2004(11)：140–141.

[185] 徐晓林, 刘勇 . 数字治理对城市政府善治的影响研究 [J]. 公共管理学报,2006（1）：13–20，107–108.

[186] 翁士洪 . 数字时代治理理论：西方政府治理的新回应及其启示 [J]. 经济社会体制比较，2019（4）：138–147.

[187] 韩啸 . 信息技术、组织结构和制度安排何以让虚拟政府成为可能 ?——评《构建虚拟政府：信息技术与制度创新》[J]. 公共管理评论，2017（1）：145–153.

[188] 马述忠，郭继文 . 数字经济时代的全球经济治理：影响解构、特征刻画与取向选择 [J]. 改革，2020（11）：69–83.

[189] SORENSEN E. Democratic theory and network governance[J]. Administrative Theory & Praxis，2002，24（4）：693–720.

[190] DUNLEAVY P. the second wave of digital-era governance：a quasi-paradigm for government on the Web[J]. Philosophical Transactions of the Royal Society a Mathe Matial，Physical and Engineering Sciences，2013，371（1987）：1–3.

[191] LING T. Delivering joined - up government in the UK：dimensions，issues and problems[J]. Public Administration，2002，80（4）：615–642.

[192] ASGARKHANI M. Digital government and its effectiveness in public management reform：a local government perspective[J]. Public management review,2005,7(3)：465–487.

[193] ALONSO R G, CASTRO L D. Technology helps, people make: a smart city governance framework grounded in deliberative democracy[J]. Public administration and information technology, 2016 (11): 333-347.

[194] BAIOCCHI G. Emergent public spheres: talking politics in participatory governance[J]. American sociological review, 2003, 68 (1): 52-74.

[195] RHODES R. A. W. The new governance: governing without government[J]. Political studies, 1996, 44 (4): 652-667.

3. 会议录、论文集

[1] DUNLEAVY P, TINKLER J, GILSON C, et al. Understanding and preventing delivery disasters in public services[C]// Political Studies Association Conference, Edinburgh, 2010: 29.

4. 学位论文

[1] 曹亦寒 . 十八大以来我国国家层面数字治理政策文本的量化研究 [D]. 杭州：浙江大学，2021.

[2] 蔡云芳 . 数字治理视角下温州市政府网站建设研究 [D]. 咸阳：西北农林科技大学，2021.

[3] 冯菲菲 . 乡村振兴背景下西部贫困农村数字治理研究 [D]. 南充：西华师范大学，2021.

[4] 赵亮 . 数字治理视角下地方政府公共服务能力提升路径研究 [D]. 南宁：广西大学，2020.

[5] 吴祎宽 . 城市治理数字化转型的实证研究 [D]. 杭州：中共浙江省委党校，2020.

[6] 周静娴 . 单一界面的数字化治理水平提升研究 [D]. 杭州：浙江工业大学，2020.

[7] 李靓 . 兰州市数字化城市管理提升研究 [D]. 兰州：兰州大学，2019.

[8] 宋俊弘 . 我国数字化公共服务能力提升路径研究 [D]. 大连：辽宁师范大学，2018.

[9] 张海洋 . 数字时代治理视阈下中国电子政务发展路径研究 [D]. 徐州：中国矿业大学，2017.

[10] 马文娟 . 数字治理理论及其应用研究 [D]. 秦皇岛：燕山大学，2016.

[11] 杜海明 . 数字城市政府管理研究 [D]. 重庆：重庆大学，2009.

[12] 张涛 . 昆明市城市管理数字化模式研究 [D]. 杭州：浙江大学，2006.

[13] 赵国辉 . 数字治理视角下迁安市公路运输安全研究 [D]. 秦皇岛：燕山大学，2017.

[14] 闫心瑶 . 数字政府引领公共服务变革的广东实践 [D]. 广州：华南理工大学，2020.

[15] 刘立达 . 绩效管理驱动下的我国城区数字政府建设研究 [D]. 沈阳：沈阳师范大学，2014.

[16] 杨巍 . 迈向数字政府：美国现代政府信息管理研究 [D]. 南京：南京大学，2014.

[17] 吕萌萌 . 数字政府文化框架及实现途径研究 [D]. 大连：辽宁师范大学，2014.

[18] 梅炀 . 数字政府背景下济南市政务信息共享问题研究 [D]. 济南：山东大学，2020.

[19] 宋铎 . 数字政府中政务服务信息实时归档模型研究 [D]. 大连：辽宁师范大学，2021.
[20] 徐懋曦 . 加强数字政府建设 提高行政沟通能力 [D]. 大连：辽宁师范大学，2014.
[21] 黄珍潇 . 试论美国数字政府治理 [D]. 长春：吉林大学，2011.
5. 报纸
[1] 李晔 . 城市数字治理“盆景”如何变森林 [N]. 解放日报，2021-10-25（002）.
[2] 王轶辰 . 数字经济赋能发展新格局 [N]. 经济日报，2021-09-26（001）.
[3] 代梅 . 社会治理数字化的实践与优化 [N]. 民主与法制时报，2021-09-17（002）.
[4] 邓也 . 数字治理能力必须跟上数字经济发展 [N]. 四川日报，2021-08-23（011）.
[5] 凌锋 . 以数字治理助推国家治理能力现代化 [N]. 法治日报，2021-06-23（005）.
[6] 丁胜 . 持续推进数字治理体系现代化 [N]. 贵州日报，2021-06-02（006）.
[7] 和音 . 开启全球数字治理新篇章 [N]. 人民日报，2021-03-30（003）.
[8] 张玲丽 . 数字治理视域下基层数字党建的创新研究 [N]. 湖州日报，2020-12-14（A06）.
[9] 程靖峰 . 张鸿：数字化赋能陕西三大区域协调发展 [N]. 陕西日报，2020-12-04（003）.
[10] 邵春堡 . 把握发展规律 科学推动数字化转型进程 [N]. 科技日报，2020-11-06（005）.
[11] 老蔡 . 数字中国建设加速推进 [N]. 中国审计报，2020-10-19（006）.
[12] 郑国 . 以数字治理推进城市治理精细化 [N]. 青岛日报，2020-10-04（003）.
[13] 韩庆龄 . 数字治理助力基层治理现代化 [N]. 中国社会科学报，2020-09-23（005）.
[14] 悠然 . 杭州数字治理指数位居全国第一 [N]. 人民邮电，2020-08-28（007）.
[15] 丁新伟 .“数字治理一线城市”是新起点 [N]. 河南日报，2020-08-20（006）.
[16] 于露 . 加快数字政府建设 助力国家治理现代化 [N]. 中国纪检监察报，2020-05-14（007）.
[17] 刘祺 . 发挥数字化战“疫”优势 推动城市治理现代化 [N]. 河南日报，2020-05-05（006）.
[18] 王丽丽，安晖 . 关于提高政府数字治理能力的几点建议 [N]. 中国计算机报，2020-03-23（014）.
[19] 吉富星，樊轶侠 . 应大力发展数字经济提升数字治理能力 [N]. 中国经济时报，2020-03-05（004）.
[20] 杜庆昊 . 利用大数据技术提高数字经济治理能力 [N]. 学习时报,2020-02-21（003）.
[21] 王晶 .“数字中国”助推国家治理现代化 [N]. 学习时报，2019-11-22（003）.
[22] 朱锐勋 . 数字政府建设的五大趋势 [N]. 学习时报，2019-09-13（003）.
[23] 刘建军,刘淑华 . 从“数字政府”到“智慧治理”[N]. 解放日报,2014-09-10（011）.
[24] 许成慧 . 从“数字”到“数智”一场大变革正在上演 [N]. 每日商报,2021-04-01（16）.
[25] 管文飞 . 推动政治监督具体化常态化 [N]. 重货纪检监察报，2020-3-23（08）.

[26] 杜铭 . 专家学者共乘“治理之舟”：数字技术推动社会治理领域变革 [N]. 经济日报，2018-04-24（05）.

[27] 孙鹏，母家亮 . 政务服务“网上走”把事交给“秦务员”——数字赋能推动陕西政务服务提档升级 [N]. 陕西日报，2021-10-11（03）.

6. 电子文献

[1] 陈彩娟 . 数字治理与人文治理：协同推进城市治理现代化的融合路径 [EB/OL].（2021-01-20）. http: //www.cssn.cn/zx/bwyc/202101/t20210120_5245973.shtml.

[2] 王彬 . 新冠疫情防控下的数字治理实践及未来趋势 [EB/OL].（2020-02-08）. https: //www.sohu.com/a/376580820_176572.

[3] 张文君 . 数字治理引领城市未来发展新方向 [EB/OL].（2020-11-06）. https: //guancha.gmw.cn/2020-11/06/content_34347050.htm.

[4] 陈根 . 数字政府，让数字治理“加速度” [EB/OL].（2021-06-11）. https: //www.govmade. cn/dig/20210618/590543184732356608.html.

[5] 陶系东 . 着力提升国家数字化治理能力 [EB/OL].（2021-03-25）. https: //theory.gmw.cn/2021-03/25/content_34716187.htm.

[6] 张军 . 提升数字政府建设水平 [EB/OL].（2021-10-29）. https: //www.govmade.cn/dig/ 20211101/639879256855281664.html.

[7] 祁志伟 . 数字政府建设趋势及难题 [EB/OL].（2021-10-31）. https: //www.163.com/dy/article/GNM1VSAG0530W32S.html.

[8] 张树军 . 数字法治政府迈向未来 [EB/OL].（2021-08-17）. http: //www.qstheory.cn/qshyjx/ 2021-08/17/c_1127768389.htm.

[9] 冯奎，唐鹏 . 城市数字化治理：重塑城市力 [J]. 城乡建设，2015（5）：10-14.

[10] 饶静，张闻龙 . 为乡村振兴提供坚强保障，人民日报新知新觉：持续增强乡村治理效能 [EB/OL].（2020-09-21）. http: //opinion.people.com.cn/n1/2020/0921/c1003-31868246.html.

[11] 陈美，梁乙凯 . 西班牙开放政府数据的隐私风险控制研究 [J/OL]. 情报杂志：1-8[2021-11-03]. http: //kns.cnki.net/kcms/detail/61.1167.G3.20210930.1334.009.html.

[12] 黄平平，刘文云，孙志腾 . 基于 ISM-MICMAC 模型的政府数据开放中个人隐私保护影响因素分析 [J/OL]. 情报理论与实践：1-11（2021-11-03）. http: //kns.cnki.net/kcms/detail/11.1762.G3.20210928.1752.008.html.

[13] 新职业在线学习平台发展报告 [EB/OL].（2020-07-23）. https: //www.miiteec.org.cn/plus/view.php?aid=1082.

[14] STOKER G. Governance as theory：five propositions [J/OL].International social science journal，1998，50（155）：17-28.（2008-06-28）. https: //doi.org/10.1111/1468-2451.00106.

[15] Government Digital Service. Government transformation strategy：2017-2020[EB/OL]. [2019-06-18]. https: //www.gov.uk/government/publications/government-transformation-strategy-2017-to-2020/government-transformation-strategy.

[16] Government Digital Service. Government digital inclusion strategy[EB/OL]. [2019-06-18]. https: //www.gov.uk/government/publications/government-digital-inclusion-strategy.

[17] United Nations E-government survey 2018：gearing E-government to support transformation towards sustainable and resilience societies[EB/OL].（2018-07-19）. https: //www.Preventionweb.net/publications/view/59447.

[18] How artificial intelligence could transform government[EB/OL].[2020-10-08].http://www.slq.qld.gov.au/blog/how-artificial-intelligence-could-transform-government.

[19] Singapore's Whole-of-Government approach to strengthen IT governance within the public sector. [EB/OL].（2018-01-24）https: //www.opengovasia.com/singapores-whole-of-government-approach-to-strengthen-it-governance-within-the-public-sector/.

[20] Digital single market[EB/OL].（2016-01-14）. https: //ec.europa.eu/publications/digital-single-market-0_en.

[21] 文部科学省 . 平成 28 年版科学技術白書 [EB/OL].（2016-06-21）. http: / /www. mext. go. jp/b_ menu/hakusho/ html / hpaa201601 / detail /1371168. Htm

[22] 科技改变新加坡（一）：新加坡智慧国家 2025[EB/OL]. https: //www.sohu.com/a/438751806_651721

7. 报告

[1] 中国信息通信研究院 . 全球数字治理白皮书（2020）[R]. 中国信息通信研究院，2020.

[2] 中国信息通信研究院 . 数字经济治理白皮书（2019）[R]. 中国信息通信研究院，2019.

[3] 中国信息通信研究院 . 中国数字经济发展白皮书（2020）[R]. 中国信息通信研究院，2020.

[4] 中国区块链技术和产业发展论坛 . 中国区块链技术和应用发展白皮书（2016）[R]. 工业和信息化部信息化和软件服务业司，2016.

[5] 国家信息中心 . 全光智慧城市白皮书 [R]. 国家信息中心，2020.

[6] 国家信息中心 . 全光智慧城市发展报告 2.0[R]. 国家信息中心，2021.

[7] 城市大脑全球标准研究组，等 . 城市大脑全球标准研究报告 1.0[R]. 中国科学院虚拟经济与数据科学研究中心，2020.

[8] 中国经济信息社，中国信息协会，中国城市规划设计研究院，等 . 中国城市数字治理报告（2020）[R]. 中国信息协会，2020.

[9] DUNLEAVY P. The future of joined-up public services[R]. Public Services Trust and ESRC, London, 2010.

8. 条例

[1] 无锡市人民政府 . 无锡市公共数据管理办法 [Z].2020-02-26.

[2] 贵州省大数据发展促进会 . 政务数据采集规范 [Z].2020-08-01.

[3] 上海市普陀区人民政府 . 上海市普陀区公共数据管理办法 [Z].2020-08-14.